Nahrungsmittelchemie
und
Nahrungsmittelkontrolle

in ihrer Bedeutung für

Handel, Gewerbe und Industrie.

Mit den einschlägigen Gesetzen und Verordnungen.

Von

Dr. A. Kraus,
Kreischemiker und Vorsteher
des Nahrungsmittel-Untersuchungsamtes in Neuß a. Rh.

Leipzig
Verlag von Veit & Comp.
1911

Druck von Metzger & Wittig in Leipzig.

Vorwort.

Aus Anlaß meiner öffentlichen Vorlesungen über „Nahrungsmittelchemie und Nahrungsmittelkontrolle in ihrer Beziehung zu Handel, Gewerbe und Industrie“ an der Handels-Hochschule in Köln gelangten an mich sowohl von seiten der Studierenden, als auch von Nahrungsmittelfabrikanten und -händlern wiederholt Anfragen nach einem Handbuche, welches dem nicht nahrungsmittelchemisch Vorgebildeten einen zusammenfassenden Überblick über diese für die Nahrungsmittelindustrie und den Handel wichtige Materie gewähre.

In der Literatur besitzen wir nun einerseits vorzügliche nahrungsmittel-chemische Lehrbücher, und anderseits finden sich wichtige Festsetzungen für die Beurteilung der einzelnen Lebensmitel sowohl in den auf Anregung und unter Mitwirkung des Kaiserlichen Gesundheitsamtes von einer Kommission namhafter Nahrungsmittelchemiker bearbeiteten „Vereinbarungen zur einheitlichen Untersuchung und Beurteilung von Nahrungs- und Genußmitteln“, als auch in dem vom Bunde Deutscher Nahrungsmittelfabrikanten und -händler herausgegebenen „Deutschen Nahrungsmittelbuche“. Es fehlt jedoch bislang an einer den Bedürfnissen der Nahrungsmittelgewerbe besonders Rechnung tragenden Übersicht über die auf dem Gebiete der Nahrungsmittelfürsorge seitens des Reiches getroffenen Maßnahmen und die zum Verständnis und zur Würdigung dieser Regelung der Lebensmittelkontrolle erforderlichen technologischen, chemischen, hygienischen und volkswirtschaftlichen Gesichtspunkte.

Einen Teil dieser Lücke der einschlägigen Literatur auszufüllen war der Verfasser bei Bearbeitung des vorliegenden Werkchens bemüht.

Zunächst ist an Hand der Statistik die große volkswirtschaftliche Bedeutung der mit der Nahrungsmittelindustrie und dem Lebensmittelhandel in Beziehung stehenden zahlreichen Gewerbebetriebe, sowie der Umfang und der Wert der Gesamtproduktion und des Verbrauches an Lebensmitteln im Deutschen Reiche geschildert worden. Alsdann sind die gesetzliche Regelung des Verkehrs mit Lebensmitteln und die wichtigsten Bestimmungen des Nahrungsmittelgesetzes unter Zugrundelegung der Rechtsprechung des Reichsgerichts erläutert und die in den einzelnen Bundesstaaten des Deutschen Reiches getroffene Organisation der Lebensmittelkontrolle und die Ausbildung der zur Ausübung dieser Kontrolle berufenen Beamten berücksichtigt worden. Weiterhin beschäftigt sich der allgemeine Teil kurz mit der Ernährungslehre, mit der Besprechung der in der menschlichen Nahrung vorkommenden einzelnen Nährstoffe.

Im speziellen Teil sind die einzelnen Nahrungs- und Genußmittel eingehend behandelt, indem jeweilig Produktion, Handel und Konsum, Beaufsichtigung des Verkehrs und Spezialgesetzgebung, Herstellung und Gewinnung, normale und fehlerhafte Beschaffenheit, chemische Zusammensetzung, beobachtete Verfälschungen und etwaige Gesundheitsschädlichkeit berücksichtigt wurden. Besondere Besprechung haben die Technologie der Herstellung und Gewinnung der Nahrungs- und Genußmittel und die seitens der Gesetzgebung und amtlichen Kontrolle gestellten Anforderungen gefunden.

Im Rahmen des Buches konnte eine ausführliche Wiedergabe der verschiedenartigen Gewinnungsverfahren naturgemäß nicht erfolgen, weshalb bezüglich der technischen Einzelheiten der verschiedenen Industriezweige auf die Spezialliteratur verwiesen werden muß.

Die vorliegende Bearbeitung wird nicht nur dem angehenden und dem im praktischen Berufe tätigen Kaufmanne und Industriellen schätzenswerte Dienste leisten, sondern die Zusammenstellung dürfte auch dem Verwaltungsbeamten und Juristen, sowie dem jüngeren Nahrungsmittelchemiker willkommen sein.

Neuß a. Rhein, im Herbst 1910.

Der Verfasser.

Inhalt.

Allgemeiner Teil.

Spezieller Teil.

Allgemeiner Teil.

I. Volkswirtschaftliche Bedeutung der Nahrungsmittelgewerbe.

Die außerordentliche volkswirtschaftliche Bedeutung der zahlreichen Gewerbe, die sich im Groß- oder Kleinbetriebe entweder mit der Gewinnung, Darstellung, Verarbeitung und Herrichtung von Lebensmitteln, oder mit dem Handel und dem Vertrieb dieser Erzeugnisse befassen, läßt sich kurz an Hand der Statistik veranschaulichen.

In der Nahrungsmittelindustrie waren nach der Gewerbezählung vom 12. Juni 1907 8,6 Prozent aller überhaupt im Deutschen Reiche gewerbtätigen Personen beschäftigt und 9 Prozent der gesamten deutschen Gewerbebetriebe entfielen auf die Gewerbegruppe der Industrie der Nahrungs- und Genußmittel. Mit dem Lebensmittelhandel befaßten sich etwa die Hälfte der gesamten im deutschen Warenhandel tätigen 709231 Hauptgewerbebetriebe.

Zur Industrie der Nahrungs- und Genußmittel gehören zahlreiche und sehr vielseitige Gewerbebetriebe. Diese Betriebe verteilten sich im Jahre 1907 auf die einzelnen Gewerbearten folgendermaßen:

Gewerbeklasse bzw. Gewerbeart	Zahl der Betriebe (Hauptbetriebe)	Zahl der beschäftigten Personen
a) Herstellung vegetabilischer Nahrungsstoffe . .	155 024	531 460
1. Getreide-, Mahl- und Schälmühlen . .	37 905	100 991
2. Bäckerei, Konditorei usw.	113 437	333 601
3. Bonbon- und Konfitürenfabrikation . .	863	14 987
4. Rübenzuckerfabrikation und Raffinerie .	460	37 380
5. Stärke-, Zucker- und Fruchtzuckerfabrik. .	110	2 722
6. Nudel- und Makkaronifabrikation . . .	369	5 075
7. Fabrik. von Stärke und Stärkeprodukten .	411	6 302

Gewerbeklasse bzw. Gewerbeart	Zahl der Betriebe (Hauptbetriebe)	Zahl der beschäftigten Personen
8. Kakao- und Schokoladenfabrikation . .	186	17 909
9. Herstellung von Kaffeesurrogaten . . .	214	4 861
10. Kaffeebrennerei	687	5 789
11. Senffabrikation usw.	382	2 023
b) Herstellung animalischer Nahrungsmittel . .	99 937	290 906
1. Fleischerei	86 098	235 767
2. Pferdeschlachterei	1 228	2 714
3. Fischsalzerei und -pökelei	537	3 585
4. Molkerei, Butter- und Käsefabrikation .	11 949	44 257
5. Kunstbutter- und Speisefettfabrikation . .	125	4 583
c) Konservenfabrikation	976	15 792
d) Getränke	28 100	196 006
1. Wasserversorgung	1 237	10 336
2. Eisbereitung und -Aufbewahrung . . .	464	2 915
3. Gewinnung u. Fabrikation v. Mineralwasser	4 411	15 656
4. Mälzerei	1 285	8 353
5. Brauerei	9 383	111 779
6. Branntweinbrennerei, Preßhefefabrikation	8 460	36 617
7. Schaum- und Obstweinfabrikation . . .	2 172	7 877
8. Essigfabrikation	688	2 473
e) Tabakfabrikation	25 470	203 224
f) Ölmühlen, Ölraffinerien, Pflanzenfettfabriken .	1 116	8 711

Mit der großen Zahl der Betriebe der Lebensmittelindustrie steht der Wert und die Menge der hergestellten Erzeugnisse im Einklang. Von Herstellungsmengen sind in den amtlichen statistischen Nachweisen angegeben für:

Bier	im Betriebsjahre	1907	=	73707	Tausend Hektoliter
Branntwein	„ „	1907/08	=	4018	„ „
Zucker	„ „	1907/08	=	2138731	Tonnen
Speisesalz	„ „	1907	=	495596	„
Tabak	„ „	1907	=	98307	„

Eine Reihe anderer Erzeugnisse läßt sich nach ihrer Jahresmenge und nach ihrem Wert nur schätzungsweise angeben. Die Menge der alljährlich im Deutschen Reiche erzeugten Kuhmilch wurde z. B. auf 25,5 Milliarden Liter mit einem Produktionswert von 2,64 Milliarden Mark geschätzt, während die Butterproduktion auf 2 Milliarden Pfund, die Margarinefabrikation auf 200 Millionen Pfund veranschlagt wurde und die Honiggewinnung sich auf 130—195000 Dz. im Jahre belief.

Die an sich sehr bedeutende inländische Produktion an Nahrungs- und Genußmitteln vermag jedoch den Bedarf im Deutschen Reiche nicht zu decken, sondern Deutschland muß durch Vermittelung des Handels mehr als den vierten Teil seines gesamten Nahrungsbedarfes aus dem Auslande beziehen. Der Wert der eingeführten Nahrungs- und Genußmittel belief sich im Jahre 1908 auf 2046,6 Millionen Mark, also auf 26,9 Prozent des Gesamtwertes der deutschen Einfuhr. Da in der gleichen Zeit Nahrungs- und Genußmittel im Werte von 629,8 Millionen Mark, entsprechend 9,9 Prozent der Gesamtausfuhr, exportiert wurden, so bewertete sich die Mehreinfuhr an Nahrungs- und Genußmitteln im Jahre 1908 auf 1412,8 Millionen Mark, während die Zollerträge für Lebensmittel sich auf 432,2 Millionen Mark bezifferten.

Der Anteil der wichtigsten Lebensmittel an der Einfuhr sowie der Umfang des Exports einiger einschlägigen Waren gestaltete sich 1908 folgendermaßen:

Einfuhr	Millionen Mark
Weizen	349,3
Gerste	255,8
Kaffee, roher	163,4
Tabak, unbearbeitet	125,5
Eier, Eigelb	138,9
Schmalz und schmalzartige Fette	123,9
Milchbutter	74,1
Heringe, gesalzen	27,2
Wein in Fässern	45,0
Obst und Beeren, frische	41,5
Kakaobohnen, roh	45,5
Roggen	52,3
Reis	97,8
Südfrüchte	50,8

Ausfuhr	Millionen Mark
Zucker	194,3
Roggen	77,2
Bier	21,1
Weizen	42,1
Weizenmehl	32,2
Hopfen	18,5

Die Steuer- und Zolleinnahmen aus besteuerten Nahrungs- und Genußmitteln betrugen für:

Branntwein	1907/08	=	153,6	Millionen	Mark
Bier	1907	=	121,7	"	"
Schaumwein	1907	=	9,2	"	"
Tabak	1907	=	79,5	"	"
Zucker	1907/08	=	150,5	"	"
Salz	1907	=	58,9	"	"

Im Jahre 1907 befaßten sich, wie bereits erwähnt wurde, im Deutschen Reiche mit dem Warenhandel insgesamt 709231 Hauptgewerbebetriebe; die Gesamtzahl der innerhalb dieser Betriebsstätten tätigen Personen belief sich auf 1723499. Bezüglich des Lebensmittelhandels ergab die Gewerbezählung die nachfolgenden Verhältnisse:

Gewerbeart	Zahl der Betriebe (Hauptbetriebe)	Zahl der beschäftigten Personen
Handel mit Kolonial-, Eß- und Trinkwaren . .	197 931	378 711
Handel mit Getreide, Mühlenfabrikaten und Hülsenfrüchten	13 939	38 686
Handel mit anderen landwirtschaftlichen Produkten	102 607	180 873
Handel mit Schlachtvieh	28 564	40 631
Delikatessenhandel	5 205	14 674
Bierhandel	16 371	33 562
Handel mit Wein und Spirituosen	10 659	36 225
Handel mit Schokoladen, Zuckerwaren	5 327	9 951
Back- und Konditorwarenhandel	8 734	12 434
Fleisch- und Fleischwarenhandel	4 949	9 107
Handel mit Fischen	6 850	12 788
Handel mit Ölen und Fetten	1 869	7 614
Handel mit Tabak, Zigarren	22 612	37 007

Was den Gesamtverbrauch an Lebensmitteln im Deutschen Reiche anbelangt, so ist der Konsum genau nur für einen Teil der Lebensmittel, wie z. B. für die wichtigsten Getreidearten, die besteuerten und die aus dem Auslande eingeführten Nahrungs- und Genußmittel, nachweisbar, während die Verbrauchsberechnungen für andere Erzeugnisse ebenfalls schätzungsweise ermittelt werden müssen.

Verfügbar waren zum Verbrauch für Ernährungs- und technische Zwecke im Jahre 1907/08 z. B.

Roggen	8902180	Tonnen	=	142,4 kg pro Kopf
Weizen	5674155	"	=	90,7 " " "
Gerste	5394849	"	=	86,3 " " "
Kartoffeln	39096993	"	=	625,3 " " "

Berechnet wurde durch das Kaiserliche Statistische Amt der Konsum bei

Bier	1907	Verbrauch	73461	Taus. Hekt.	=	118,0 l pro Kopf
Branntwein	1907/08	"	3981,9	" "	=	6,3 l " "
Zucker	1907/08	"	1073921	Tonnen	=	17,1 kg " "
Speisesalz	1907	"	495596	"	=	7,9 " " "
Tabak	1907	"	98307	"	=	1,6 " " "
Heringe	1908	"	1505584	Faß	=	3,6 " " "
Reis	1908	"	160243	Tonnen	=	2,5 " " "
Kaffeebohnen	1908	"	191458	"	=	3,0 " " "
Kakaobohnen	1908	"	32771	"	=	0,5 " " "
Südfrüchte	1908	"	193902	"	=	3,1 " " "

Der Konsum an Fleisch bezifferte sich 1907 auf 52,5 kg, von Fischfleisch entfielen 7,0 kg, von Fetten und Ölen 24 kg auf den Kopf der Bevölkerung. Der Milchkonsum wechselt in den einzelnen Gegenden des Deutschen Reiches und schwankte in den größeren Städten zwischen 73,3 und 160 Liter für den Kopf der Bevölkerung.

Für den Verbrauch sind außer den im Inlande gezüchteten Schlachttieren noch die in den vorstehenden Zahlen über die Gesamteinfuhr an Lebensmitteln nicht einbegriffenen, aus dem Auslande eingeführten Schlachttiere verfügbar. Einen Aufschluß über die Zahl der im Deutschen Reiche alljährlich zum Konsum gelangenden in- und ausländischen Schlachttiere liefert die Schlachtvieh- und Fleischbeschaustatistik.[1]

Für die genannten zahlreichen Gewerbebetriebe, die sich mit der Deckung des Nahrungsbedarfes der heimischen Bevölkerung und dem in- und ausländischen Handel mit Nahrungs- und Genußmitteln beschäftigen, besitzen die zur Überwachung der Herstellung und des Verkehrs mit Lebensmitteln seitens des Reiches und der Bundesstaaten getroffenen gesetzlichen Maßnahmen weitgehende Bedeutung.

---

[1] Vgl. auch die einzelnen Abschnitte des speziellen Teils.

II. Die gesetzliche Regelung des Verkehrs mit Lebensmitteln.

Das in seiner gesundheitlichen und volkswirtschaftlichen Bedeutung wichtige Gebiet der Nahrungsmittelfürsorge unterliegt im Deutschen Reiche der Beaufsichtigung und Gesetzgebung seitens des Reiches. Auf Grund des Artikel 4 Nr. 13 und 15 der Reichsverfassung ist die Regelung des Verkehrs mit Nahrungs- und Genußmitteln durch den Erlaß des Reichsgesetzes betreffend den Verkehr mit Nahrungsmitteln, Genußmitteln und Gebrauchsgegenständen vom 14. Mai 1879 erfolgt.

Durch dieses Gesetz wird im Interesse des öffentlichen Gesundheitswesens nicht nur der Verkehr mit Nahrungs- und Genußmitteln geregelt, sondern eine Reihe von Gebrauchsgegenständen wie Spielwaren, Tapeten, Eß-, Trink- und Kochgeschirre usw. unterliegen gleichfalls der Beaufsichtigung nach Maßgabe dieses Gesetzes. Das Nahrungsmittelgesetz hat im wesentlichen zwei Aufgaben zu erfüllen.[1] Diese bestehen einerseits in der Verhütung und Bekämpfung von Unlauterkeit im Verkehr mit Nahrungs- und Genußmitteln und andererseits in der Abwendung der Gefahren für Leben und Gesundheit, welche durch den Genuß von Lebensmitteln oder die Verwendung gewisser Gebrauchsgegenstände hervorgerufen werden können. Eine Verringerung der beobachteten Lebensmittelfälschungen erschien durch den Erlaß von Strafvorschriften allein nicht erreichbar, sondern man kam zu der Überzeugung, daß es hierzu gleichzeitig einer vorbeugenden Kontrolle bedürfe und daß eine ständige Beaufsichtigung des Verkehrs mit Nahrungsmitteln durch die Organe der Polizei erforderlich sei.

Die allgemeinen Bestimmungen des Nahrungsmittelgesetzes sind, soweit es sich im Laufe der folgenden Dezennien als erforderlich erwiesen hat, durch Spezialgesetze ergänzt worden. In zeitlicher Reihenfolge beziehen sich die noch in Kraft befindlichen Spezialgesetze auf folgende Gegenstände:

1. Gesetz, betreffend den Verkehr mit blei- und zinkhaltigen Gegenständen vom 25. Juni 1887.

2. Gesetz, betreffend die Verwendung gesundheitsschädlicher Farben bei der Herstellung von Nahrungsmitteln, Genußmitteln und Gebrauchsgegenständen vom 5. Juli 1887.

---

[1] Vgl. Würzburg, Die Nahrungsmittelgesetzgebung im Deutschen Reiche. Leipzig 1894. S. 18.

3. Gesetz, betreffend den Verkehr mit Butter, Käse, Schmalz und deren Ersatzmitteln vom 15. Juni 1897.

4. Gesetz, betreffend die Schlachtvieh- und Fleischbeschau vom 3. Juni 1900.

5. Gesetz, betreffend den Verkehr mit künstlichen Süßstoffen vom 7. Juli 1902.

6. Weingesetz vom 7. April 1909.

Neben den Bestimmungen des Nahrungsmittelgesetzes einerseits und der vorgenannten Spezialgesetze und ihrer Ausführungsbestimmungen andererseits sind die einschlägigen Bestimmungen des Strafgesetzbuches, insbesondere der § 367, 7, welcher sich auf den Verkauf verfälschter und verdorbener Nahrungsmittel bezieht, in Kraft geblieben.[1]

Reichsgesetz, betreffend den Verkehr mit Nahrungsmitteln, Genußmitteln und Gebrauchsgegenständen.

Vom 14. Mai 1879.

§ 1. Der Verkehr mit Nahrungs- und Genußmitteln, sowie mit Spielwaren, Tapeten, Farben, Eß-, Trink- und Kochgeschirr und mit Petroleum unterliegt der Beaufsichtigung nach Maßgabe dieses Gesetzes.

§ 2. Die Beamten der Polizei sind befugt, in die Räumlichkeiten, in welchen Gegenstände der in § 1 bezeichneten Art feilgehalten werden, während der üblichen Geschäftsstunden oder während die Räumlichkeiten dem Verkehr geöffnet sind, einzutreten.

Sie sind befugt, von den Gegenständen der in § 1 bezeichneten Art, welche in den angegebenen Räumlichkeiten sich befinden oder welche an öffentlichen Orten, auf Märkten, Plätzen, Straßen oder im Umherziehen verkauft oder feilgehalten werden, nach ihrer Wahl Proben zum Zwecke der Untersuchung gegen Empfangsbescheinigung zu entnehmen. Auf Verlangen ist dem Besitzer ein Teil der Probe amtlich verschlossen oder versiegelt zurückzulassen. Für die entnommene Probe ist Entschädigung in Höhe des üblichen Kaufpreises zu leisten.

§ 3. Die Beamten der Polizei sind befugt, bei Personen, welche auf Grund der §§ 10, 12, 13 dieses Gesetzes zu einer Freiheitsstrafe verurteilt sind, in den Räumlichkeiten, in welchen Gegenstände der in § 1 bezeichneten Art feilgehalten werden, oder welche zur Aufbewahrung oder Herstellung solcher zum Verkaufe bestimmter Gegenstände dienen, während der in § 2 angegebenen Zeit Revisionen vorzunehmen. Diese Befugnis beginnt mit der Rechtskraft des Urteils und erlischt mit dem Ablauf von drei Jahren von

[1] Der § 367 Nr. 7 des Strafgesetzes lautet: „Mit Geldstrafe bis zu 150 Mark oder mit Haft wird bestraft: 7. wer verfälschte oder verdorbene Getränke oder Eßwaren, insbesondere trichinenhaltiges Fleisch, feilhält oder verkauft."

dem Tage an gerechnet, an welchem die Freiheitsstrafe verbüßt, verjährt oder erlassen ist.

§ 4. Die Zuständigkeit der Behörden und Beamten zu den in §§ 2 und 3 bezeichneten Maßnahmen richtet sich nach den einschlägigen landesrechtlichen Bestimmungen.

Landesrechtliche Bestimmungen, welche der Polizei weitergehende Befugnisse als die in §§ 2 und 3 bezeichneten geben, bleiben unberührt.

§ 5. Für das Reich können durch Kaiserliche Verordnung mit Zustimmung des Bundesrats zum Schutze der Gesundheit Vorschriften erlassen werden, welche verbieten:

1. bestimmte Arten der Herstellung, Aufbewahrung und Verpackung von Nahrungs- und Genußmitteln, die zum Verkaufe bestimmt sind;
2. das gewerbsmäßige Verkaufen und Feilhalten von Nahrungs- und Genußmitteln von einer bestimmten Beschaffenheit oder unter einer der wirklichen Beschaffenheit nicht entsprechenden Bezeichnung;
3. das Verkaufen und Feilhalten von Tieren, welche an bestimmten Krankheiten leiden, zum Zwecke des Schlachtens, sowie das Verkaufen und Feilhalten des Fleisches von Tieren, welche mit bestimmten Krankheiten behaftet waren;
4. die Verwendung bestimmter Stoffe und Farben zur Herstellung von Bekleidungsgegenständen, Spielwaren, Tapeten, Eß-, Trink- und Kochgeschirr, sowie das gewerbsmäßige Verkaufen und Feilhalten von Gegenständen, welche diesem Verbote zuwider hergestellt sind;
5. das gewerbsmäßige Verkaufen und Feilhalten von Petroleum von einer bestimmten Beschaffenheit.

§ 6. Für das Reich kann durch Kaiserliche Verordnung mit Zustimmung des Bundesrats das gewerbsmäßige Herstellen, Verkaufen und Feilhalten von Gegenständen, welche zur Fälschung von Nahrungs- oder Genußmitteln bestimmt sind, verboten oder beschränkt werden.

§ 7. Die auf Grund der §§ 5, 6 erlassenen Kaiserlichen Verordnungen sind dem Reichstag, sofern er versammelt ist, sofort, anderenfalls bei dessen nächstem Zusammentreten vorzulegen. Dieselben sind außer Kraft zu setzen, soweit der Reichstag dies verlangt.

§ 8. Wer den auf Grund der §§ 5, 6 erlassenen Verordnungen zuwiderhandelt, wird mit Geldstrafe bis zu einhundertfünfzig Mark oder mit Haft bestraft.

Landesrechtliche Vorschriften dürfen eine höhere Strafe nicht androhen.

§ 9. Wer den Vorschriften der §§ 2 bis 4 zuwider den Eintritt in die Räumlichkeiten, die Entnahme einer Probe oder die Revision verweigert, wird mit Geldstrafe von fünfzig bis zu einhundertfünfzig Mark oder mit Haft bestraft.

§ 10. Mit Gefängnis bis zu sechs Monaten und mit Geldstrafe bis zu eintausendfünfhundert Mark oder mit einer dieser Strafen wird bestraft:

1. wer zum Zwecke der Täuschung im Handel und Verkehr Nahrungs- oder Genußmittel nachmacht oder verfälscht;

2. wer wissentlich Nahrungs- oder Genußmittel, welche verdorben oder nachgemacht oder verfälscht sind, unter Verschweigung dieses Umstandes verkauft oder unter einer zur Täuschung geeigneten Bezeichnung feilhält.

§ 11. Ist die im § 10 Nr. 2 bezeichnete Handlung aus Fahrlässigkeit begangen worden, so tritt Geldstrafe bis zu einhundertfünfzig Mark oder Haft ein.

§ 12. Mit Gefängnis, neben welchem auf Verlust der bürgerlichen Ehrenrechte erkannt werden kann, wird bestraft:

1. wer vorsätzlich Gegenstände, welche bestimmt sind, anderen als Nahrungs- oder Genußmittel zu dienen, derart herstellt, daß der Genuß derselben die menschliche Gesundheit zu beschädigen geeignet ist, ingleichen wer wissentlich Gegenstände, deren Genuß die menschliche Gesundheit zu beschädigen geeignet ist, als Nahrungs- oder Genußmittel verkauft, feilhält oder sonst in Verkehr bringt;

2. wer vorsätzlich Bekleidungsgegenstände, Spielwaren, Tapeten, Eß-, Trink- oder Kochgeschirr oder Petroleum derart herstellt, daß der bestimmungsgemäße oder vorauszusehende Gebrauch dieser Gegenstände die menschliche Gesundheit zu beschädigen geeignet ist, ingleichen wer wissentlich solche Gegenstände verkauft, feilhält oder sonst in Verkehr bringt. Der Versuch ist strafbar.

Ist durch die Handlung eine schwere Körperverletzung oder der Tod eines Menschen verursacht worden, so tritt Zuchthausstrafe bis zu fünf Jahren ein.

§ 13. War in den Fällen des § 12 der Genuß oder Gebrauch des Gegenstandes die menschliche Gesundheit zu zerstören geeignet und war diese Eigenschaft dem Täter bekannt, so tritt Zuchthausstrafe bis zu zehn Jahren und, wenn durch die Handlung der Tod eines Menschen verursacht worden ist, Zuchthausstrafe nicht unter 10 Jahren oder lebenslängliche Zuchthausstrafe ein. Neben der Strafe kann auf Zulässigkeit von Polizeiaufsicht erkannt werden.

§ 14. Ist eine der in den §§ 12, 13 bezeichneten Handlungen aus Fahrlässigkeit begangen worden, so ist auf Geldstrafe bis zu eintausend Mark oder Gefängnisstrafe bis zu sechs Monaten und, wenn durch die Handlung ein Schaden an der Gesundheit eines Menschen verursacht worden ist, auf Gefängnisstrafe bis zu einem Jahre, wenn aber der Tod eines Menschen verursacht worden ist, auf Gefängnisstrafe von einem Monat bis zu drei Jahren zu erkennen.

§ 15. In den Fällen der §§ 12 bis 14 ist neben der Strafe auf Einziehung der Gegenstände zu erkennen, welche den bezeichneten Vorschriften zuwider hergestellt, verkauft, feilgehalten oder sonst in Verkehr gebracht sind, ohne Unterschied, ob sie dem Verurteilten gehören oder nicht; in den Fällen der §§ 8, 10, 11 kann auf die Einziehung erkannt werden. Ist in den Fällen der §§ 12 bis 14 die Verfolgung oder die Verurteilung einer bestimmten Person nicht ausführbar, so kann auf die Einziehung selbständig erkannt werden.

§ 16. In dem Urteil oder dem Strafbefehl kann angeordnet werden, daß die Verurteilung auf Kosten des Schuldigen öffentlich bekannt zu machen sei.

Auf Antrag des freigesprochenen Angeschuldigten hat das Gericht die öffentliche Bekanntmachung der Freisprechung anzuordnen; die Staatskasse trägt die Kosten, insofern dieselben nicht dem Anzeigenden auferlegt worden sind. In der Anordnung ist die Art der Bekanntmachung zu bestimmen.

Sofern infolge polizeilicher Untersuchung von Gegenständen der im § 1 bezeichneten Art eine rechtskräftige strafrechtliche Verurteilung eintritt, fallen dem Verurteilten die durch die polizeiliche Untersuchung erwachsenen Kosten zur Last. Dieselben sind zugleich mit den Kosten des gerichtlichen Verfahrens festzusetzen und einzuziehen.

§ 17. Besteht für den Ort der Tat eine öffentliche Anstalt zur technischen Untersuchung von Nahrungs- und Genußmitteln, so fallen die auf Grund dieses Gesetzes auferlegten Geldstrafen, soweit dieselben dem Staate zustehen, der Kasse zu, welche die Kosten der Unterhaltung der Anstalt trägt.

III. Besprechung und Erläuterung des Nahrungsmittelgesetzes.

Das Nahrungsmittelgesetz enthält in den ersten 4 Paragraphen die Bestimmungen über die vorbeugende Kontrolle (Beaufsichtigungsrecht). In den §§ 5—7 ist der Erlaß von Ausführungsbestimmungen durch Kaiserliche Verordnungen vorgesehen, während die §§ 8—16 die strafrechtlichen Vorschriften enthalten. Der § 17 bezieht sich auf die öffentlichen Anstalten zur technischen Untersuchung von Nahrungs- und Genußmitteln.

Die **Kontrolle des Verkehrs** mit Nahrungs- und Genußmitteln, Spielwaren, Tapeten, Farben, Eß-, Trink- und Kochgeschirren sowie Petroleum wird durch die §§ 2—4 des Nahrungsmittelgesetzes und die gemäß § 4 Abs. 2 unberührt gebliebenen landesrechtlichen Bestimmungen geregelt; die Ausübung dieses Aufsichtsrechtes[1] setzt nicht den Verdacht einer strafbaren Handlung oder die Einleitung eines Strafverfahrens voraus. Es ist völlig unabhängig von den durch die Strafprozeßordnung vorgesehenen Maßnahmen über Durchsuchung und Beschlagnahme, die das Vorhandensein oder den dringenden Verdacht eines strafrechtlich zu ahndenden Tatbestandes voraussetzen.

Die Ausübung des polizeilichen Beaufsichtigungsrechtes des Lebensmittelverkehrs ist nur innerhalb der durch Gesetz oder gesetzmäßige Verordnungen gezogenen Grenzen zulässig. Der regelmäßige Umfang dieser Kontrolle ergibt sich aus § 2 des Gesetzes. Der Kontrolle unterstehen also diejenigen Räumlichkeiten, in welchen Gegenstände der im § 1 bezeichneten Art feilgehalten — d. h. zur sofortigen Abschließung von Kaufverträgen und zur Übergabe an den Käufer bereit gehalten — werden sowie auch diejenigen Gegenstände, die an öffentlichen Orten, auf Märkten, Plätzen und Straßen oder im Umherziehen verkauft oder feilgehalten werden. Der Beaufsichtigung unterliegen also, soweit nicht die nachgenannten erweiterten Befugnisse in Frage kommen, im allgemeinen nicht diejenigen Räumlichkeiten, in welchen die bezeichneten Gegenstände hergestellt, verpackt oder gelagert werden.

Erweiterte Kontrollbefugnisse ergeben sich:

1. aus § 3 des Nahrungsmittelgesetzes bei Personen, die auf Grund der §§ 10, 12 oder 13 dieses Gesetzes zu Freiheitsstrafen verurteilt sind;

2. aus § 4 des Nahrungsmittelgesetzes, sofern weitergehende landesrechtliche Bestimmungen bestehen;

3. aus §§ 8, 9 und 12 des Gesetzes vom 15. Juni 1897 bezüglich derjenigen Räume, in welchen Butter, Margarine oder Kunstspeisefett usw. hergestellt, aufbewahrt, feilgehalten oder verpackt werden;

4. aus §§ 22 und 23 des Gesetzes vom 7. April 1909 bezüglich derjenigen Räume, in welchen Traubenmost, Wein oder dem Wein ähnliche Getränke hergestellt, verarbeitet, feilgehalten, verpackt werden oder deren Verkauf gewerbsmäßig vermittelt wird.

5. gegebenenfalls auf Grund der Strafprozeßordnung.

Die Beamten der Polizei sind befugt von den Gegenständen der im § 1 des Nahrungsmittelgesetzes bezeichneten Art in Ausübung des Beaufsichtigungsrechtes nach ihrer Wahl Proben zum Zweck der Untersuchung gegen Empfangsbescheinigung zu entnehmen.

Zur Probeentnahme sind die Beamten hinsichtlich aller Gegenstände berechtigt, welche sich in den betreffenden Räumlichkeiten usw. befinden.

---

[1] Vgl. F. Bretzfeld, Reichsgesetz, betreffend den Verkehr mit Nahrungsmitteln. Nürnberg 1909. S. 6 u. 7.

Sie können die Proben selbst aussuchen und auch deren Größe bestimmen. Sie haben aber, sofern nicht weitergehende landesrechtliche Bestimmungen bestehen, nach dem Nahrungsmittelgesetz nicht das Recht zur Durchsuchung der Räumlichkeiten. Auf Verlangen des Besitzers ist ein Teil der Probe amtlich verschlossen und versiegelt zurückzulassen (Gegenprobe). Für die entnommenen Proben ist Entschädigung in Höhe des üblichen Kaufpreises zu leisten, jedoch braucht diese Entschädigung nicht sofort bei der Entnahme der Probe zu erfolgen, sofern von dem Kontrollbeamten eine Empfangsbescheinigung ausgehändigt wird. Das Rechtsgeschäft zwischen dem kontrollierenden Beamten und demjenigen, von dem die Probe entnommen wird, ist nach Ansicht des Reichsgerichts kein Kauf, da hier nur eine gesetzliche Pflicht erfüllt wird, während zum Tatbestand des Kaufs ein auf freiem Willen beruhender Vertragsschluß gehört. Gegenteiliger Auffassung ist neuerdings das Landgericht Tilsit, welches wiederholt die Abgabe einer Probe gegen Entgelt als Verkauf bezeichnet hat. Durch die Kontrolle wird der Beweis für das Bereithalten der Ware im Sinne des Nahrungsmittelgesetzes in der Regel erbracht.

Durch § 3 werden den Beamten der Polizei weitergehende Befugnisse hinsichtlich des Ortes, wo das Beaufsichtigungsrecht ausgeübt werden darf, und bezüglich der Art der Ausübung der Kontrolle eingeräumt. Es dürfen nicht nur in Räumen, in welchen Gegenstände der im § 1 bezeichneten Art feilgehalten, sondern auch in Räumen, in welchen die Gegenstände aufbewahrt und hergestellt werden, Revisionen vorgenommen werden. Diese Befugnisse gelten jedoch nur gegenüber solchen Personen, die auf Grund der §§ 10, 12 oder 13 des Nahrungsmittelgesetzes zu einer Freiheitsstrafe verurteilt sind. Freiheitsstrafen, die nicht unmittelbar erkannt, sondern nur an Stelle einer uneinbringlichen Geldstrafe getreten sind, kommen hierbei nicht in Betracht.

Da nach dem Wortlaut des § 4 des Nahrungsmittelgesetzes landesrechtliche Bestimmungen, die der Lebensmittelpolizei weitergehende Befugnisse, als die in den §§ 2 und 3 des Gesetzes bezeichneten einräumen, unberührt bleiben, so sind die zur Zeit des Inkrafttretens des Gesetzes schon bestehenden Bestimmungen aufrecht erhalten und gleichzeitig ist die Möglichkeit gewährt worden, neue Bestimmungen auf dem Wege der Gesetzgebung oder auf dem der Verordnung und Bekanntmachung zu erlassen. Im Geltungsbereiche des preußischen Landrechtes sind z. B. die Polizeibehörden befugt, den Marktverkehr in weitestem Umfange zu kontrollieren und verdächtig erscheinende Gegenstände zu beschlagnahmen.

Der § 3 enthält demnach Ausnahmebestimmungen, während das im § 4 vorgesehene weitergehende Beaufsichtigungsrecht für alle Gewerbebetriebe Geltung hat, wodurch die Wirksamkeit der Lebensmittelkontrolle erhöht wird. Gleichzeitig kann die Kontrolle selbst den speziellen örtlichen Bedürfnissen angepaßt werden.

Der **Erlaß von Kaiserlichen Verordnungen auf Grund der §§ 5—7 des Nahrungsmittelgesetzes** erfolgt mit Zustimmung des Bundesrates. Diese Vorschriften sollen entweder den Schutz der menschlichen Gesundheit bezwecken, oder bezüglich der gewerbsmäßigen Herstellung, des Verkaufs oder Feilhaltens von solchen Gegenständen erlassen werden, die zur Fälschung von Nahrungs- oder Genußmitteln bestimmt sind. Die im § 5 bezeichneten Gebiete sind späterhin zum Teil reichsgesetzlich geregelt worden. Auf Grund des § 5 sind

1. die Kaiserliche Verordnung über das gewerbsmäßige Verkaufen und Feilhalten von Petroleum vom 24. Februar 1882;
2. die Kaiserliche Verordnung betreffend den Verkehr mit Essigsäure vom 14. Juli 1908 in Geltung.

In Verfolg des § 6 erging die Kaiserliche Verordnung betreffend das Verbot von Maschinen zur Herstellung künstlicher Kaffeebohnen vom 1. Februar 1891.

Auch hinsichtlich der Bestimmungen der §§ 5 und 6 sind weitergehende landesrechtliche Verordnungen zulässig;[1] hinsichtlich der Strafzumessung besteht jedoch nach § 8, 2 des Nahrungsmittelgesetzes eine Einschränkung der landesrechtlichen Vorschriften.

Die strafrechtlichen Bestimmungen des Nahrungsmittelgesetzes dienten, wie bereits erwähnt, zur Ergänzung der vor dem Erlaß dieses Gesetzes bereits vorhandenen Strafvorschriften, im wesentlichen der §§ 263,[2] 324[3] und 367, 7[4] des Strafgesetzbuches für das Deutsche Reich vom 15. Mai 1871.

Diese Bestimmungen sind durch das Nahrungsmittelgesetz nicht aufgehoben worden, sondern bleiben nach wie vor anwendbar, so daß auch beide Gesetze und auch mehrere Bestimmungen desselben Gesetzes gleichzeitig verletzt werden können (Zusammentreffen mehrerer strafbaren Handlungen, ideale oder reale Konkurrenz §§ 73 und 74 St.G.).

Das Strafrecht teilt allgemein die strafbaren Handlungen nach der Höhe der angedrohten Strafen in Übertretungen, Vergehen und Verbrechen ein. Übertretungen werden mit Haft oder mit Geldstrafe

---

[1] Vgl. Bretzfeld a. a. O. S. 14.

[2] Betrugsparagraph.

[3] Vergiften oder Beimischung schädlicher Stoffe zu Brunnen-, Wasserbehältern, oder zu Gegenständen, die zum öffentlichen Verkaufe oder Verbrauche bestimmt sind.

[4] Vgl. Anm. 1 auf S. 7.

bis zu 150 Mark bedroht (§§ 8, 9 und 11 des Nahrungsmittelgesetzes); Vergehen sind Delikte, die mit Gefängnis oder mit Geldstrafe von mehr als 150 Mark bedroht sind (§§ 10, 12 und 14 des Nahrungsmittelgesetzes); Verbrechen werden mit Zuchthausstrafe geahndet (§ 12 Nr. 2 Abs. 2 und § 13 des Gesetzes). Die Delikte gegen das Nahrungsmittelgesetz stellen in den weitaus meisten Fällen Übertretungen oder Vergehen dar.

Die strafrechtlichen Bestimmungen des Nahrungsmittelgesetzes[1] zerfallen im wesentlichen in solche, welche sich gegen eine Beschädigung oder Gefährdung der menschlichen Gesundheit richten und in solche, welche die Fälschung der Lebensmittel an sich treffen wollen. Auch diesen letztgenannten Bestimmungen, die scheinbar nur dem Schutz wirtschaftlicher Interessen gegen Unredlichkeit oder Nachlässigkeit im Lebensmittelverkehr verfolgen, liegt insofern ein gesundheitlicher Zweck zugrunde, als sie nach den Motiven zum Gesetzentwurf verhüten sollen, daß der Konsument für sein Geld Lebensmittel erhält, die, wenn sie auch seine Gesundheit nicht positiv zu schädigen geeignet sind, dennoch infolge einer mit ihnen vorgenommenen Veränderung den ihrem Preise entsprechenden Nähr- oder Genußwert nicht vollständig erfüllen.

Die Lebensmittelfälschungen ohne Gefährdung der menschlichen Gesundheit, die jedoch eine schwere wirtschaftliche Schädigung des konsumierenden Publikums bedeuten kann, wird in den §§ 10 und 11 des Nahrungsmittelgesetzes behandelt. Aus § 10 ist strafbar 1) die Nachahmung oder Verfälschung von Nahrungs- oder Genußmitteln zum Zwecke der Täuschung in Handel und Verkehr und 2) das wissentliche Verkaufen oder Feilhalten verdorbener, nachgemachter oder verfälschter Nahrungs- oder Genußmittel unter Verschweigung dieses Umstandes oder das Feilhalten unter einer zur Täuschung geeigneten Bezeichnung.[2] Die Täuschung tritt bei jedem der drei Delikte in § 10 auf verschiedene Art in den Tatbestand.[3] Die Herstellung erfordert „Zweck der Täuschung in Handel und Verkehr", das Feilhalten „eine zur Täuschung geeignete Bezeichnung", das Verkaufen „Verschweigen der Beschaffenheit". Bei dem Herstellungsdelikt ist es nicht nötig, daß der unmittelbare Abnehmer getäuscht wird. Die Fabrikation verfolgt nach Entscheidung des Reichsgerichtes vom 17. Januar 1881[4] den Zweck der Täuschung

---

[1] Vgl. Würzburg a. a. O. S. 49 u. 51.

[2] Auf die nicht mit Vorsatz verübten und auf diejenigen Fälle, in welchen das Feilhalten nicht unter einer zur Täuschung geeigneten Bezeichnung stattgefunden hat, bezieht sich der § 367,7 St.G.

[3] Vgl. Lebbin u. Baum, Deutsches Nahrungsmittelrecht. Berlin 1907. S. 33 u. 34.

[4] Entsch. Bd. 3 S. 274; Rechtspr. Bd. 2 S. 735.

auch dann, „wenn sie bewußtermaßen dazu dient, trotz einer Aufklärung des unmittelbaren Abnehmers über die Beschaffenheit der Waren das aus der Hand dieses Abnehmers, sei es unmittelbar oder mittelbar erwerbende Publikum zu täuschen". Das Feilhaltungsdelikt erfordert eine zur Täuschung geeignete Bezeichnung. Es ist hier eine direkte, auf die Kennzeichnung des Nahrungsmittels gerichtete Tätigkeit erforderlich, die Bezeichnung muß beim Feilhalten gebraucht werden. Eine Bezeichnung, welche zwar die richtige Beschaffenheit andeutet, vom Publikum aber nicht in diesem Sinne verstanden wird, kann als zur Täuschung geeignete Bezeichnung angesehen werden. Bei dem Verkaufsdelikt genügt ein Verschweigen der wirklichen Beschaffenheit. Inwieweit das Verschweigen durch eine generelle Deklaration beseitigt wird, ist Tatfrage. Jedenfalls muß diese Deklaration für das Publikum erkennbar und verständlich sein. Ein Anschlag im Laden beseitigt die Strafbarkeit nicht unter allen Umständen.

Der § 11 des Nahrungsmittelgesetzes richtet sich gegen fahrlässige Begehungen der im § 10 bezeichneten Handlungen. Das Gesetz geht nach den Motiven von dem Grundsatz aus, daß derjenige, welcher Nahrungsmittel feilhält oder verkauft, die Pflicht hat, sich über ihre Beschaffenheit zu unterrichten oder unterrichtet zu halten. Hat er dies nicht selbst getan,[1] oder hat er die ihm gebotene Gelegenheit sich durch Einziehung von Belehrung bei Sachverständigen Auskunft zu verschaffen unbenutzt gelassen, so wird er, wie es in den Motiven zum Gesetzentwurf heißt, den Vorwurf der Fahrlässigkeit von sich nicht abwehren können. Unkenntnis aus Fahrlässigkeit schützt nicht, und ganz unzweifelhaft wird eine solche immer da anzunehmen sein, wo der Beteiligte die ausdrücklichen Vorschriften einschlägiger polizeilicher Verordnungen oder Anordnungen unbeachtet gelassen hat. Auch die persönlichen Verhältnisse des Täters sind von Einfluß[2] auf die Frage, ob Fahrlässigkeit gegeben ist. Von dem Großkaufmann, dem erfahrenen Fachmann wird naturgemäß ein höherer Grad von Umsicht gefordert werden können, als von dem kleinen Geschäftsmann oder dem Nichtgewerbetreibenden.

Die §§ 12—14 des Nahrungsmittelgesetzes beziehen sich auf solche Fälle, bei denen eine Beschädigung oder Zerstörung der menschlichen Gesundheit in Frage kommt; die strafbaren Betätigungen erstrecken sich hier nicht nur auf Nahrungs- und Genußmittel (§ 12 Ziffer 1), sondern auch auf eine Reihe von Gebrauchsgegenständen (§ 12 Ziffer 2), welche die menschliche Gesundheit zu beschädigen ge-

[1] Vgl. Würzburg a. a. O. S. 75.
[2] Vgl. Bretzfeld a. a. O. S. 57.

eignet sind. Neben der Herstellung, dem Verkaufen und Feilhalten wird auch jedes sonstige Inverkehrbringen — d. h. jede Art der Überlassung an andere, wie Verschenken, Verwendung in der Familie, Überweisung an Dienstboten — unter Strafe gestellt. Auch der Versuch ist strafbar.

Eine wesentliche Erhöhung der Strafe für die im § 12 aufgeführten Fälle ist in § 13 des Gesetzes vorgesehen, sofern der Genuß oder Gebrauch der Gegenstände die menschliche Gesundheit zu zerstören geeignet ist. Eine Strafbarkeit aus §§ 12 und 13 liegt vor, wenn der Täter dabei vorsätzlich verfahren ist; die zur Strafbarkeit erforderte Wissentlichkeit[1] besteht darin, daß der Täter die Eigenschaft der als Nahrungsmittel, Genußmittel oder Gebrauchsgegenstand in den Verkehr gebrachten Gegenstände, die menschliche Gesundheit durch den Genuß oder bei deren bestimmungsgemäßem oder vorauszusehendem Gebrauch zu beschädigen bzw. zu zerstören, gekannt hat. Diese Kenntnis braucht eine sichere nicht zu sein, wenn der Täter „sich der Wissenschaft von der Beschaffenheit der Nahrungsmittel absichtlich entzieht aber ihren Verkauf auch dann will, wenn sie gesundheitsgefährlich"[2] sind. Auch bezüglich des Inverkehrbringens bedarf es nicht notwendig der sicheren Kenntnis, sondern es wird derjenige mit Strafe bedroht, der bei dem Überlassen der gesundheitsschädlichen Ware an andere wußte, oder den Umständen nach annehmen mußte, daß dieselben von dem Abnehmer oder in einer folgenden Hand zur Nahrung oder zum Genuß für Menschen werde verwandt werden.[3]

Unter Herstellung eines Nahrungsmittels im Sinne des Nahrungsmittelgesetzes ist die Fertigstellung zum Genuß verstanden.[4]

Sofern eine der in den §§ 12 und 13 bezeichneten Handlungen aus Fahrlässigkeit begangen ist, ist eine mildere Beurteilung und Bestrafung (§ 14) vorgesehen.

§ 15 des Nahrungsmittelgesetzes[5] behandelt die Einziehung der Gegenstände, welche vorschriftswidrig hergestellt, verkauft, feilgehalten oder sonst in Verkehr gebracht sind. Die Anordnung der Einziehung erfolgt auf Grund eines gerichtlichen Urteils und muß in diesem angeordnet werden, wenn es sich um einen der in den §§ 12—14 bezeichneten Fälle handelt, während sie in den Fällen der §§ 8, 10, 11 nach dem Ermessen des Richters ausgesprochen werden kann. Sie wird alsdann nach den Motiven namentlich im Rückfall eine der Natur

[1] Vgl. Würzburg a. a. O. S. 84 flg.
[2] Urt. d. Reichsger. v. 17. Febr. 1888. Rechtspr. Bd. 10 S. 157.
[3] Urt. d. Reichsger. v. 26. Juni 1885.
[4] Urt. d. Reichsger. v. 27. Okt. 1882. Entsch. Bd. 7 S. 151; Rechtspr. Bd. 4 S. 768.
[5] Vgl. Würzburg a. a. O. S. 99—104.

der Zuwiderhandlung angemessene Verschärfung des den Schuldigen treffenden Strafübels sein.

Eine andere Art der Strafverschärfung besteht darin, daß die öffentliche Bekanntmachung der Verurteilung auf Kosten des Schuldigen gemäß § 16 Abs. 1 angeordnet werden kann. Diese Vorschrift ist auf alle Fälle anwendbar, in denen auf Grund des Nahrungsmittelgesetzes eine Verurteilung erfolgt. Sie erschien dem Gesetzgeber vorzugsweise geeignet, dem Zwecke der Verfälschung und ihren nachteiligen Folgen wirksam entgegenzutreten. Da aber die einzelnen Straffälle hinsichtlich ihrer Gefährlichkeit und Unlauterkeit mancherlei Verschiedenheiten bieten und die Maßregel der Veröffentlichung für den Betroffenen eine Härte enthalten kann, so wurde es für angemessen erachtet, die Bekanntgabe in das richterliche Ermessen zu stellen. Auf Antrag eines freigesprochenen Angeschuldigten muß das Gericht die öffentliche Bekanntmachung anordnen.

Ein vierter Absatz, welcher dem § 16 durch das Gesetz vom 29. Juni 1887, betreffend die Abänderung des Gesetzes über den Verkehr mit Nahrungsmitteln usw. vom 14. Mai 1879 angefügt ist, behandelt die Frage der Kosten, welche durch die polizeilichen Untersuchungen von Gegenständen der im § 1 bezeichneten Art erwachsen. Diese Regelung ist dahin erfolgt, daß im Falle einer Verurteilung die durch die polizeiliche Untersuchung erwachsenen Kosten von dem Verurteilten zu tragen sind.

Durch die Errichtung und dauernde Unterhaltung der zur Überwachung des Lebensmittelverkehrs notwendigen **Anstalten zur technischen Untersuchung von Nahrungs- und Genußmitteln** erwachsen den diese Untersuchungsämter unterhaltenden Verwaltungen und Körperschaften nicht unerhebliche Kosten. Daher sind durch den § 17 des Nahrungsmittelgesetzes die auf Grund dieses Gesetzes auferlegten Geldstrafen, soweit dieselben dem Staate zustehen, derjenigen Kasse zugewiesen worden, welche die Kosten der betreffenden Anstalt trägt. In Frage kommen nur diejenigen Geldstrafen, die dem Staate zustehen. Die durch polizeiliche Strafverfügung festgesetzten Strafen sind in der Regel ausgeschlossen, da diese in die Kasse derjenigen Gemeinde bzw. Verbände fließen, welche die Kosten der örtlichen Polizeiverwaltung zu tragen haben. Anderseits dürfen die hiernach verbleibenden Geldstrafen nur denjenigen öffentlichen Untersuchungsanstalten überwiesen werden, welche für den Ort der Tat bestehen und behördlich als öffentliche Anstalten zur technischen Untersuchung von Nahrungs- und Genußmitteln im Sinne des § 17 anerkannt sind.

IV. Die Begriffe Nachmachung, Verfälschung, Verdorbensein und Gesundheitsschädlichkeit.

Das Reichsgesetz, betreffend den Verkehr mit Nahrungsmitteln usw. vom 14. Mai 1879, kennt für die Abweichung eines Nahrungs- oder Genußmittels von der normalen Beschaffenheit die 4 Begriffe Nachmachung, Verfälschung, Verdorbensein und Gesundheitsschädlichkeit. Eine Erläuterung dieser Begriffe ist im Gesetze selbst deshalb unterlassen, weil die Aufstellung solcher Definitionen im Strafrecht nicht gebräuchlich ist; auch zog man es vor,[1] die Bestimmung dieser Begriffe in den einzelnen Fällen der Rechtsübung und der Wissenschaft zu überlassen.

Der Beaufsichtigung im Sinne des Gesetzes vom 14. Mai 1879 unterliegt der Verkehr mit Nahrungs- und Genußmitteln sowie mit gewissen ausdrücklich angeführten Gebrauchsgegenständen. Eine Bestimmung der Begriffe Nahrungs- und Genußmittel findet sich im Gesetze selbst nicht. Er ergibt sich indessen[2] aus dem Inhalte, der Entstehungsgeschichte, den Motiven und Materialien des Gesetzes in Verbindung mit dem gewöhnlichen Wortsinn und dem Sprachgebrauch des Gesetzgebers an anderen Orten. An dieser Stelle mögen nur die juristischen Definitionen erwähnt sein. Aus der Rechtsprechung des Reichsgerichtes geht zunächst hervor, daß lediglich die für Menschen bestimmten Lebensmittel gemeint sind.

Nahrungsmittel sind Gegenstände,[3] die der Mensch zum Zwecke seiner Ernährung zu genießen pflegt, gleichviel ob sie einer Zubereitung bedürfen oder nicht, und ohne daß es darauf ankommt, ob sie zu anderen Zwecken bestimmt sind, wenn sie nicht durch die Art ihrer Verwendung die Genießbarkeit verloren haben.

Unter **Genußmitteln** können nur solche Gegenstände verstanden werden, welche durch eines der menschlichen Sinnesorgane genossen werden können. Genußmittel im Sinne des Gesetzes[4] sind jedoch nur solche, welche durch die menschlichen Organe dem Körper wirklich zugeführt und mit dem Genuß verbraucht werden. Gegenstände, welche, ohne diesem Erfordernisse zu entsprechen, für die menschlichen Sinne lediglich eine angenehme Empfindung, ein Wohlbehagen hervorrufen,

---

[1] Vgl. Stenogr. Bericht d. Reichstagssitzung v. 1. April 1879.

[2] Vgl. Neufeld, Der Nahrungsmittelchemiker als Sachverständiger. Berlin 1907. S. 43.

[3] Urt. d. Reichsger. v. 24. Febr. 1880.

[4] Urt. d. Reichsger. v. 9. April 1881. Entsch. Bd. 4 S. 72; Rechtspr. Bd. 3 S. 220.

z. B. Blumen, deren Duft uns angenehm ist, fallen nicht unter das Nahrungsmittelgesetz, wohl jedoch z. B. der Hopfen als Würzmittel des Bieres sowie Tabak usw.

Da im Nahrungsmittelgesetz die Bezeichnungen Nahrungs- und Genußmittel stets gleichzeitig aufgeführt werden, so ist eine strenge Unterscheidung zwischen diesen Begriffen nicht immer erforderlich, sondern im einzelnen Falle bedarf es nur der Feststellung, daß die betreffenden Gegenstände Nahrungs- oder Genußmittel sind.

Der Kreis der unter das Nahrungsmittelgesetz fallenden Gebrauchsgegenstände beschränkt sich auf Spielwaren, Tapeten, Farben, Eß-, Trink- und Kochgeschirr sowie Petroleum.[1]

Unter **Nachmachung** versteht man die Anfertigung einer Ware, welche den Anschein hat, etwas anderes zu sein, als sie in Wirklichkeit ist.[2] Ein nachgemachtes Nahrungs- oder Genußmittel trägt also, ohne das Wesen der nachgeahmten Sache zu besitzen, den äußeren Schein derselben an sich.

Von einem nachgemachten Nahrungs- oder Genußmittel kann begrifflich nur die Rede sein, wenn im Verkehrsleben bereits ein als Lebensmittel benutzbarer oder benutzter entsprechender Gegenstand vorhanden ist.[3] Für den Begriff des Nachmachens ist es ohne Bedeutung, ob die täuschenden Mittel leicht und von jedermann oder nur schwer und nur von Sachverständigen zu erkennen sind.[4]

Bei einem Gemisch von Sprit, Rumessenz, Zucker, Farbstoff, Gerbsäure und Rußtinktur wurde z. B. in dem Urteil des Reichsgerichts vom 18. Mai 1888 bei einer als Kognak verkauften Flüssigkeit eine Nachmachung als vorliegend erachtet.

Verfälschung im Sinne des § 10 des Nahrungsmittelgesetzes ist[5] jede auf Täuschung berechnete Veränderung der normalen Beschaffenheit eines Nahrungs- oder Genußmittels, durch welche diesem entweder der Schein einer besseren Beschaffenheit verliehen oder dessen normale Beschaffenheit verschlechtert wird. Die Verfälschung eines Nahrungsmittels hat immer eine Abweichung von dem echten und normalen zur Voraussetzung.

Als Hauptformen der Verfälschung sind anzusehen:[6]

1. Entziehung eines wesentlichen Bestandteiles, z. B. Entrahmen der Milch.

[1] Vgl. die genaue Übersicht im Anhang.
[2] Urt. d. Oberlandesger. Hamburg v. 28. Juni 1900.
[3] Urt. d. Reichsger. v. 15. Mai 1882. Rechtspr. Bd. 4 S. 485.
[4] Ebendort.
[5] Urt. d. Reichsger. v. 7. Febr. 1889.
[6] Vgl. Neufeld a. a. O. S. 48.

2. Der Zusatz eines nicht normalen Bestandteiles, welcher die ganze Ware minderwertig macht (z. B. Wässerung der Milch).

3. Der Zusatz eines nicht normalen Bestandteiles, welcher der ganzen Ware den Anschein höheren Wertes, also der besseren Beschaffenheit verleiht (z. B. Rotfärbung einer mißfarbigen minderwertigen Wurst).

Eine Verfälschung kann auch dadurch begangen werden,[1] daß gewisse Bestandteile bei der Herstellung von Lebensmitteln nicht genügend entfernt werden, z. B. Wasser in der Butter, so daß der Effekt derselbe wird, als wenn Butter mit normalem Wassergehalt durch Wasserzusatz verfälscht wird.

Um im gegebenen Falle ein Urteil darüber zu gewinnen,[2] ob eine Verfälschung oder Nachmachung vorliegt, bedarf es nach den vorstehenden begrifflichen Erläuterungen einer Kenntnis des Wesens der einzelnen Nahrungs- und Genußmittel. Es muß daher die Frage aufgeworfen werden, worin das wahre Wesen, die **echte und normale Beschaffenheit** derselben besteht. Bei Naturprodukten gibt die Natur selbst den Maßstab der Vergleichung. Bei den Kunstprodukten, zu welchen z. B. innerhalb gewisser Grenzen der Wein zu rechnen ist, entscheidet die gesetzliche oder herkömmliche Regel; letztere jedoch nur insoweit, als ihr nicht verwerfliche Geschäftsgebräuche d. h. solche Gebräuche zugrunde liegen, welche nicht dem Zweck, den Erfordernissen der Gesundheitspflege sowie den Bedürfnissen der Konsumenten entsprechende Nahrungs- und Genußmittel zu verschaffen, sondern einem vom Standpunkte des Gesetzes aus nicht berechtigten Zweck dienen.[3]

Bei aus verschiedenen Stoffen zusammengesetzten Nahrungsmitteln kann[4] die als normal anzusehende Zusammensetzung auch durch den **Geschäftsgebrauch** beinflußt werden. Aber dieser letztere wird nie einseitig, nur nach den Wünschen und Gewohnheiten des Produzenten, sondern zugleich mit Berücksichtigung der berechtigten Erwartungen des Publikums zu bilden und darum auch mit Rücksicht auf diese verschiedenen Faktoren zu ermitteln sein.

Verdorben ist ein Nahrungs- oder Genußmittel, wenn es sich nicht in normalem Zustande befindet und von demselben in dem Grade abweicht, daß es nach der allgemeinen Ansicht zum Genuß für Menschen ungeeignet ist.[5] Eine völlige Unbrauchbarkeit erfordert der Begriff

---

[1] Urt. d. Reichsger. v. 24./31. Jan. 1888. Entsch. Bd. 17 S. 99; Rechtspr. Bd. 10 S. 64.

[2] Vgl. Würzburg a. a. O. S. 60.

[3] Urt. d. Reichsger. v. 2. Nov. 1886. Entsch. Bd. 14 S. 248; Rechtspr. Bd. 8 S. 660.

[4] Urt. d. Reichsger. v. 7. Jan. 1887.

[5] Vgl. Neufeld a. a. O. S. 67.

verdorben nicht;[1] wesentlich ist nur die Abweichung vom Normalen und für die Bestimmung des Normalen ist[2] der zu vermutende Wille der Beteiligten, die Erwartung, welche der Käufer, bzw. das kauflustige Publikum hinsichtlich der Beschaffenheit der Ware hegen dürfte, als Ausgangspunkt zu nehmen.

Auf die Fassung des § 10 des Nahrungsmittelgesetzes ist die Entstehung der sogenannten **Deklarationen** zurückzuführen. Durch die Deklaration soll zum Ausdruck gebracht werden, daß ein Gegenstand nicht „zum Zweck der Täuschung in Handel und Verkehr" nachgemacht oder verfälscht ist, und daß die einschlägigen Waren nicht „unter einer zur Täuschung geeigneten Bezeichnung" feilgehalten werden. In dem vom Bunde deutscher Nahrungsmittel-Fabrikanten und Händler herausgegebenen „Deutschen Nahrungsmittelbuche" sind für die Kennzeichnung von Zusätzen bei der Herstellung und im Verkehr mit Nahrungsmitteln sehr empfehlenswerte Grundsätze aufgestellt worden.[3]

Das Nahrungsmittelgesetz spricht weiterhin von Gegenständen, deren Genuß oder Gebrauch die menschliche Gesundheit zu beschädigen und von solchen, die die Gesundheit zu zerstören geeignet sind. Eine Gesundheitsbeschädigung ist jeder Eingriff in die körperliche Unversehrtheit eines anderen, die nicht nur ganz vorübergehender Natur ist, die Gesundheitszerstörung hingegen ist ein bleibender Nachteil für die menschliche Gesundheit. Die **Gesundheitsschädlichkeit** oder Gesundheitsgefährlichkeit im Sinne des Nahrungsmittelgesetzes ist nach dem Erkenntnis des Reichsgerichts vom 5. Mai 1882[4] eine objektive Eigenschaft, welche dem Gegenstande anhaften muß und nicht abhängig gemacht werden kann von dem je nach dem Geschmacke, der Bildungsstufe und dem Wohlstande des einzelnen Käufers verschiedenen Grade der Abneigung oder des Widerwillens gegen dessen Genuß.

---

[1] Urt. d. Reichsger. v. 25. Jan. 1886.

[2] Urt. d. Reichsger. v. 9. Nov. 1886.

[3] „Die Kennzeichnung hat allgemein in leicht leserlicher Schrift, in gemeinverständlicher Form z. B. „gefärbt", „mit Mehl", „Kunsthonig" und in deutscher Sprache zu erfolgen. Die Kennzeichnung muß auch im Detailhandel bei Abgabe von Originalpackungen, direkt bei der Inhaltsbezeichnung und als Teil derselben geschehen.

Im Großhandel muß die Kennzeichnung auf Angeboten, Schlußscheinen, Rechnungen und auf allen mit Inhaltsbezeichnungen versehenen Gefäßen und Packungen stehen.

Bei offenem Feilhalten (Ausstellen) und bei offenem Verkauf von ungepackten Waren muß die Kennzeichnung von Zusätzen an jedem die Ware enthaltenden Gefäß oder auf der Ware selbst angebracht werden. Die Kennzeichnung durch Aushängeschild muß, wenn tunlich, an einer jedem Käufer sichtbaren Stelle des Verkaufslokales erfolgen."

[4] Entsch. Bd. 6 S. 258.

V. Die Organisation der Nahrungsmittelkontrolle.

Bereits die im Jahre 1877 im Kaiserlichen Gesundheitsamt zur Beratung einer gesetzlichen Regelung des Verkehrs mit Nahrungsmitteln, Genußmitteln und Gebrauchsgegenständen zusammengetretene Sachverständigenkommission[1] gab ihrer Überzeugung Ausdruck, daß zu einer erfolgreichen Bekämpfung der auf dem Gebiete des Nahrungsmittelverkehrs bestehenden Mißstände die Errichtung einer hinreichenden Zahl technischer Untersuchungsanstalten erforderlich sei. Eine zweite zur Feststellung eines Normalstatuts für derartige Stationen berufene Kommission sprach sich dahin aus,[2] daß die Überwachung der Nahrungsmittel eine Aufgabe sei, welche hinsichtlich der sie ausführenden Verwaltungsorgane nicht trennbar sei von der Gesundheitspolizei im allgemeinen und daß die technischen Aufgaben der Untersuchungsstationen für den obengenannten Zweck innig zusammenhingen mit gewissen anderen zur Handhabung der Gesundheitspolizei erforderlichen technischen Untersuchungen z. B. Untersuchung des Wassers, der Luft in Schulen, der Tapeten usw. Die Stationen müßten amtlichen Charakter haben und ihre sämtlichen Beamten müßten vereidigt sein. Man hob ferner hervor, daß die Stationen die Tätigkeit mehrerer Sachverständigen, namentlich eines Chemikers, eines Arztes und eines Tierarztes erheischen, und nahm in Aussicht, daß in ihnen Polizeiorgane zur Ausführung solcher einfacher Prüfungsmethoden, welche sich zu vorläufigen Marktuntersuchungen eignen, technisch ausgebildet würden. Als Aufgaben der Stationen wurden bezeichnet:

a) Untersuchung der ihnen hierzu übergebenen Nahrungs- und Genußmittel in bezug auf ihre Zusammensetzung und gesundheitliche Beschaffenheit,

b) gleiche Untersuchung von Gebrauchsgegenständen,

c) Nachuntersuchung des Fleisches und seiner Fabrikate,

d) fortgesetzte Untersuchungen der hauptsächlichen zum Verkauf ausgestellten Nahrungs- und Genußmittel,

e) fortlaufende Untersuchungen der Trink- und Nutzwässer, der öffentlichen Wasserläufe und der Grundwasserverhältnisse,

f) fortgesetzte Untersuchungen der Luft in öffentlichen Lokalen, zunächst in den Schulen.

---

[1] Vgl. J. König u. A. Juckenack, Die Anstalten zur technischen Untersuchung von Nahrungs- und Genußmitteln im Deutschen Reiche. Berlin 1907. S. III.

[2] Denkschrift über die Aufgaben und Ziele des Kaiserlichen Gesundheitsamtes. Berlin 1879. S. 13.

Im Deutschen Reiche sind nach Inkrafttreten des Reichsgesetzes vom 14. Mai 1879 zahlreiche Anstalten zur Untersuchung von Nahrungsmitteln, Genußmitteln und Gebrauchsgegenständen errichtet worden, die bei der Durchführung sowohl dieses Gesetzes als auch seiner Ergänzungsgesetze von den Verwaltungsbehörden ständig in Anspruch genommen werden. Die Grundlagen, auf denen diese Anstalten aufgebaut wurden, sind in den einzelnen Bundesstaaten verschiedenartige.

In **Preußen** war für die derzeitige Gestaltung und die Organisation dieser Untersuchungsanstalten der Runderlaß der zuständigen Ressortminister vom 20. September 1905 maßgebend. In Preußen bestehen zur Zeit staatliche und kommunale, von Gemeinden und Gemeindeverbänden, sowie von Landwirtschaftskammern unterhaltene öffentliche Untersuchungsämter. Diesen ministeriell im Sinne des § 17 des Nahrungsmittelgesetzes anerkannten Untersuchungsanstalten[1] ist die amtliche Kontrolle übertragen. Die Mindestzahl der in Ausübung der Nahrungsmittelkontrolle alljährlich zur Untersuchung zu entnehmenden Gegenstände ist in der Regel nach der Kopfzahl der Bevölkerung unter Berücksichtigung der speziellen örtlichen Verhältnisse festgelegt. In industriereichen Bezirken ist die Probenzahl meist höher bemessen, als bei rein ländlicher Bevölkerung, da die Erfahrung gelehrt hat, daß infolge des gesteigerten Konsums eine schärfere Kontrolle der industriellen Gemeinden und der Stadtbezirke erforderlich ist.

In **Bayern** ist die Überwachung des Lebensmittelverkehrs im wesentlichen durch die landesrechtlichen Vorschriften vom 27. Jan. 1884, 2. Febr. 1884, 28. April 1884, 25. Juli 1890 und 26. Juni 1898 geregelt worden. Die Beaufsichtigung ist durch staatliche und kommunale Untersuchungsanstalten wohlorganisiert, wobei schon seit einer Reihe von Jahren besonderer Wert auf die ambulante Tätigkeit, die Kontrolle der Herstellungsräume und Verkaufsstellen, in den Städten und auf dem Lande gelegt wird.

Die in **Sachsen** seit Oktober 1901 eingeführte Kontrolle wird in der Weise gehandhabt, daß die einzelnen Bezirke, Amtshauptmannschaften usw. staatlich geprüften Nahrungsmittelchemikern, welche ein eigenes privates Untersuchungslaboratorium besitzen, zugeteilt sind. Maßgebend für die Ausübung der Kontrolle ist die Verordnung des Ministeriums des Innern vom 3. Mai 1901. Auch staatliche und städtische Untersuchungsämter sind in Sachsen mit der Lebensmittelkontrolle betraut.

Für **Württemberg** ist ein Erlaß vom 31. Januar 1898 in Kraft, während für **Baden** die Angelegenheit durch die Ministerialverordnungen

[1] September 1909 betrug die Zahl dieser Anstalten in Preußen 78.

vom 28. Februar 1882, 8. Juni 1888 und 21. März 1896 geregelt ist. In beiden Bundesstaaten sind staatliche und kommunale Untersuchungsstationen im Dienste der Lebensmittelüberwachung tätig.

Auch in den **übrigen Bundesstaaten** des Deutschen Reiches finden sich ähnliche Einrichtungen, deren Organisation im Laufe der Zeit in einer stetigen Erweiterung und Ausbildung begriffen war, ein Beweis dafür, welche Aufmerksamkeit und welcher Wert der Beaufsichtigung des Lebensmittelverkehrs beigemessen wird.

Die Untersuchungsanstalten werden von staatlich geprüften Nahrungsmittelchemikern geleitet, denen nebenamtlich für rein medizinische Fragen ein Arzt und für tierärztliche Fragen ein Tierarzt zur Seite steht. Als Assistenten der Untersuchungsämter sind Chemiker mit abgeschlossenem Hochschulstudium und zwar meist geprüfte Nahrungsmittelchemiker tätig.

Nach der Prüfungsordnung vom 22. Februar 1894 hat der **Nahrungsmittelchemiker** vor Ablegung der Staatsprüfung eine mindestens 9semestrige akademische und praktische Ausbildung nachzuweisen. Auf die 6semestrige theoretische Vorbildung an einer Universität oder technischen Hochschule folgt die praktische Ausbildung an einer mit der Lebensmittelkontrolle betrauten Anstalt. Die abzulegende praktische und mündliche Staatsprüfung bezieht sich auf anorganische, organische und technologisch-chemische, auf botanische, bakteriologische und auf speziell nahrungsmittelchemische Disziplinen. Auch ist die Ablegung einer Prüfung über die einschlägige Gesetzgebung und die für den Beruf in Frage kommenden Gewerbs- und Industriezweige erforderlich. Nach bestandener Hauptprüfung wird ein behördlicher Ausweis über die Befähigung zur Untersuchung und Beurteilung von Nahrungsmitteln, Genußmitteln und Gebrauchsgegenständen erteilt.

In **Ausübung der Lebensmittelkontrolle** erfolgt die Entnahme der Untersuchungsgegenstände durch besonders ausgebildete Polizeibeamte oder auch durch den Nahrungsmittelchemiker selbst, welcher alsdann mit der Probenahme, die ihm auf Grund der reichsgesetzlichen oder landesrechtlichen Bestimmungen zustehenden Beaufsichtigungs- oder Revisionsbefugnisse ausübt.[1] Bei der Entnahme von Proben ist dem Verkäufer von dem die Probe entnehmenden Beamten auf Wunsch eine amtlich versiegelte Gegenprobe zurückzulassen, die derselbe seinerseits untersuchen lassen kann.

Die entnommenen und wohlbezeichneten Proben gelangen in den Laboratorien der Untersuchungsämter durch beeidigte Sachverständige zur

[1] Vgl. die Ausführungen auf S. 10—12.

chemischen, mikroskopischen und zur etwaigen bakteriologischen Untersuchung.[1]

Von dem Untersuchungsbefunde ist der zuständigen Polizeibehörde Mitteilung zu machen, welche im Falle einer Beanstandung entweder die Entnahme weiterer Proben oder die erforderliche Einleitung eines Vorverfahrens durch Weitergabe des Gutachtens an die Gerichtsbehörde veranlaßt.

Die Tätigkeit der einzelnen Untersuchungsämter und die Erfolge und Wirksamkeit der Lebensmittelkontrolle werden durch die vom Kaiserlichen Gesundheitsamte seit dem Jahre 1902 herausgegebenen Übersichten über die Jahresberichte der öffentlichen Anstalten zur technischen Untersuchung von Nahrungs- und Genußmitteln im Deutschen Reiche veranschaulicht, während die Kriminalstatistik nähere Angaben über die Zahl der wegen Zuwiderhandlungen gegen das Nahrungsmittelgesetz und seiner Nebengesetze erforderlich gewordenen Bestrafungen liefert.

VI. Die menschliche Nahrung.

Zur Entwicklung und zur Erhaltung der Lebenstätigkeit benötigt der menschliche Körper einen Ersatz für die beim Stoffwechsel verbrauchten Bestandteile. Im menschlichen Organismus werden fortwährend kompliziert zusammengesetzte chemische Verbindungen in einfachere zerlegt und die Produkte dieses Zerfalls werden aus dem Körper ausgeschieden. Für diese Verluste muß dem Körper durch Zufuhr von Nährstoffen Ersatz geleistet werden. Zur Aufnahme von Nährstoffen wird der Mensch durch das Nahrungsbedürfnis, welches er als Hunger oder Durst empfindet, veranlaßt.

Ihrer Bestimmung gemäß muß sich die Nahrung aus allen denjenigen chemischen Stoffen zusammensetzen, welche für den Aufbau und die Lebenstätigkeit der Zellen erforderlich sind. Der menschliche Organismus ist nun vorzugsweise aus Wasser, eiweißartigen Stoffen, stickstofffreien Substanzen und Mineralstoffen aufgebaut. Durch die Zufuhr dieser Substanzen können demnach Bestandteile des Körpers ersetzt und

[1] Falls in Einzelfällen begründeter Verdacht vorliegt, daß der betreffende Gegenstand zur Verbreitung einer übertragbaren Krankheit Anlaß gegeben hat, oder wenn eine Aufklärung über gesundheitsgefährliche Zersetzung durch Mikroorganismen erforderlich ist, so ist in Preußen gemäß dem Runderlaß vom 23. Mai 1907 die Untersuchung durch ein Medizinal-Untersuchungsamt auszuführen.

die Zelltätigkeit unterhalten werden. Man bezeichnet daher das Wasser, die Eiweißstoffe usw. als Nährstoffe. Die erforderlichen einzelnen Nährstoffe nimmt der Mensch bei seiner Ernährung nicht in reinem Zustande, sondern in Form der Nahrungsmittel, die in der Regel aus mehreren Nährstoffen zusammengesetzt sind, zu sich. Fleisch nennen wir z. B. ein Nahrungsmittel, weil es verschiedene Nährstoffe, wie Eiweiß, Fett, Wasser und Mineralbestandteile enthält.

Die Aufnahme und Verdauung der Nährstoffe wird durch die Genußmittel, welche auf die Nerventätigkeit eine wohltuende und anregende Wirkung ausüben, wesentlich beeinflußt. Die Genußmittel werden zwar vom Körper bei der Lebenstätigkeit verbraucht, sie werden jedoch nicht als Ersatzmittel für Körperbestandteile verwertet, sondern ihre große Bedeutung für die richtige Ernährung besteht in der nervenanregenden Wirkung eines oder mehrerer besonderer Bestandteile, wie Alkaloide, Alkohol usw.

Die menschliche Nahrung setzt sich demnach aus den Nahrungsmitteln, die ihrerseits aus einzelnen oder verschiedenen Nährstoffen bestehen, und aus den Genußmitteln zusammen.

Der Mensch nimmt seine Nahrung sowohl aus dem Tierreiche, als auch aus dem Pflanzenreiche. Die Lebensmittel werden uns jedoch von der Natur zumeist nicht in einem ohne weiteres genußtauglichen Zustande geliefert, sondern sie bedürfen in den meisten Fällen einer entsprechenden Vorbehandlung. Diese Herstellung, Herrichtung oder Zubereitung verfolgt den Zweck, dem Körper die Nutzbarmachung der Nahrung zu ermöglichen oder zu erleichtern.

Die in den verschiedenen Nahrungsmitteln enthaltenen Nährstoffe sind bestimmte chemische Körper. Man kann die **Nährstoffe** in folgende Gruppen zerlegen:

1. Wasser,
2. Stickstoffhaltige Verbindungen oder Eiweißstoffe,
3. Fette,
4. Stickstofffreie Extraktstoffe oder Kohlenhydrate,
5. Mineralstoffe.

Die größte Bedeutung für die Ernährung haben die stickstoffhaltigen Verbindungen, da aus ihnen im wesentlichen das Blut sowie die Gewebe und Organe des Körpers gebildet werden. Auch Fette und Kohlenhydrate müssen bei rationeller Ernährung in der richtigen Menge und in richtigem Verhältnis zueinander genossen werden. Neben den eigentlichen Kohlenhydraten ist von stickstofffreien Stoffen in den pflanzlichen Lebensmitteln die Zellulose, ein Baustoff der vegetabilischen Zellwandungen, enthalten. Wasser und Mineralstoffe werden dem Organismus als Bestandteile der meisten Lebensmittel oder in reinem Zustande in Form von Trinkwasser, Kochsalz usw. zugeführt. Das Wasser und die Mineralbestandteile haben bei der Ernährung gleichfalls wichtige Aufgaben zu erfüllen.

Während die animalischen Nahrungsmittel viel Eiweißstoffe und Fette neben wenig Kohlenhydraten enthalten, bestehen die meisten vegetabilischen Nahrungsmittel zum überwiegenden Teile aus Kohlenhydraten und geringeren Mengen von Eiweiß und Fetten. Von Mineralstoffen herrschen bei den tierischen Lebensmitteln die Natriumsalze, bei den aus dem Pflanzenreich stammenden die Kaliumverbindungen vor.

Das **Wasser** genießen wir nicht nur in Form von Trinkwasser und als Lösungsmittel verschiedener Stoffe in Form von Getränken, sondern auch mit der festen Kost, da alle Nahrungsmittel größere oder geringere Mengen Wasser enthalten.

Der erwachsene menschliche Körper besteht zu ungefähr 80 Prozent aus Wasser, welches fortwährend durch die Hauttätigkeit, beim Atmungsprozeß sowie als allgemeines Lösungs- und Umsetzungsmittel für die Nahrung und endlich durch die Abscheidung der Exkremente verbraucht wird. Die Größe des infolge dieser Verluste erforderlichen Wasserbedarfs beträgt für den erwachsenen Menschen 2—3 Liter pro Tag. Die Güte und Reinheit des Trinkwassers spielt für die menschliche Gesundheit eine große Rolle, weshalb der Wasserversorgung der Städte und der Überwachung der Brunnenverhältnisse auf dem Lande seitens der öffentlichen Gesundheitsfürsorge die größte Aufmerksamkeit geschenkt wird. Bezüglich des durchschnittlichen Wassergehaltes der wichtigsten Lebensmittel sei auf die am Schluß des Kapitels gegebene Übersichtstabelle verwiesen.

Zur Gruppe der **stickstoffhaltigen Verbindungen** gehören zahlreiche und verschiedenartige chemische Körper, die man in die *Proteinstoffe oder echten Eiweißstoffe*, die *Proteide oder Verbindungen der Eiweißkörper mit anderen Stoffen* und drittens die *eiweißähnlichen Substanzen oder Albuminoide* eingeteilt hat.

Für die menschliche Ernährung sind die stickstoffhaltigen Verbindungen, wie bereits erwähnt wurde, von weitgehendster Bedeutung. Besonders wichtig sind die eigentlichen Eiweißstoffe oder Proteinstoffe.

In chemischer Beziehung sind die Proteinstoffe sehr kompliziert zusammengesetzte organische Verbindungen, die aus Kohlenstoff, Wasserstoff, Stickstoff, Sauerstoff und Schwefel bestehen. Einige Proteinstoffe enthalten auch Phosphor, Eisen, Kupfer, Chlor und Brom. Bezüglich der allgemeinen und besonderen Eigenschaften der Eiweißkörper, ihres chemischen Verhaltens und der Beschreibung der verschiedenen Arten der tierischen und pflanzlichen Eiweißstoffe muß auf die Spezialliteratur verwiesen werden;[1] der Gehalt der einzelnen Lebensmittel an Eiweißstoffen ist aus der Übersichtstabelle und dem speziellen Teile ersichtlich.

Der erwachsene Mensch benötigt zu seiner Ernährung je nach der Arbeitsleistung und den sonstigen äußeren Lebensbedingungen täglich 100—150 g Proteinstoffe, entsprechend 16—24 g Stickstoff. Bei größerem Kräfteverbrauch pflegt man die Nährstoffzufuhr noch weiter zu erhöhen; so erhielten z. B. während des deutsch-französischen Krieges die deutschen Soldaten täglich 17 g Protein neben 230 g Fett und 430 g Kohlenhydraten.[2]

Die **Fette** gehören zu den verbreitetsten Stoffen der Tier- und Pflanzenwelt. In chemischer Hinsicht bestehen sie in den meisten Fällen neben wenigen anderen Bestandteilen aus den Triglyceriden Tripalmitin, Tristearin und Triolein. Je nach dem Gehalt an flüssigem Triolein neben den beiden anderen, in reinem Zustande festen Triglyceriden unterscheidet man zwischen festen Fetten und flüssigen Ölen. Die festen Fette besitzen teils halbweiche, streichbare, teils feste, talgige Konsistenz. Ein Teil der flüssigen Öle zeigt die Eigenschaft in dünner Schicht an der Luft durch Aufnahme von Sauerstoff einzutrocknen, weshalb man die flüssigen Fette in trocknende und nicht trocknende Öle einzuteilen pflegt.

Im menschlichen Organismus werden die Fette, soweit sie nicht als Körperfett zum Ansatz gelangen, hauptsächlich zur Wärmebildung verbraucht. In kalten Klimaten und bei besonderen Anstrengungen ist der Fettbedarf, welcher durch tierische und pflanzliche Nahrungsmittel gedeckt wird, ein erhöhter.

Das Pflanzenfett findet sich in größerer Menge in den Samenlappen und Samen, oder auch im Fruchtfleisch eingebettet, während das tierische Fett im Bindegewebe unter der Haut, im Netz der Bauchhöhle usw. abgelagert ist. Mit der Gewinnung und Reinigung der zur Ernährung dienenden Fette beschäftigen sich zahlreiche Gewerbebetriebe.

Die stickstofffreien Extraktivstoffe der Nahrungsmittel bestehen hauptsächlich aus den **Kohlenhydraten** neben geringeren Mengen anderer Substanzen wie Pektinstoffe, Bitterstoffe, Farbstoffe und organische Säuren. Man faßt in dieser Nährstoffgruppe alle diejenigen organischen Verbindungen zusammen, die neben Wasser, Eiweiß, Fett, Rohfaser und Mineralstoffen in den Nahrungsmitteln enthalten sind. Nach ihren

---

[1] Vgl. z. B. J. König, Die menschlichen Nahrungs- und Genußmittel. Berlin 1904. Bd. 2, S. 13—94.

[2] in Form von 750 g Brot, 500 g Fleisch, 250 g Speck, 1 l Bier, dazu 30 g Kaffee und 60 g Tabak. Vgl. König a. a. O. Bd. 2, S. 398.

wichtigsten Nährstoffen bezeichnet man die Gruppe zumeist kurzhin als Kohlenhydrate.

Die für die Nahrungsmittelchemie wichtigsten Kohlenhydrate sind die sogenannten Hexosen. Diese Hexosen teilt die Chemie, je nachdem sie ein ein- oder mehrfaches von 6 Kohlenstoffatomen enthalten, in Monosaccharide $C_6H_{12}O_6$, Disaccharide $C_{12}H_{12}O_{11}$ und Polysaccharide $(C_6H_{10}O_6)_x$ ein.

Zu den Monosacchariden gehört insbesondere der Traubenzucker, fabrikmäßig als Stärkezucker gewonnen, und der Fruchtzucker, welcher besonders in süßen Früchten und im Honig vorkommt.

Von Disacchariden ist der eigentliche Rohrzucker, dann der Milchzucker und der Malzzucker zu nennen.

Die Gruppe der Polysaccharide umfaßt die Gummiarten und Pflanzenschleime, die Zellulose und endlich die Stärke.

Zu den Kohlenhydraten gehören also sehr zahlreiche und wichtige, besonders im Pflanzenreiche verbreitete Nährstoffe. Ihre Gewinnung und ihre Eigenschaften werden bei den vegetabilischen Nahrungsmitteln eingehender berücksichtigt werden.

Die bei der menschlichen Ernährung unentbehrlichen **Mineralstoffe** werden uns sowohl durch die tierischen als auch durch die pflanzlichen Lebensmittel geliefert. Die Mineralbestandteile der Nahrungsmittel bestehen vorwiegend aus Kalium, Natrium, Calcium, Magnesium, Eisen, Phosphorsäure, Schwefelsäure, Chlor und Kieselsäure. Mitunter finden sich geringe Mengen Tonerde, Mangan, Kupfer und Borsäure.

Die pflanzlichen Nahrungsmittel, besonders die Hülsenfrüchte, Getreidearten und Kartoffeln enthalten mehr Kaliumsalze als Natriumverbindungen. Durch erhöhte Aufnahme von Kaliumsalzen wird im Organismus eine vermehrte Ausscheidung von Natriumsalzen herbeigeführt.[1] Infolgedessen ist bei vorzugsweise pflanzlicher Nahrung ein erhöhter Bedarf an Natriumverbindungen, an Kochsalz, vorhanden, um dem Körper die für die Absonderung der Verdauungssäfte und für die Verdauung der Eiweißstoffe notwendigen Mengen zuzuführen.

Der Gehalt der animalischen Nahrungsmittel an Mineralbestandteilen ist nur geringeren Schwankungen unterworfen, als derjenige der vegetabilischen Lebensmittel, da die Pflanzenorgane durch Bodenart und Düngung in ihrer Zusammensetzung beeinflußt werden. Der durchschnittliche Gehalt einiger wichtiger Lebensmittel an Mineralbestandteilen ergibt sich gleichfalls aus der folgenden Übersicht:

---

[1] Vgl. H. Röttger, Lehrbuch der Nahrungsmittelchemie. Leipzig 1910. S. 95.

Prozentuale Zusammensetzung von Nahrungsmitteln.

Nach J. König.

	Stickstoff-substanz	Fett	Kohlen-hydrate	Wasser	Rohfaser (Zellulose)	Mineral-stoffe
Tierische Nahrungsmittel:						
Rindfleisch, mittelfett . . .	20,0	7,5	0	71,5	0	1,0
Kalbfleisch, fett	19,6	7,5	0	72,5	0	1,0
Schweinefleisch, fett . . .	14,5	37,3	0	47,5	0	0,7
Schellfisch bzw. Kabliau . .	16,9	0,3	0	81,5	0	1,3
Bücklinge	21,0	8,5	0	69,3	0	1,2
Zervelat- oder Plockwurst .	24,0	46,0	0	24,0	0	6,0
Eier	12,6	12,1	0	74,2	0	1,1
Milch (Vollmilch)	3,4	3,6	4,9	87,4	0	0,7
Fettkäse	26,2	29,5	3,4	36,3	0	4,6
Magerkäse	35,6	12,5	4,1	43,1	0	4,7
Butter	0,3	84,0	0,5	14,0	0	1,0
Pflanzliche Nahrungsmittel:						
Bohnen	24,0	2,0	52,0	12,5	6,0	1,5
Erbsen	23,4	1,9	52,5	13,8	5,6	2,8
Reis	8,0	0,5	77,7	12,5	0,5	0,8
Weizenmehl, feines . . .	10,7	1,0	74,7	12,6	0,5	0,5
Roggenmehl	11,5	2,0	69,5	14,0	1,5	1,5
Roggenbrot (Schwarzbrot) .	7,3	1,3	46,3	42,0	1,6	1,5
Weizenbrot (Semmel) . . .	7,0	0,5	57,6	33,7	0,3	0,9
Kartoffeln	2,0	0,2	20,8	75,0	1,0	1,0
Weißkohl	1,8	0,2	5,3	90,0	1,7	1,0
Spargel	2,0	0,2	2,7	93,5	1,0	0,6
Kopfsalat	1,4	0,3	2,3	94,3	0,7	1,0
Äpfel	0,5	0	12,6	85,0	1,5	0,4

Spezieller Teil.

I. Fleisch und Fleischwaren.

Als Fleisch bezeichnet man das Muskelgewebe des tierischen Körpers, welches mit den Blut- und Lymphgefäßen sowie den Nervenfasern und mit Fett durchsetzt ist. Als Nahrungsmittel kommen neben dem eigentlichen Muskelfleisch auch die drüsigen Organe des tierischen Körpers, wie Leber, Nieren usw., ferner das Blut, die Milz, die Thymusdrüse und das Gehirn in Betracht.

Das zur menschlichen Ernährung dienende Fleisch wird zum größten Teile von den landwirtschaftlichen Nutztieren und den Fischen, zum geringeren Teile von Wild und Geflügel gewonnen.

Produktion, Handel, Konsum. Das Fleisch nimmt unter den animalischen Nahrungsmitteln in volkswirtschaftlicher Beziehung einen hervorragenden Platz ein. Mit der Aufzucht der Schlachttiere, der Schlachtung nnd Herrichtung des Fleisches zum Konsum, dem in- und ausländischen Handel mit Vieh und Fleisch, mit der Herstellung von Fleischdauerwaren und der Abgabe des Fleisches und der erzeugten Fleischwaren an die Konsumenten befassen sich überaus zahlreiche Gewerbebetriebe.

So wurden bei der Gewerbezählung vom 12. Juni 1907 festgestellt:

	Gewerbebetriebe überhaupt	Davon waren Hauptbetriebe	Beschäftigte Personen: männl.	weibl.	zusammen
Tierzucht	7 514	2 826	3 594	468	4 062
Fischerei	19 597	15 794	27 453	2 838	30 291
Fleischerei	108 682	86 098	175 366	60 401	235 767
Pferdeschlachterei	1 325	1 228	1 945	769	2 714
Fischsalzerei und -pökelei .	634	537	1 725	1 860	3 585
Konservenfabrikation . . .	1 294	976	6 111	9 681	15 792
Handel mit Schlachtvieh . .	39 573	28 564	37 262	3 369	40 631
Fleisch- u. Fleischwarenhandel	5 831	4 949	4 878	4 229	9 107
Handel mit Fischen . . .	8 060	6 850	7 686	5 102	12 788

Der Bedarf an Fleisch wird im Deutschen Reiche einerseits durch die im Inlande gezüchteten und die aus dem Auslande eingeführten Schlachttiere und anderseits durch das aus dem Auslande im frischen oder zubereiteten Zustande bezogene Fleisch gedeckt.

Der ausländische Handel mit lebenden Schlachttieren, Fischen und Geflügel bezifferte sich z. B. im Jahre 1908 wie folgt:

	Einfuhr		Ausfuhr	
	Stück	1000 Mark	Stück	1000 Mark
Vieh:				
Jungvieh	79 570	20 874	422	175
Kühe	68 071	19 156	340	154
Ochsen	50 390	32 608	896	511
Stiere	11 654	4 792	199	162
Schweine	96 542	16 387	7 929	829
Federvieh, lebendes:				
Gänse	7 517 981	23 551	38 660	224
	Tonnen		Tonnen	
Haushühner	11 147	13 843	57	113
Sonstiges Federvieh	3 161	4 490	67	107
Fische, frische	134 375	39 711	13 577	8 055

Der Verbrauch an Fleisch auf den Kopf der Bevölkerung kann annähernd aus der durch die Schlachtvieh- und Fleischbeschaustatistik nachgewiesenen Gesamtzahl der im Inlande geschlachteten Tiere sowie aus der Mehreinfuhr an frischem und zubereitetem Fleisch berechnet werden. Der jährliche Fleischkonsum wurde hiernach im Deutschen Reiche für das Jahr 1904 auf 49,3 kg, für das Jahr 1907 auf 52,5 kg pro Kopf der Bevölkerung ermittelt. Der Gesamtverbrauch an Fischfleisch betrug nach Schätzungen von König und Splittgerber[1] rund 7,0 kg pro Kopf, von denen 6 kg auf Seefische und 1 kg auf Süßwasserfische entfallen und 4,48 kg ausländischer Herkunft sind.

Für die **Beaufsichtigung des Verkehrs** mit Fleisch ist neben den allgemeinen Bestimmungen des Nahrungsmittelgesetzes das Schlachtvieh- und Fleischbeschaugesetz maßgebend:

Gesetz, betreffend die Schlachtvieh- und Fleischbeschau,
vom 3. Juni 1900.

§ 1. Rindvieh, Schweine, Schafe, Ziegen, Pferde und Hunde, deren Fleisch zum Genusse für Menschen verwendet werden soll, unterliegen vor und nach der Schlachtung einer amtlichen Untersuchung. Durch Beschluß des Bundesrats kann die Untersuchungspflicht auf anderes Schlachtvieh ausgedehnt werden.

[1] Zeitschr. f. Unters. von Nahrungs- u. Genußmitteln 1909. II. S. 501.

Bei Notschlachtungen darf die Untersuchung vor der Schlachtung unterbleiben.

Der Fall der Notschlachtung liegt dann vor, wenn zu befürchten steht, daß das Tier bis zur Ankunft des zuständigen Beschauers verenden oder das Fleisch durch Verschlimmerung des krankhaften Zustandes wesentlich an Wert verlieren werde oder wenn das Tier infolge eines Unglücksfalls sofort getötet werden muß.

§ 2. Bei Schlachttieren, deren Fleisch ausschließlich im eigenen Haushalte des Besitzers verwendet werden soll, darf, sofern sie keine Merkmale einer die Genußtauglichkeit des Fleisches ausschließenden Erkrankung zeigen, die Untersuchung vor der Schlachtung und, sofern sich solche Merkmale auch bei der Schlachtung nicht ergeben, auch die Untersuchung nach der Schlachtung unterbleiben.

Eine gewerbsmäßige Verwendung von Fleisch, bei welchem auf Grund des Abs. 1 die Untersuchung unterbleibt, ist verboten.

Als eigener Haushalt im Sinne des Abs. 1 ist der Haushalt der Kasernen, Krankenhäuser, Erziehungsanstalten, Speiseanstalten, Gefangenanstalten, Armenhäuser und ähnlicher Anstalten sowie der Haushalt der Schlächter, Fleischhändler, Gast-, Schank- und Speisewirte nicht anzusehen.

§ 3. Die Landesregierungen sind befugt, für Gegenden und Zeiten, in denen eine übertragbare Tierkrankheit herrscht, die Untersuchung aller der Seuche ausgesetzten Schlachttiere anzuordnen.

§ 4. Fleisch im Sinne dieses Gesetzes sind Teile von warmblütigen Tieren, frisch oder zubereitet, sofern sie sich zum Genusse für Menschen eignen. Als Teile gelten auch die aus warmblütigen Tieren hergestellten Fette und Würste, andere Erzeugnisse nur insoweit, als der Bundesrat dies anordnet.

§ 5 Zur Vornahme der Untersuchungen sind Beschaubezirke zu bilden; für jeden derselben ist mindestens ein Beschauer sowie ein Stellvertreter zu bestellen.

Die Bildung der Beschaubezirke und die Bestellung der Beschauer erfolgt durch die Landesbehörden. Für die in den Armeekonservenfabriken vorzunehmenden Untersuchungen können seitens der Militärverwaltung besondere Beschauer bestellt werden.

Zu Beschauern sind approbierte Tierärzte oder andere Personen, welche genügende Kenntnisse nachgewiesen haben, zu bestellen.

§ 6. Ergibt sich bei den Untersuchungen das Vorhandensein oder der Verdacht einer Krankheit, für welche die Anzeigepflicht besteht, so ist nach Maßgabe der hierüber geltenden Vorschriften zu verfahren.

§ 7. Ergibt die Untersuchung des lebenden Tieres keinen Grund zur Beanstandung der Schlachtung, so hat der Beschauer sie unter Anordnung der etwa zu beobachtenden besonderen Vorsichtsmaßregeln zu genehmigen.

Die Schlachtung des zur Untersuchung gestellten Tieres darf nicht vor der Erteilung der Genehmigung und nur unter Einhaltung der angeordneten besonderen Vorsichtsmaßregeln stattfinden.

Erfolgt die Schlachtung nicht spätestens zwei Tage nach Erteilung der Genehmigung, so ist sie nur nach erneuter Untersuchung und Genehmigung zulässig.

§ 8. Ergibt die Untersuchung nach der Schlachtung, daß kein Grund zur Beanstandung des Fleisches vorliegt, so hat der Beschauer es als tauglich zum Genusse für Menschen zu erklären.

Vor der Untersuchung dürfen Teile eines geschlachteten Tieres nicht beseitigt werden.

§ 9. Ergibt die Untersuchung, daß das Fleisch zum Genusse für Menschen untauglich ist, so hat der Beschauer es vorläufig zu beschlagnahmen, den Besitzer hiervon zu benachrichtigen und der Polizeibehörde sofort Anzeige zu erstatten.

Fleisch, dessen Untauglichkeit sich bei der Untersuchung ergeben hat, darf als Nahrungs- oder Genußmittel für Menschen nicht in Verkehr gebracht werden.

Die Verwendung des Fleisches zu anderen Zwecken kann von der Polizeibehörde zugelassen werden, soweit gesundheitliche Bedenken nicht entgegenstehen. Die Polizeibehörde bestimmt, welche Sicherungsmaßregeln gegen eine Verwendung des Fleisches zum Genusse für Menschen zu treffen sind.

Das Fleisch darf nicht vor der polizeilichen Zulassung und nur unter Einhaltung der von der Polizeibehörde angeordneten Sicherungsmaßregeln in Verkehr gebracht werden.

Das Fleisch ist von der Polizeibehörde in unschädlicher Weise zu beseitigen, soweit seine Verwendung zu anderen Zwecken (Abs. 3) nicht zugelassen wird.

§ 10. Ergibt die Untersuchung, daß das Fleisch zum Genusse für Menschen nur bedingt tauglich ist, so hat der Beschauer es vorläufig zu beschlagnahmen, den Besitzer hiervon zu benachrichtigen und der Polizeibehörde sofort Anzeige zu erstatten. Die Polizeibehörde bestimmt, unter welchen Sicherungsmaßregeln das Fleisch zum Genusse für Menschen brauchbar gemacht werden kann.

Fleisch, das bei der Untersuchung als nur bedingt tauglich erkannt worden ist, darf als Nahrungs- und Genußmittel für Menschen nicht in Verkehr gebracht werden, bevor es unter den von der Polizeibehörde angeordneten Sicherungsmaßregeln zum Genusse für Menschen brauchbar gemacht worden ist.

Insoweit eine solche Brauchbarmachung unterbleibt, finden die Vorschriften des § 9 Abs. 3 bis 5 entsprechende Anwendung.

§ 11. Der Vertrieb des zum Genusse für Menschen brauchbar gemachten Fleisches (§ 10 Abs. 1) darf nur unter einer diese Beschaffenheit erkennbar machenden Bezeichnung erfolgen.

Fleischhändlern, Gast-, Schank- und Speisewirten ist der Vertrieb und die Verwendung solchen Fleisches nur mit Genehmigung der Polizeibehörde gestattet; die Genehmigung ist jederzeit widerruflich. An die vorbezeichneten Gewerbetreibenden darf derartiges Fleisch nur abgegeben werden, soweit ihnen eine solche Genehmigung erteilt worden ist. In den Geschäftsräumen dieser Personen muß an einer in die Augen fallenden Stelle durch deutlichen Anschlag besonders erkennbar gemacht werden, daß Fleisch der im Abs. 1 bezeichneten Beschaffenheit zum Vertrieb oder zur Verwendung kommt.

Fleischhändler dürfen das Fleisch nicht in Räumen feilhalten oder verkaufen, in welchen taugliches Fleisch (§ 8) feilgehalten oder verkauft wird.

§ 12. Die Einfuhr von Fleisch in luftdicht verschlossenen Büchsen oder ähnlichen Gefäßen, von Würsten und sonstigen Gemengen aus zerkleinertem Fleische in das Zollinland ist verboten.

Im übrigen gelten für die Einfuhr von Fleisch in das Zollinland bis zum 31. Dezember 1903 folgende Bedingungen:

1. Frisches Fleisch darf in das Zollinland nur in ganzen Tierkörpern, die bei Rindvieh, ausschließlich der Kälber, und bei Schweinen in Hälften zerlegt sein können, eingeführt werden.

Mit den Tierkörpern müssen Brust- und Bauchfell, Lunge, Herz, Nieren, bei Kühen auch das Euter in natürlichem Zusammenhange verbunden sein; der Bundesrat ist ermächtigt, diese Vorschrift auf weitere Organe auszudehnen.

2. Zubereitetes Fleisch darf nur eingeführt werden, wenn nach der Art seiner Gewinnung und Zubereitung Gefahren für die menschliche Gesundheit erfahrungsgemäß ausgeschlossen sind oder die Unschädlichkeit für die menschliche Gesundheit in zuverlässiger Weise bei der Einfuhr sich feststellen läßt. Diese Feststellung gilt als unausführbar insbesondere bei Sendungen von Pökelfleisch, sofern das Gewicht einzelner Stücke weniger als vier Kilogramm beträgt; auf Schinken, Speck und Därme findet diese Vorschrift keine Anwendung.

Fleisch, welches zwar einer Behandlung zum Zwecke seiner Haltbarmachung unterzogen worden ist, aber die Eigenschaften frischen Fleisches im wesentlichen behalten hat oder durch entsprechende Behandlung wieder gewinnen kann, ist als zubereitetes Fleisch nicht anzusehen; Fleisch solcher Art unterliegt den Bestimmungen in Ziffer 1.

Für die Zeit nach dem 31. Dezember 1903 sind die Bedingungen für die Einfuhr von Fleisch gesetzlich von neuem zu regeln. Sollte eine Neuregelung bis zu dem bezeichneten Zeitpunkte nicht zustande kommen, so bleiben die im Abs. 2 festgesetzten Einfuhrbedingungen bis auf weiteres maßgebend.

§ 13. Das in das Zollinland eingehende Fleisch unterliegt bei der Einfuhr einer amtlichen Untersuchung unter Mitwirkung der Zollbehörden. Ausgenommen hiervon ist das nachweislich im Inlande bereits vorschriftsmäßig untersuchte und das zur unmittelbaren Durchfuhr bestimmte Fleisch.

Die Einfuhr von Fleisch darf nur über bestimmte Zollämter erfolgen. Der Bundesrat bezeichnet diese Ämter sowie diejenigen Zoll- und Steuerstellen, bei welchen die Untersuchung des Fleisches stattfinden kann.

§ 14. Auf Wildbret und Federvieh, ferner auf das zum Reiseverbrauche mitgeführte Fleisch finden die Bestimmungen der §§ 12 und 13 nur insoweit Anwendung, als der Bundesrat dies anordnet.

Für das im kleinen Grenzverkehre sowie im Meß- und Marktverkehre des Grenzbezirkes eingehende Fleisch können durch Anordnung der Landesregierungen Ausnahmen von den Bestimmungen der §§ 12 und 13 zugelassen werden.

§ 15. Der Bundesrat ist ermächtigt, weitergehende Einfuhrverbote und Einfuhrbeschränkungen, als in den §§ 12 und 13 vorgesehen sind, zu beschließen.

§ 16. Die Vorschriften des § 8 Abs. 1 und der §§ 9 bis 11 gelten auch für das in das Zollinland eingehende Fleisch. An Stelle der unschädlichen Beseitigung des Fleisches oder an Stelle der polizeilicherseits anzuordnenden Sicherungsmaßregeln kann jedoch, insoweit gesundheitliche Bedenken nicht entgegenstehen, die Wiederausfuhr des Fleisches unter entsprechenden Vorsichtsmaßnahmen zugelassen werden.

§ 17. Fleisch, welches zwar nicht für den menschlichen Genuß bestimmt ist, aber dazu verwendet werden kann, darf zur Einfuhr ohne Untersuchung zugelassen werden, nachdem es zum Genusse für Menschen unbrauchbar gemacht ist.

§ 18. Bei Pferden muß die Untersuchung (§ 1) durch approbierte Tierärzte vorgenommen werden.

Der Vertrieb von Pferdefleisch sowie die Einfuhr solchen Fleisches in das Zollinland darf nur unter einer Bezeichnung erfolgen, welche in deutscher Sprache das Fleisch als Pferdefleisch erkennbar macht.

Fleischhändlern, Gast-, Schank- und Speisewirten ist der Vertrieb und die Verwendung von Pferdefleisch nur mit Genehmigung der Polizeibehörde gestattet; die Genehmigung ist jederzeit widerruflich. An die vorbezeichneten Gewerbetreibenden darf Pferdefleisch nur abgegeben werden, soweit ihnen eine solche Genehmigung erteilt worden ist. In den Geschäftsräumen dieser Personen muß an einer in die Augen fallenden Stelle durch deutlichen Anschlag besonders erkennbar gemacht werden, daß Pferdefleisch zum Vertrieb oder zur Verwendung kommt.

Fleischhändler dürfen Pferdefleisch nicht in Räumen feilhalten oder verkaufen, in welchen Fleisch von anderen Tieren feilgehalten oder verkauft wird.

Der Bundesrat ist ermächtigt, anzuordnen, daß die vorstehenden Vorschriften auf Esel, Maulesel, Hunde und sonstige, seltener zur Schlachtung gelangende Tiere entsprechende Anwendung finden.

§ 19. Der Beschauer hat das Ergebnis der Untersuchung an dem Fleische kenntlich zu machen. Das aus dem Ausland eingeführte Fleisch ist außerdem als solches kenntlich zu machen.

Der Bundesrat bestimmt die Art der Kennzeichnung.

§ 20. Fleisch, welches innerhalb des Reichs der amtlichen Untersuchung nach Maßgabe der §§ 8 bis 16 unterlegen hat, darf einer abermaligen amtlichen Untersuchung nur zu dem Zwecke unterworfen werden, um festzustellen, ob das Fleisch inzwischen verdorben ist oder sonst eine gesundheitsschädliche Veränderung seiner Beschaffenheit erlitten hat.

Landesrechtliche Vorschriften, nach denen für Gemeinden mit öffentlichen Schlachthäusern der Vertrieb frischen Fleisches Beschränkungen, insbesondere dem Beschauzwang innerhalb der Gemeinde unterworfen werden kann, bleiben mit der Maßgabe unberührt, daß ihre Anwendbarkeit nicht von der Herkunft des Fleisches abhängig gemacht werden darf.

§ 21. Bei der gewerbsmäßigen Zubereitung von Fleisch dürfen Stoffe oder Arten des Verfahrens, welche der Ware eine gesundheitsschädliche Beschaffenheit zu verleihen vermögen, nicht angewendet werden. Es ist verboten, derartig zubereitetes Fleisch aus dem Ausland einzuführen, feilzuhalten, zu verkaufen oder sonst in Verkehr zu bringen.

Der Bundesrat bestimmt die Stoffe und die Arten des Verfahrens, auf welche diese Vorschriften Anwendung finden.

Der Bundesrat ordnet an, inwieweit die Vorschriften des Abs. 1 auch auf bestimmte Stoffe und Arten des Verfahrens Anwendung finden, welche eine gesundheitsschädliche oder minderwertige Beschaffenheit der Ware zu verdecken geeignet sind.

§ 22. Der Bundesrat ist ermächtigt,

1. Vorschriften über den Nachweis genügender Kenntnisse der Fleischbeschauer zu erlassen,
2. Grundsätze aufzustellen, nach welchen die Schlachtvieh- und Fleischbeschau auszuführen und die weitere Behandlung des Schlachtviehs und Fleisches im Falle der Beanstandung stattzufinden hat,
3. die zur Ausführung der Bestimmungen in dem § 12 erforderlichen Anordnungen zu treffen und die Gebühren für die Untersuchung des in das Zollinland eingehenden Fleisches festzusetzen.

§ 23. Wem die Kosten der amtlichen Untersuchung (§ 1) zur Last fallen, regelt sich nach Landesrecht. Im übrigen werden die zur Ausführung des Gesetzes erforderlichen Bestimmungen, insoweit nicht der Bundesrat für zuständig erklärt ist oder insoweit er von einer durch § 22 erteilten Ermächtigung keinen Gebrauch macht, von den Landesregierungen erlassen.

§ 24. Landesrechtliche Vorschriften über die Trichinenschau und über den Vertrieb und die Verwendung von Fleisch, welches zwar zum Genusse für Menschen tauglich, jedoch in seinem Nahrungs- und Genußwert erheblich herabgesetzt ist, ferner landesrechtliche Vorschriften, welche mit Bezug auf

1. die der Untersuchung zu unterwerfenden Tiere,
2. die Ausführung der Untersuchungen durch approbierte Tierärzte,
3. den Vertrieb beanstandeten Fleisches oder des Fleisches von Tieren der im § 18 bezeichneten Arten

weitergehende Verpflichtungen als dieses Gesetz begründen, sind mit der Maßgabe zulässig, daß ihre Anwendbarkeit nicht von der Herkunft des Schlachtviehs oder des Fleisches abhängig gemacht werden darf.

§ 25. Inwieweit die Vorschriften dieses Gesetzes auf das in die Zollausschlüsse eingeführte Fleisch Anwendung zu finden haben, bestimmt der Bundesrat.

§ 26. Mit Gefängnis bis zu sechs Monaten und mit Geldstrafe bis zu eintausendfünfhundert Mark oder mit einer dieser Strafen wird bestraft:

1. wer wissentlich den Vorschriften des § 9 Abs. 2, 4, des § 10 Abs. 2, 3, des § 12 Abs. 1 oder des § 21 Abs. 1, 2 oder einem auf Grund des § 21 Abs. 3 ergangenen Verbote zuwiderhandelt;
2. wer wissentlich Fleisch, das den Vorschriften des § 12 Abs. 1 zuwider eingeführt oder auf Grund des § 17 zum Genusse für Menschen unbrauchbar gemacht worden ist, als Nahrungs- oder Genußmittel für Menschen in Verkehr bringt;
3. wer Kennzeichen der im § 19 vorgesehenen Art fälschlich anbringt oder verfälscht, oder wer wissentlich Fleisch, an welchem die Kennzeichen fälschlich angebracht, verfälscht oder beseitigt worden sind, feilhält oder verkauft.

§ 27. Mit Geldstrafe bis zu einhundertfünfzig Mark oder mit Haft wird bestraft:

1. wer eine der im § 26 Nr. 1 und 2 bezeichneten Handlungen aus Fahrlässigkeit begeht;
2. wer eine Schlachtung vornimmt, bevor das Tier der in diesem Gesetze vorgeschriebenen oder einer auf Grund des § 1 Abs. 1 Satz 2, des § 3, des § 18 Abs. 5 oder des § 24 angeordneten Untersuchung unterworfen worden ist;
3. wer Fleisch in Verkehr bringt, bevor es der in diesem Gesetze vorgeschriebenen oder einer auf Grund des § 1 Abs. 1 Satz 2, des § 3, des § 14 Abs. 1, des § 18 Abs. 5 oder des § 24 angeordneten Untersuchung unterworfen worden ist;
4. wer den Vorschriften des § 2 Abs. 2, des § 7 Abs. 2, 3, des § 8 Abs. 2, des § 11, des § 12 Abs. 2, des § 13 Abs. 2 oder des § 18 Abs. 2 bis 4, ingleichen wer den auf Grund des § 15 oder des § 18 Abs. 5 erlassenen Anordnungen oder den auf Grund des § 24 ergehenden landesrechtlichen Vorschriften über den Vertrieb und die Verwendung von Fleisch zuwiderhandelt.

§ 28. In den Fällen des § 26 Nr. 1 und 2 und des § 27 Nr. 1 ist neben der Strafe auf die Einziehung des Fleisches zu erkennen. In den Fällen des § 26 Nr. 3 und des § 27 Nr. 2 bis 4 kann neben der Strafe auf die Einziehung des Fleisches oder des Tieres erkannt werden. Für die Einziehung ist es ohne Bedeutung, ob der Gegenstand dem Verurteilten gehört oder nicht.

Ist die Verfolgung oder Verurteilung einer bestimmten Person nicht ausführbar, so kann auf die Einziehung selbständig erkannt werden.

§ 29. Die Vorschriften des Gesetzes betreffend den Verkehr mit Nahrungsmitteln, Genußmitteln und Gebrauchsgegenständen vom 14. Mai 1879 (Reichs-Gesetzbl. S. 145) bleiben unberührt. Die Vorschriften des § 16 des bezeichneten Gesetzes finden auch auf Zuwiderhandlungen gegen die Vorschriften des gegenwärtigen Gesetzes Anwendung.

§ 30. Diejenigen Vorschriften dieses Gesetzes, welche sich auf die Herstellung der zur Durchführung der Schlachtvieh- und Fleischbeschau erforderlichen Einrichtungen beziehen, treten mit dem Tage der Verkündigung dieses Gesetzes in Kraft.

Im übrigen wird der Zeitpunkt, mit welchem das Gesetz ganz oder teilweise in Kraft tritt, durch Kaiserliche Verordnung mit Zustimmung des Bundesrats bestimmt.

Das Schlachtvieh- und Fleischbeschaugesetz, dessen Zustandekommen namentlich wegen der Verschiedenheit der wirtschaftlichen Verhältnisse erhebliche Schwierigkeiten bot, hat sich als eine wertvolle Schöpfung auf dem Gebiete der praktischen Nahrungsmittelfürsorge erwiesen.[1]

Der Verkehr mit Fleisch wird im Deutschen Reiche demnach in zweifacher Weise beaufsichtigt, einerseits durch die **Fleischbeschau** und anderseits durch die Nahrungsmittelkontrolle. Aufgabe der Fleischbeschau ist die Besichtigung und Untersuchung der Tiere vor der Schlachtung und des Fleisches und der sonstigen Organe der geschlachteten Tiere mit Hinsicht auf die Genußtauglichkeit. Diese Beschau erfolgt durch Tierärzte oder Fleischbeschauer. Die Fleischbeschau soll den Menschen vor den Gefahren, die ihn beim Genuß von Fleisch, insbesondere durch etwaige Übertragung von Krankheitserregern bedrohen können, schützen und den Verkehr mit minderwertigem Fleisch regeln. Die Zahl der Tiere, an denen die Schlachtvieh- und Fleischbeschau vorgenommen wurde, belief sich im Jahre 1907 auf:

Pferde	135 474	Kälber	4 374 823
Ochsen	575 814	Schweine	16 383 785
Bullen	428 180	Schafe	2 186 177
Kühe	1 598 990	Ziegen	489 733
Jungrinder	939 348	Hunde	6 472

Nicht nur der Inlandsverkehr mit Fleisch, sondern auch das ausländische in das Zollinland eingeführte Fleisch unterliegt einer eingehenden Untersuchung auf Genußtauglichkeit. Diese Auslandsfleischbeschau wird durch tierärztliche und nahrungsmittelchemische Sachver-

[1] Vgl. Das Deutsche Reich in gesundheitlicher und demographischer Beziehung, herausgegeben vom Kais. Gesundheitsamt und dem Kais. Statistischen Amt. Berlin 1907. S. 170.

ständige ausgeübt. Für die Untersuchung sind eine große Zahl Auslandsfleischbeschaustellen errichtet oder bereits bestehenden Untersuchungsanstalten angegliedert worden.[1] Auch zubereitete tierische Fette unterliegen bei der Einfuhr einer umfassenden Untersuchung auf Genußtauglichkeit durch die chemischen Untersuchungsämter.

Die Tätigkeit der Auslandsfleischbeschaustellen gestaltete sich bezüglich der Fleischuntersuchungen im Jahre 1907 folgendermaßen:

	Einfuhr Dz.	Davon beanstandet Dz.	%
Frisches Fleisch	135 994,5	2 723,7	2,00
a) Rindfleisch	122 257,4	1 002,5	0,82
b) Schweinefleisch	9 503,3	74,1	0,78
c) Sonstiges Fleisch	4 233,7	8,3[2]	0,20 1,21
Zubereitetes Fleisch	59 928,9	8 980,8	14,99
a) Rindfleisch	18 334,9	536,5	2,93
b) Schweineschinken	5 762,1	33,8	0,59
c) Speck	2 514,7	23,1	0,92
d) Sonstiges Schweinefleisch . . .	31 807,9	253,1	0,80
e) Sonstiges Fleisch . . . . . . ,	1 509,2	14,0[3]	0,9 13,55

Nachdem das Fleisch die Beschau passiert hat, unterliegt der Verkehr mit demselben der Lebensmittelkontrolle, da das an und für sich genußtaugliche Fleisch infolge unzweckmäßiger Aufbewahrung oder Behandlung nachträglich als Nahrungsmittel ungeeignet werden kann. Auch können mit dem Fleisch und den Fleischwaren unstatthafte und zur Täuschung geeignete Veränderungen vorgenommen werden.

Die üblichen Schlachtmethoden verfolgen den Zweck[4] dem Fleische eine möglichst große Haltbarkeit zu sichern. Dies wird dadurch erreicht, daß man den Tieren durch Öffnung der großen Hals- oder der vorderen Brustgefäße möglichst viel Blut entzieht, weil durch die schnelle Zersetzung des Blutes das Fleisch dem Verderben anheimfallen könnte.

Ein großer Teil des Fleisches wird nicht in frischem Zustande verbraucht, sondern muß für eine spätere Benutzung konserviert werden. Für diese **Haltbarmachung** des Fleisches sind die verschiedensten Verfahren in Anwendung. Während einzelne dieser Verfahren die Konservierung des Fleisches durch Kälte herbeiführen, erreichen andere die Unschädlichmachung der Fäulniserreger durch die Anwendung von

[1] In Preußen bestehen zurzeit 55 derartige Untersuchungsstellen.
[2] Außerdem 1638,7 Dz.
[3] Außerdem 8120,1 Dz.
[4] Vgl. Ostertag, Handbuch der Fleischbeschau. Stuttgart 1904. S. 128.

höheren Temperaturen und Luftabschluß. Auch Austrocknen des Fleisches und Luftabschluß allein werden als Erhaltungsverfahren benutzt. Wieder andere Verfahren suchen die Haltbarmachung des Fleisches und der Fleischwaren durch Wasserentziehung und gleichzeitige Anwendung fäulniswidriger Mittel, wie durch Räuchern, Einsalzen oder Einpökeln zu erreichen. Endlich sind als Konservierungsverfahren die Verwendung von Essig und der Zusatz sonstiger chemischer Stoffe zu nennen.

Die Haltbarmachung des Fleisches durch Kälte, welche dadurch bedingt wird, daß niedere Temperaturen die Entwickelung der fäulniserregenden Mikroorganismen verhindern, hat durch die Einführung der Eismaschinen und Kühlanlagen insofern umfassendere wirtschaftliche Bedeutung erlangt, als man in großen Kühlräumen große Vorräte lagern und konservieren kann. Kleinere Mengen werden durch Anwendung von natürlichem oder künstlichem Eis vor dem schnellen Verderben geschützt. Zur Haltbarmachung auf dem Transport hat man Eisenbahnwagen und Dampfschiffe mit Kühlvorrichtungen und Kühlräumen ausgerüstet. Namentlich von Amerika und Australien aus werden so auf besonderen Transportdampfern große Mengen Fleisch auf den europäischen Markt gebracht.

Besondere Erwähnung verdienen die in neuerer Zeit in großen Städten errichteten Kühlhäuser, die entweder von den Kommunen neben den Markthallen und Schlachthäusern oder von Erwerbsgesellschaften betrieben werden. In diesen Kühlhäusern hat man die atmosphärischen Verhältnisse, die Temperatur, den Feuchtigkeitsgrad und die Reinheit der Luft den Bedürfnissen der zu konservierenden Lebensmittel angepaßt. In gesonderten Kühlhallen oder Zellen werden Fleisch, Geflügel, Wildbret, Fische usw. bei entsprechenden Temperaturen gelagert. In den einzelnen Abteilungen werden abgeteilte Zellen an Gewerbetreibende vermietet.

Von den Erhaltungsverfahren durch Anwendung höherer Temperaturen macht die Konservenindustrie weitgehendsten Gebrauch. Hierbei werden die Nahrungsmittel nach entsprechender Vorbehandlung in Blechbüchsen oder sonstigen luftdicht schließenden Gefäßen im Wasserbade oder in höher siedenden Salzlösungen bis zur Abtötung der Zersetzungskeime erhitzt und so sterilisiert. Bei sorgfältiger Herstellung halten sich die sterilisierten und bei Luftabschluß aufbewahrten Dauerwaren lange Zeit in genußtauglichem Zustande.

Bei der Fabrikation des Büchsenfleisches und aller anderen Büchsenkonserven ist es besonders wichtig, daß zur Anfertigung der Büchsen nur mit reinem Zinn überzogenes Eisenblech verwendet, und daß beim Verlöten ein Eindringen des bleihaltigen Lotes in das Innere vermieden wird. Bleihaltiges Zinn wird von der Fleischflüssigkeit sowie von dem Safte vieler Lebensmittel leicht angegriffen und kann dann zu Vergiftungen Anlaß geben. Infolgedessen unterliegen die Aufbewahrungsgefäße den Bestimmungen des Gesetzes betreffend den Verkehr mit blei- und zinkhaltigen Gegenständen.

Wegen der im Auslande bei der Fabrikation von Fleischkonserven beobachteten Mißstände ist durch den § 12 des Reichsgesetzes vom 3. Juni 1900 die Einfuhr von Fleisch in luftdicht verschlossenen Büchsen und ähnlichen Gefäßen, ebenso von Würsten und sonstigen Gemengen aus zerkleinertem Fleisch verboten worden.

Die Konservierung des Fleisches durch Austrocknen hat für die inländischen Verhältnisse keine Bedeutung, wohl jedoch werden Fische durch Trocknen und Fleisch und Fleischwaren durch Luftabschluß, welch letzterer durch Einlegen der Ware in Fett oder Öl oder durch Umhüllung mit Wachs, Harz, Paraffin und sonstigen Überzugsmitteln bewirkt wird, vor der Einwirkung der Luft und dem Eindringen von Zersetzungskeimen geschützt und zu Dauerwaren verarbeitet.

Das Räuchern des Fleisches bezweckt die Imprägnierung, besonders der äußeren Schichten der Fleischwaren mit den verschiedenen im Rauche vorhandenen konservierend wirkenden Stoffen; gleichzeitig erfolgt ein Austrocknen des Fleisches, wodurch die Haltbarkeit ebenfalls erhöht wird. Das Räuchern erfolgt in Räucherkammern, in denen die Fleischstücke mehrere Tage hindurch der Einwirkung von abgekühltem Rauch, der meist durch Verbrennen von Buchenholz erzeugt ist, ausgesetzt werden. Die sogenannte Schnellräucherung geschieht durch mehrfaches Bestreichen des Fleisches mit Holzessig, welcher als wirksame Bestandteile Essigsäure und Kreosot enthält. Die so behandelten Fleischwaren sind wasserreicher und daher für den Käufer unvorteilhafter als die eigentlichen Rauchwaren.

Zum Pökeln des Fleisches dient vorzugsweise Kochsalz neben Salpeter. In den meisten Fällen wird das Fleisch äußerlich mit Kochsalz eingerieben, wobei das Salz sich im Fleischsafte löst und in die tieferen Gewebsschichten eindringt. Der gleichzeitig austretende Fleischsaft sättigt sich mit Kochsalz und bildet die Pökellake. Hierdurch gehen dem Fleisch ein großer Teil der Extraktivstoffe und Mineralbestandteile verloren.

Das Pökeln kann auch mit Salzlösungen erfolgen, die mitunter in die inneren Muskelmassen des Fleisches eingespritzt werden. In großen Fleischsalzereien wird die Pökellake auch auf in geschlossenen Behältern luftleer gemachtes Fleisch unter Druck einwirken lassen und so in die inneren Schichten eingepreßt. Bei den letztgenannten beiden Verfahren erfolgt die Imprägnierung des Fleisches mit Salzlake in kurzer Zeit, weshalb man die Verfahren auch als Schnellpökeln bezeichnet.

Die Verwendung von Essig zur Haltbarmachung von Fleisch erfolgt zumeist nur im Haushalte. Fische werden hingegen im Großbetriebe unter Verwendung von Essig und Gewürzen zu Dauerwaren verarbeitet. Diese Zubereitung bezeichnet man als Marinieren.

Was die Verwendung sonstiger chemischer Stoffe zur Konservierung des Fleisches anbelangt, so muß darauf verwiesen werden, daß auf Grund des § 21 des Fleischbeschaugesetzes[1] die Verwendung einer Reihe chemischer Stoffe als Zusätze zu Fleisch und dessen Zubereitungen verboten worden ist.

Ein kurzes Eingehen auf die Gründe, welche zu diesem Verbot geführt haben, wird an anderer Stelle erfolgen müssen, bei der Besprechung der Erhaltungsverfahren kann die Schilderung der Wirkung der verbotenen Stoffe ausfallen.

Im Handel werden häufig chemische Stoffe als Konservesalze, Präservesalze oder unter Phantasienamen angepriesen. In vielen Fällen ist ihre Anwendung durch die erwähnte Bekanntmachung vom 18. Februar 1902 verboten. Außerdem kommt bei ihrer Verwendung gegebenenfalls die Anwendbarkeit der §§ 10 und 11 sowie 14 und 15 des Nahrungsmittelgesetzes in Frage, so daß vor dem Gebrauch anderer als der genannten von alters her üblichen Stoffe bei der Haltbarmachung des Fleisches gewarnt werden muß.

Von den aus Fleisch bereiteten Dauerwaren verdienen die **Wurstwaren** besondere Erwähnung. Zur Herstellung derselben werden außer

[1] Bekanntmachung, betreffend gesundheitsschädliche und täuschende Zusätze zu Fleisch und dessen Zubereitungen. Vom 18. Februar 1902, nebst Abänderungen vom 4. Juli 1908.

Auf Grund der Bestimmungen im § 21 des Gesetzes, betreffend die Schlachtvieh- und Fleischbeschau, vom 3. Juni 1900 (RGBl. S. 547), hat der Bundesrat die nachstehenden Bestimmungen beschlossen:

Die Vorschriften des § 21 Abs. 1 des Gesetzes finden auf die folgenden Stoffe, sowie auf die solche Stoffe enthaltenden Zubereitungen Anwendung.

Borsäure und deren Salze,
Formaldehyd oder solche Stoffe, die bei ihrer Verwendung Formaldehyd abgeben,
Alkali und Erdalkali-Hydroxyde und -Karbonate,
Schweflige Säure und deren Salze, sowie unterschwefligsaure Salze,
Fluorwasserstoff und deren Salze,
Salizylsäure und deren Verbindungen,
Chlorsaure Salze.

Dasselbe gilt für Farbstoffe jeder Art, jedoch unbeschadet ihrer Verwendung zur Gelbfärbung der Margarine und der Hüllen derjenigen Wurstsorten, bei denen die Gelbfärbung herkömmlich und als künstliche ohne weiteres erkennbar ist, sofern diese Verwendung nicht anderen Vorschriften zuwiderläuft.

zerkleinertem Muskelfleisch und Fett die Schlachtabgänge wie Blut, Leber, Herz, Lunge, Nieren, Hirn, Knorpel und Sehnen verwendet. Die Wurstmasse wird in Hüllen aus gereinigtem Darm, Magen, Blase oder aus Pergamentpapier eingefüllt. Die Wurstwaren werden in geräuchertem Zustande als Dauerwaren sowie zum baldigen Verzehr gekocht, oder aus frischem Fleisch hergestellt, in den Handel gebracht. Die Bestandteile der einzelnen Wurstwaren, deren äußere Beschaffenheit, chemische Zusammensetzung und Nährwert sind sehr verschieden.

Die **chemischen Bestandteile** des Fleisches[1] sind Wasser, stickstoffhaltige Stoffe, Fett, Mineralbestandteile sowie stickstofffreie Extraktivstoffe. Bei magerem Fleisch kommen auch bei den verschiedenen Tierarten nur verhältnismäßig geringe Schwankungen in der Zusammensetzung vor. Reines von Fett möglichst befreites Muskelfleisch besitzt nach v. Voit[2] folgende nahezu konstante Zusammensetzung:

Wasser	= 75,8 %
Eiweiß und leimgebende Stoffe . . .	= 20,0 %
Fette	= 1,0 %
Asche und Extraktivstoffe	= 3,2 %

Das das Muskelfleisch durchdringende Wasser dient zur Auflösung verschiedener Stoffe und vermittelt die chemischen Vorgänge im Muskelgewebe. Wird Fett in den Muskeln abgelagert, so nimmt der prozentuale Wassergehalt und der Gehalt an anderen Bestandteilen ab. An Stickstoffsubstanzen finden sich im Fleisch von in kaltem Wasser unlöslichen Verbindungen: die Muskelfaser mit dem Myosin und das Bindegewebe. In den wässerigen Auszug gehen von den Fleischbestandteilen über das Albumin, die Fleischbasen Kreatin, Xanthin, Karnin und die Phosphorfleischsäure sowie die Harnsäure.

Insgesamt sind von den Stickstoffverbindungen des Fleisches in kaltem Wasser etwa 77,4 Prozent löslich. Das die einzelnen Muskelfasern zusammenhaltende Bindegewebe wird durch anhaltendes Kochen in Wasser gelöst und hinterläßt beim Verdampfen eine gelatinierende Masse. Es gehört also zu den leimgebenden Stoffen, wie sie besonders beim Braten des an Bindegewebe reichen Kalbfleisches beobachtet werden.

Wesentliche Bedeutung besitzt von den wasserlöslichen Anteilen das Kreatin. Der Gehalt des Fleisches an Kreatin schwankt zwischen 0,07 bis 0,34 Prozent. Wenn diese Mengen auch nur gering sind, so spielen sie doch für die Ernährung eine wichtige Rolle, da das Kreatin, wie alle Fleischbasen selbst in geringer Menge einen nervenanregenden Einfluß besitzt.

[1] Vgl. J. König a. a. O. S. 419 flg.
[2] v. Voit, Unters. der Kost in öffentlichen Anstalten. S. 23.

Von stickstofffreien Stoffen findet sich im Muskelfleisch stets Milchsäure in Mengen von 0,05 bis 0,07 Prozent. Die Milchsäure tritt zum Teil in freiem Zustande auf und erteilt dem Fleischsafte die saure Reaktion. Ferner wurden im Fleisch Buttersäure, Essigsäure und Ameisensäure nachgewiesen.

Das Fleisch enthält auch einen stärkeähnlichen Körper: das Glykogen. Die Menge des Glykogens wechselt in den einzelnen Fleischarten sehr stark. Während z. B. das Rindfleisch nur einen sehr geringen Glykogengehalt besitzt, enthält Pferdefleisch größere Mengen Glykogen. Die Bestimmung des Glykogengehaltes einer verdächtigen Fleischware kann daher zum Nachweise einer stattgefundenen Verfälschung durch Pferdefleisch beitragen; der sichere Nachweis wird jedoch durch das biologische Verfahren geführt.

Die mineralischen Bestandteile des Muskelfleisches machen 0,8 bis 1,8 Prozent des natürlichen Fleisches und 3,2 bis 7,5 Prozent seiner Trockensubstanz aus. Diese Mineralstoffe bestehen vorwiegend aus Kalium- und Calciumphosphat, sowie aus Chlornatrium.

Von den chemischen Bestandteilen des Fleisches gehen durch kaltes Wasser die sogenannten Extraktivstoffe, nämlich Albumin, die Fleischbasen, die stickstofffreien Säuren und fast vollständig die Salze in Lösung. Die Gesamtmenge der in Wasser löslichen Bestandteile beträgt 4—8 Prozent.

Die prozentuale Zusammensetzung von Fleisch und Fleischwaren gestaltet sich nach J. König folgendermaßen:

	Stickstoffsubstanz	Fett	Wasser	Mineralstoffe
Rindfleisch, mager (Filet)	20,5	2,8	75,5	1,2
Kalbfleisch, mager	20,0	1,8	77,0	1,2
Hammelfleisch, halbfett	17,0	5,8	76,0	1,2
Schweinefleisch, mager	20,1	6,3	72,5	1,1
Pferdefleisch	21,5	3,3	74,2	1,0
Gänsefleisch, sehr fett	16,0	45,5	38,0	0,5
Hühnerfleisch, mittelfett	21,0	4,5	73,5	1,0
Lachs oder Salm	21,2	13,5	64,0	1,3
Flußaal	13,5	18,7	67,0	0,8
Hecht	18,5	0,5	79,8	1,0
Seezunge	15,5	0,8	82,7	1,4
Schellfisch, Kabliau	16,9	0,3	81,5	1,3
Stockfisch (getrockneter Schellfisch)	81,5	0,7	16,2	1,6

	Stickstoff-substanz	Fett	Wasser	Mineral-stoffe
Rauchfleisch vom Rind	27,0	15,0	47,5	10,5
Büchsenfleisch, deutsches	19,5	13,5	64,5	2,0
Geräucherter Schinken	24,5	36,5	28,5	10,5
Speck, gesalzen	9,0	73,0	10,0	8,0
Mett- oder Knackwurst	19,0	41,0	35,5	4,5
Blutwurst mit Mehl	11,5	11,0	50,0	2,0
Leberwurst mit Mehl	16,0	36,0	42,0	3,0

Mit dem Tode des Tieres gehen im Fleische normalerweise verschiedene Veränderungen vor sich. Während das Fleisch unmittelbar nach dem Schlachten eine weiche Konsistenz zeigt, tritt nach kurzer Zeit die Todesstarre auf. Allmählich läßt diese Starrheit nach und das Fleisch nimmt die zum Genuß geeignete Beschaffenheit an. Bei längerer Aufbewahrung treten Zersetzungserscheinungen auf, so daß das Fleisch ungenießbar wird.

Fehlerhafte Beschaffenheit des Fleisches kann durch Krankheiten der Schlachttiere oder durch unsachgemäße Behandlung des Fleisches nach dem Schlachten bedingt sein. Durch die Schlachtvieh- und Fleischbeschau wird das Fleisch der mit krankhaften Veränderungen behafteten Schlachttiere aus dem Verkehr ausgeschaltet, oder erst nach geeigneter Vorbehandlung z. B. in abgekochtem Zustande, zum menschlichen Genuß freigegeben. Durch unsachgemäße Behandlung oder Aufbewahrung kann das an sich normale Fleisch z. B. durch Insektenlarven, Schimmelpilze, Bakterien usw. gleichfalls fehlerhafte Beschaffenheit annehmen, in Fäulnis übergehen und zu Fleischvergiftungen Anlaß geben.

Die Fleisch- und Wurstwaren sind den gleichen Verunreinigungen und mannigfachen **Verfälschungen** ausgesetzt. Verunreinigungen können durch Verwendung von schlechtem und verdorbenem Fleisch sowie durch schlecht gereinigte Därme verursacht sein. Die Beimengung von minderwertigem oder ungenießbarem Fleisch stellt eine Verfälschung der Wurstwaren dar, die z. B. durch Zusatz von Pferdefleisch erfolgen kann. Weitere Verfälschungen sind Zusatz von Bindemitteln und hierdurch ermöglichter übermäßiger Wassergehalt, nicht deklarierte Beschwerung mit Mehl sowie künstliche Färbung. Der Zusatz von Mehl zu gewissen Wurstfabrikaten ist nur dann statthaft, wenn das kaufende Publikum in genügender Weise über die tatsächliche Beschaffenheit der Ware aufgeklärt wird und dieselbe zu einem entsprechend niedrigen Preise angeboten erhält. Die künstliche Färbung der Wurstmasse und der Wursthüllen[1] ist unstatthaft, da der Zusatz von Farbstoffen es ermöglicht, einer aus minder geeignetem Material oder mit nicht genügender Sorgfalt hergestellten Wurst den Anschein einer besseren Beschaffenheit zu verleihen und so den Käufer über die wahre Beschaffenheit zu täuschen.

Als **verdorben** im Sinne des Nahrungsmittelgesetzes[2] ist alles Fleisch anzusehen, welches erhebliche Veränderungen in seiner Substanz erlitten hat, oder welches von Tieren stammt, die mit einer erheblichen Krankheit behaftet waren. Als **gesundheitsschädlich** muß dasjenige Fleisch betrachtet werden, welches nachweisbar schon die Gesundheit der Konsumenten geschädigt hat, oder bei welchem der wissenschaftlich begründete Verdacht besteht, daß dieser Fall eintreten kann.

Bezüglich der Beurteilung der **Verwendung von Konservierungsmitteln** kann auf die folgenden in den technischen Begründungen des Bundesratsbeschlusses über gesundheitsschädliche und täuschende Zusätze zu Fleisch und dessen Zubereitungen enthaltenen Ausführungen[3] verwiesen werden: „Bei der Beurteilung der Frage, welche Konservierungsmittel eine gesundheitsschädliche Beschaffenheit des Fleisches herbeiführen, oder eine minderwertige Beschaffenheit desselben zu verdecken geeignet sind, ist davon auszugehen, daß man allen chemischen Konservierungsmitteln, welche nicht gleich dem Kochsalze, dem Salpeter und den beim Räuchern entstehenden Produkten durch lange Übung eingebürgert sind, mißtrauisch gegenüberstehen muß, solange nicht ihre Unschädlichkeit erwiesen ist." „Besonders muß aber der Verwendung solcher Stoffe entgegengetreten werden, die einer an sich nicht einwandsfreien Ware den Anschein der Frische und der guten Beschaffenheit oder der sachgemäßen Zubereitung verleihen."

Die Frischhaltung des Hackfleisches durch Präservesalz ist z. B. nur eine scheinbare, während tatsächlich die innere Zersetzung fortschreitet. Auch ist es möglich,[4] ein schon mit erheblichen Fäulniserscheinungen behaftetes Fleisch durch Zusatz schwefligsaurer Salze äußerlich aufzufrischen und ihm zeitweise den Anschein genießbaren Fleisches zu geben, so daß in dem Zusatz von Präservesalz in allen Fällen eine Fälschung im Sinne des Nahrungsmittelgesetzes erblickt werden muß.

Für die chemische Untersuchung von Fleisch sind unter dem 22. Februar 1908 als Anlage zu den Ausführungsbestimmungen zum Schlachtvieh- und Fleischbeschaugesetze amtliche Anweisungen erlassen worden.

---

[1] Vgl. Anm. 1 auf S. 42.

[2] Vgl. Ostertag a. a. O. S. 89 und 91.

[3] Deutscher Reichsanzeiger 1902 Nr. 47.

[4] A. Kraus und H. Schmidt, Kann in dem Zusatz von schwefligsaurem Natrium zu Hackfleisch eine Fälschung erblickt werden? Münch. med. Wochenschr. 1903 S. 500.

Anhang.

Übersicht über die gegenüber dem Auslande hinsichtlich der Einfuhr von Vieh und tierischen Erzeugnissen bestehenden Verbote, Beschränkungen usw. nach dem Stande von Juni 1909.*

Warengattung	Österreich-Ungarn	Italien	Schweiz	Frankreich	Großbritannien und Irland	Belgien	Niederlande	Luxemburg	Dänemark	Schweden	Norwegen	Rußland	Hinterländer von Österreich-Ungarn	Amerika
Pferde	G.	G.	G.	G.	G.	G.	G.	G.	G.	G.	G.	G.	G.	G.
Rindvieh	[1] G.	V.	[6] G.	V.	V.	V.	V.	[7] G.	[8] G.	V.	V.	V.	V.	V.
Schafe	[2] G.	V.	V.	V.	V.	V.	V.	[7] G.	[9] G.	V.	V.	V.	V.	[11] G.
Ziegen	[3] V.	V	[6] G.	V.	V.	V.	V.	[7] G.	[9] G.	V.	V.	V.	V.	[11] G.
Schweine	[4] V.	V.	V.	V.	V.	V.	V.	G.	V.	V.	V.	[10] V.	V.	[11] G.
Geflügel	G.	G.	G.	G.	G.	G.	G.	G.	G.	G.	G.	G.	G.	G.
Frisches Rindfleisch, auch Kalbfleisch	G.	G.	G.	G.	G.	V.	G.	G.	G.	G.	G.	V.	V.	V.
Frisches Schaffleisch	G.	G.	G.	G.	G.	G.	G.	G.	G.	G.	G.	V.	V.	G.
„ Ziegenfleisch	G.	G.	G.	G.	G.	G.	G.	G.	G.	G.	G.	V.	V.	G.
„ Schweinefleisch	G.	G.	G.	G.	G.	G.	G.	G.	G.	G.	G.	V.	V.	G.
„ Pferdefleisch	[5] G.	[5] G.	[5] G.	[5] G.	[5] G.	[5] G.	[5] G.	[5] G.	[5] G.	[5] G.	[5] G.	[5] G.	[5] G.	[5] G.
Zubereitetes Rindfleisch (auch Kalbfleisch)	G.	G.	G.	G.	G.	G.	G.	G.	G.	G.	G.	G.	G.	G.
Zuber. Schaffleisch	G.	G.	G.	G.	G.	G.	G.	G.	G.	G.	G.	G.	G.	G.
„ Ziegenfleisch	G.	G.	G.	G.	G.	G.	G.	G.	G.	G.	G.	G.	G.	G.
„ Schweinefleisch	G.	G.	G.	G.	G.	G.	G.	G.	G.	G.	G	G.	G.	G.
„ Pferdefleisch usw.	V.	V.	V.	V.	V.	V.	V.	V.	V.	V.	V.	V.	V.	V.

* V. = verboten, G. = gestattet, d. h. die Einfuhr darf unter geeigneten besonders vorgeschriebenen Vorsichtsmaßregeln (Beschränkungen) gegen Seucheneinschleppungen erfolgen. — Fleisch wird beim Eingang der Beschau unterworfen und unterliegt den Vorschriften des Fleischbeschaugesetzes. — [1] Nur Schlachtvieh; Nutz- und Zuchtrinder ausnahmsweise. — [2] Nur Schlachtschafe. — [3] Nach Bayern gestattet. — [4] Schlachtschweine bis zu 80000 Stück jährlich gestattet. — [5] Wenn besonders als Pferdefleisch bezeichnet. — [6] Zurzeit aus mehreren Kantonen nach Bayern, Württemberg, Baden und Elsaß-Lothringen verboten. — [7] Einfuhr in die Reg.-Bez. Trier und Aachen ohne amtstierärztliche Untersuchung gestattet. — [8] Nur Schlachtvieh, 10tägige Quarantäne. — [9] 10tägige Quarantäne. — [10] Für den oberschlesischen Industriebezirk wöchentlich 2500 Stück gestattet. — [11] 4wöchige Quarantäne.

Warengattung	Österreich-Ungarn	Italien	Schweiz	Frankreich	Großbritannien und Irland	Belgien	Niederlande	Luxemburg	Dänemark	Schweden	Norwegen	Rußland	Hinterländer von Österreich-Ungarn	Amerika
Würste oder sonstige Gemenge aus zerkleinertem Fleisch	V.	V.	V.	V.	V.	V.	V.	V.	V.	V.	V.	V.	V.	V.
Fleisch in luftdicht verschloss. Büchsen oder ähnlichen Gefäßen . . .	V.	V.	V.	V.	V.	V.	V.	V.	V.	V.	V.	V.	V.	V.
Geschlachtetes Geflügel	G.	G.	G.	G.	G.	G.	G.	G.	G.	G.	G.	G.	G.	G.
Eier, Milch, Butter Käse	G.	G.	G.	G.	G.	Milch u. Rahm V.	Milch u. Rahm V.	G.	G.	G.	G.	G.	G.	G.

II. Eier.

Als Nahrungsmittel kommen von den Vogeleiern hauptsächlich die Hühnereier in Betracht, deren Geschmack von der Fütterung, der Rasse, der Jahreszeit und dem Alter der Eier selbst abhängig ist.

Die Eier anderer Vögel (Gänse, Enten, Kibitze usw.) dienen gleichfalls als Nahrungsmittel; unter Eier kurzweg versteht man jedoch die Hühnereier.

Der **Verbrauch** an Eiern ist ein bedeutender und die inländische Produktion vermag die Nachfrage bei weitem nicht zu decken, so daß wir auf die Einfuhr aus dem Auslande, besonders aus Österreich-Ungarn und Rußland angewiesen sind.

Die Einfuhrmengen und der Einfuhrwert betrugen:

im Jahre	1905	130 737	Tonnen im Werte von	121,4	Millionen Mark
„ „	1907	149 455	„ „ „ „	149,7	„ „
„ „	1908	139 293	„ „ „ „	137,0	„ „

Die Ausfuhr an Eiern ist gering; im Jahre 1908 belief sie sich auf 595 Tonnen im Werte von 0,65 Millionen Mark. Die Menge der im Deutschen Reiche erzeugten Hühnereier läßt sich nicht genau nachweisen, sondern nur annähernd aus der Zahl der Hühner schätzen.

Auch die Angaben über den Konsum an Eiern beruhen auf Schätzungen, so wurde im Jahre 1890 für Berlin pro Tag und Kopf der Bevölkerung der Verbrauch auf $^1/_2$ Ei geschätzt.

Beim **Aufbewahren** der Eier verdunstet durch die Poren der Schale Wasser des Eiinhaltes und wird durch Luft ersetzt. Bei längerer Aufbewahrung gehen die Eier leicht in Zersetzung und Fäulnis über. Dieses Verderben der Eier ist in selteneren Fällen auf eine bereits im Eileiter erfolgte Infektion mit Bakterien zurückzuführen in den weitaus meisten Fällen gelangen die Infektionskeime durch die Poren der Schale in das Innere, wo sie die bekannten Zersetzungserscheinungen hervorrufen.

Zur **Haltbarmachung** der Eier sind eine Reihe von Verfahren vorgeschlagen worden, die entweder den Luft- und Bakterienzutritt fernhalten sollen, oder eine Frischhaltung der Eier durch niedere Temperatur anstreben.

Die Ausführung der erstgenannten Verfahren erfolgt durch trockene Aufbewahrung nach vorhergehender Umhüllung oder Imprägnierung oder durch Einlegen der gereinigten Eier in verschiedenartige Flüssigkeiten. Zur Umhüllung sind Papier, Einbetten in Sand, Häcksel, Holzasche usw., als Überzugsmittel Wasserglas, Paraffin, Fett und dergl. mit größerem oder geringerem Erfolg benutzt worden. Von konservierenden Flüssigkeiten finden Kalkwasser und Wasserglaslösungen am meisten Anwendung, auch übermangansaures Kalium, Glyzerinlösungen usw. sind zur Eierkonservierung verwendet worden.

Die Anwendung niederer Temperaturen zur Konservierung der Eier bezweckt eine Verlangsamung der Lebensvorgänge und damit ein Hinausschieben des endlichen Absterbens der Eier. Diese Frischhaltung kann durch Aufbewahren der Eier in kühlen, nicht zu feuchten Räumen mit guter Ventilation oder durch Lagerung in Kühlhäusern erzielt werden.

Bei einer eingehenden Nachprüfung[1] der zur Eierkonservierung vorgeschlagenen Methoden ergab sich, daß von den Verfahren, bei welchen die Eier in Flüssigkeiten aufbewahrt werden, das Einlegen in 10prozentige Wasserglaslösung am empfehlenswertesten ist. Für die trockene Aufbewahrung von Eiern war die Kaltlagerung in Kühlhäusern, in denen die Eier auf etwa 0° abgekühlt gehalten und mit frischer Luft von etwa 80 Prozent relativer Feuchtigkeit umspült wurden, besonders geeignet. Das letztgenannte Verfahren wird im Großen bereits in bedeutendem Umfange angewandt, da nach Schätzungen von sachverständiger Seite in Deutschland z. B. im Jahre 1904 etwa 100 Millionen Eier in Kühlhäusern kalt gelagert wurden.

[1] F. Prall, Über Eierkonservierung. Ztschr. f. Unters. von Nahrungsm. 1907 S. 445.

Da das Eiweiß der Eier in der Technik ausgedehnte Verwendung findet, werden große Mengen von Eigelb als Nebenprodukte gewonnen. Ein Teil dieses Eigelbs wird gleichfalls technisch verwertet, große Mengen werden jedoch auch zu Genußzwecken, z. B. zur Eierkognakbereitung, zur Eierteigwarenfabrikation usw. verwendet. Die Eigelbkonserven sind entweder im Vakuum eingetrocknete krümelige Massen, oder flüssige mit Kochsalz und oft mit Borsäure versetzte Präparate.

Chemische Bestandteile.[1] Die Hühnereier, welche 30—60 g seltener bis 72 g und im Mittel etwa 53 g schwer sind, bestehen zu 11,5 Prozent aus Schalen, zu 58,5 Prozent aus Eiweiß und zu 30 Prozent aus Eigelb. Die Schalen werden vorwiegend aus Calciumkarbonat gebildet. Die in den Eiern enthaltenen Nährstoffe verteilen sich auf das Eiweiß und Eigelb folgendermaßen:

	Eiweiß	Eigelb
Wasser	85,61 %	50,93 %
Stickstoffsubstanz	12,77 „	16,05 „
Fett	0,25 „	31,70 „
Stickstofffreie Extraktivstoffe .	0,70 „	0,29 „
Mineralstoffe	0,67 „	1,02 „

Das Hühnereiweiß besteht fast ausschließlich aus Albumin, geringen Mengen Globulin und Mukoid, Mineralstoffen sowie Spuren von Fett, Cholesterin und Zucker.

Das Eigelb besteht hauptsächlich aus dem Proteinstoff Vittelin neben Fett, Cholesterin, Lezithin, Glyzerinphosphorsäure, Salzen und Farbstoffen (Lutein).

Die aus Eiern hergestellten Dauerwaren zeigen nachstehende prozentuale Zusammensetzung:

	Wasser	Stickstoffsubstanz	Fett	Stickstofffreie Extraktivstoffe	Asche
Eiweiß	11,65	73,20	0,30	8,65	6,20
Eigelb	5,88	33,32	51,54	5,73	3,53

Bei Beaufsichtigung des Handels mit Eiern wird besonders darauf geachtet, daß konservierte Eier nicht als wertvollere frische Ware, oder als Trinkeier feilgehalten und verkauft werden. Die verdorbene Beschaffenheit der Eier kann in vielen Fällen vom Konsumenten selbst erkannt werden.

[1] Vgl. J. König a. a. O. II, S. 573.

III. Milch.

Milch ist die von der Milchdrüse der Säugetiere zur Ernährung der Säuglinge abgesonderte Flüssigkeit. Unter Handelsmilch versteht man die durch regelmäßiges, ununterbrochenes und vollständiges Ausmelken gesunder Tiere gewonnene Kuhmilch. Die Milch enthält alle zum Wachstum und zur Ernährung des Körpers erforderlichen Nährstoffe und besitzt daher für die Ernährung der jugendlichen und auch der erwachsenen Menschen besonderen Wert.

Produktion und **Verbrauch.** Die Menge der im Deutschen Reiche erzeugten Kuhmilch wird nach Angaben des Kaiserlichen Gesundheitsamtes[1] auf rund 25,5 Milliarden Liter jährlich mit einem Werte von etwa 2,1 Milliarden Mark geschätzt. Der Wert der außerdem aus dem Auslande eingeführten Milch und Milcherzeugnisse schwankt im Jahre zwischen 100 und 120 Millionen Mark. Nach neueren Ermittelungen der Deutschen Landwirtschaftsgesellschaft betrug im Jahre 1906 der Wert der deutschen Milchproduktion sogar 2,64 Milliarden Mark,[2] war also bedeutend höher als die Einnahmen aus irgend einem anderen Zweige der Landwirtschaft, da z. B. die gesamten Brotgetreideernten sich 1901 auf 2,25 Milliarden Mark bewerteten. In insgesamt 12620 Molkereien, Butter- und Käsefabriken, von welchen 11949 Hauptbetriebe darstellten, wurden im Jahre 1907 44257 Personen, und zwar 31683 männliche und 12574 weibliche beschäftigt. Hinzukommt die große Zahl der im Milchhandel gewerbtätigen Personen. Die volkswirtschaftliche Bedeutung des Molkereiwesens ist daher erheblich größer, als man im allgemeinen anzunehmen pflegt.

Von der erzeugten Milch wird ein Teil unmittelbar genossen, während der größere Teil zu Butter und Käse verarbeitet wird. In den einzelnen Gegenden des Deutschen Reiches ist der Milchverbrauch verschieden. Der Konsum ist in Berlin auf 105,5 Liter, in München auf 131,1 Liter, in Hamburg auf 137,5 Liter pro Kopf und Jahr geschätzt worden.

Nach Benkemann betrug der Verbrauch an Milch für den Kopf der Bevölkerung jährlich:

in Frankfurt a. M.	159,9 l	in Düsseldorf	108,2 l	in Hannover	96,0 l
„ Stuttgart	156,7 l	„ Kiel	108,1 l	„ Posen	93,4 l
„ Hamburg	137,5 l	„ Berlin	106,5 l	„ Elberfeld	90,4 l
„ München	131,1 l	„ Dresden	105,9 l	„ Stettin	89,4 l
„ Mannheim	130,3 l	„ Königsberg	102,6 l	„ Chemnitz	85,7 l
„ Bremen	125,0 l	„ Köln	102,0 l	„ Magdeburg	81,2 l
„ Nürnberg	114,9 l	„ Dortmund	98,3 l	„ Halle	74,1 l
„ Altona	114,7 l	„ Breslau	97,3 l	„ Essen	73,3 l

[1] Vgl. Milchmerkblatt.
[2] Vgl. die Angaben auf S. 2.

Milchkontrolle. Die Beschaffenheit und Zusammensetzung der Milch wird durch die örtlichen Verhältnisse, die Rasse der Tiere, ihre Fütterung und Haltung sowie durch verschiedene andere Umstände beeinflußt, so daß eine völlig gleichartige Beurteilung der in den einzelnen Gegenden des Deutschen Reiches gewonnenen Milch nicht möglich ist. Insbesondere ist der Fettgehalt größeren Schwankungen unterworfen.

Infolgedessen ist von einer einheitlichen reichsgesetzlichen Regelung des Verkehrs mit Milch Abstand genommen und die Beaufsichtigung dieses Verkehrs den einzelnen Bundesstaaten überlassen worden. „Unter Zugrundelegung der technischen Anhaltspunkte für die Handhabung der Milchkontrolle, die im Jahre 1882 im Kaiserlichen Gesundheitsamte ausgearbeitet wurden, sind demnach[1] von den zuständigen Behörden der Einzelstaaten entsprechende gesundheitspolizeiliche Verordnungen zur Überwachung des Verkehrs mit Milch erlassen worden. Die Bestimmungen über die an eine einwandfreie Milch zu stellenden hygienischen Anforderungen finden sich in fast allen diesen Verordnungen übereinstimmend wieder, dagegen unterscheiden sie sich durch die den einzelnen örtlichen Verhältnissen angepaßten Anforderungen an die Zusammensetzung der Milch, insbesondere an deren Fettgehalt.

Die wesentlichen Grundsätze, welche in diesen Erlassen und Verordnungen im allgemeinen zur Geltung gebracht sind, betreffen hauptsächlich folgende Punkte. Da der Gesundheitszustand der Tiere und die Art und Weise, wie das Milchvieh gehalten wird, von großem Einfluß auf die Beschaffenheit der Milch sind, so wird in fast allen Verordnungen verlangt, daß die Milch von gesunden Tieren stammen sowie unverfälscht sein muß, und daß auf eine zweckmäßige und einwandfreie Einrichtung des Stalles, auf die Ernährung, die Pflege und die Behandlung des Viehs besondere Sorgfalt zu verwenden ist. Um die Milch beim Melken vor Verunreinigungen zu schützen, werden besondere Anforderungen gestellt. Die Milch kranker Tiere darf nicht zu dem übrigen Gemelke geschüttet werden. Es ist ferner darauf zu achten, daß das Euter jedesmal völlig leer gemolken wird, weil die zuletzt gemolkene Milch die fettreichste ist und das gründliche Ausmelken des Euters die Milchergiebigkeit fördert. Nach dem Melken soll die Milch sobald als möglich aus dem Stalle entfernt, zur Beseitigung des Schmutzes durchgeseiht (Wattefilter) oder ausgeschleudert und alsdann schnell gekühlt werden. Für die Behandlung der Milch nach dem Melken bis zur Abgabe an die Verbraucher sind Bestimmungen getroffen, welche sich insbesondere auf die Gefäße, in welchen die Milch befördert und aufbewahrt wird, beziehen. Meistens werden Vollmilch, Magermilch

[1] Vgl. Das Deutsche Reich in gesundheitlicher usw. Beziehung. S. 170/171.

und Kindermilch in den Verordnungen gesondert behandelt und an jede dieser Milchsorten bestimmte Anforderungen bezüglich des Fettgehaltes gestellt. Gemeinsam ist fast allen Verordnungen, daß vom Verkehr ausgeschlossen sind

1. die sogenannte Biestmilch d. h. die einige Tage vor und nach dem Kalben abgesonderte Milch,

2. Milch von Kühen die mit bestimmten, näher bezeichneten Krankheiten behaftet sind,

3. Milch von Kühen, die mit giftigen Arzneimitteln, welche in die Milch übergehen, behandelt werden,

4. Milch, die fremdartige Stoffe (Eis, chemische Konservierungsmittel u. a.) enthält,

5. Milch, die infolge verschiedener Fehler (z. B. blaue, rote Farbe, bitterer, fauler Geruch und Geschmack usw.) unbrauchbar oder minderwertig ist.

Die an Kindermilch (Vorzugsmilch) zu stellenden Anforderungen sind angesichts der Wichtigkeit einer gesunden Milch für die Ernährung des Säuglings meist strenger, als diejenigen für gewöhnliche Kuhmilch; es wird z. B. verlangt, daß die Kühe für Kindermilchgewinnung einer fortlaufenden tierärztlichen Beaufsichtigung unterstellt, unter Umständen auch der Tuberkulinimpfung unterzogen werden. Da die Milch infolge ungeeigneter Fütterung minderwertig und sogar schädlich werden kann, so bedürfen solche Kühe, welche eine Vorzugsmilch liefern sollen, einer besonderen Sorgfalt bei der Fütterung."

Die Ausübung der Marktkontrolle erfolgt zumeist in der Art, daß durch besonders ausgebildete Polizeibeamte des öfteren eine Vorprüfung der in den Handel gebrachten Milch auf ihre äußere Eigenschaften und eine Bestimmung des spezifischen Gewichtes der Milch mit Hilfe der Milchwage vorgenommen wird. In allen verdächtigen oder zweifelhaften Fällen werden durch die Polizeiorgane Proben entnommen und den Untersuchungsanstalten zur Begutachtung eingesandt. Auf diese Weise läßt sich die Kontrolle auf sehr zahlreiche Proben ausdehnen.

Die sorgsame **Gewinnung, Behandlung** und **Aufbewahrung** der Milch ist, wie schon aus den vorstehenden Ausführungen hervorgeht, von besonderer Tragweite für die einwandfreie Beschaffenheit der Milch als Nahrungsmittel. Sowohl bei der Gewinnung, als auch bei der Aufbewahrung in den Molkereien, in den Verkaufsräumen und im Haushalte ist die Milch der Gefahr der Verunreinigung ausgesetzt. Namentlich kann sie mit Krankheitserregern unmittelbar oder durch den Staub verunreinigt werden. Auch durch Aufbewahrungsgefäße, die mit einem derartige Keime enthaltenden Wasser gereinigt wurden, kann eine Infektion erfolgen.

Die **Haltbarmachung** der Milch für den Konsum kann entweder durch Abkühlung auf niedere Temperatur, oder durch vorübergehendes Erhitzen d. h. durch Pasteurisierung oder durch Sterilisation erfolgen.

Durch schnelle Abkühlung der frischen Milch, wie sie in größeren Molkereien durch besondere Milchkühler durchgeführt wird, kann die Säuerung der Milch verzögert und die Vermehrung sonstiger Mikroorganismen hintangehalten und so die Haltbarkeit der Milch erhöht werden.

Zur Haltbarmachung der Milch und gleichzeitigen sicheren Abtötung etwaiger in ihr enthaltenen Krankheitserreger wird eine Erhitzung der Milch vorgenommen. Da die Milch jedoch bei starker Erhitzung meist einen Kochgeschmack annimmt, so wird in den Molkereibetrieben die Milch vielfach einige Zeit lang auf Temperaturen zwischen 65° und 90° erhitzt und nach diesem Pasteurisieren schnell abgekühlt. Zur sicheren Abtötung der Bakterien ist eine genügend hohe Temperatur und eine genügend lange Erhitzungsdauer erforderlich. Während Milch zur Abtötung von Krankheitskeimen 10 Minuten lang bei 70° erhalten werden muß, sind bei 90° nur 2 Minuten zur Erzielung der gleichen Wirkung erforderlich.

Die als sterilisierte Milch in Flaschen in den Handel gebrachte Milch muß genügend lange erhitzt und während des Erhitzens mit luftdichtem Verschluß versehen worden sein, der bis zur Abgabe an die Konsumenten unversehrt bleiben muß.

Im Haushalte wird die Abtötung der Bakterien durch Aufkochen der Milch und 2—3 Minuten langes Sieden erzielt. Für die Säuglingsernährung empfiehlt sich das Erhitzen der Milch in Flaschen, die in ein Gefäß mit Wasser eingestellt werden. Das im Kochgefäß enthaltene Wasser wird zum Sieden erhitzt und die vorher lose bedeckten Flaschen nach etwa 3 Minuten langem Sieden des Wassers luftdicht verschlossen und gekühlt. Hierbei nimmt die in den Flaschen befindliche Milch etwa 5 Minuten hindurch eine Temperatur von 98° an, so daß eine Abtötung der Bakterien gewährleistet ist. Die Verdaulichkeit der Milch wird hierdurch nicht beeinträchtigt.

Weiterhin ist versucht worden, die Milch durch Zusatz von Entsäuerungsmitteln oder von konservierenden Stoffen haltbar zu machen. Alle diese Verfahren sind jedoch zu verwerfen und zu beanstanden. Stoffe, die auf Bakterien abtötend oder entwickelungshemmend wirken pflegen bei dauerndem Genuß nicht ohne Einfluß auf die menschliche Gesundheit zu sein.

Der Zusatz derartiger chemischer Stoffe kann zudem einer Milch, die tatsächlich schon verdorben ist, den Schein der frischen Beschaffenheit verleihen und so zu einer Täuschung des Verbrauchers führen.

Von **Milchprodukten** gelangen Rahm oder Sahne, abgerahmte

Milch oder Magermilch, Buttermilch und Molken oder Käsemilch in den Handel. Rahm soll mindestens 10 Prozent und Schlagsahne mindestens 25 Prozent Fett enthalten.[1] Der Zusatz von Zuckerkalk zu Rahm stellt eine Verfälschung desselben dar.

Als Milchkonserven bezeichnet man die sterilisierte Milch, die mit oder ohne Zuckerzusatz eingedickte oder kondensierte Milch sowie die durch Eindampfen im Vakuum hergestellten Trockenmilchpräparate, die Milchpulver und Milchtafeln.

Chemische Zusammensetzung. Die Milch stellt eine feine Verteilung von Milchfett in einer als Milchplasma bezeichneten Flüssigkeit, also eine Emulsion dar, die außerdem noch Lymphkörperchen und mehr oder weniger veränderte Zellreste aus der Milchdrüse enthält. Die chemischen Bestandteile der Milch sind außer Wasser, Fett, Eiweißstoffe, Milchzucker und Salze sowie geringe Mengen Zitronensäure, Lezithin und Cholesterin. Die in den Handel kommende Milch ist in der Regel ein Gemisch der Milch verschiedener Kühe und enthält alsdann:

Wasser . . .	86,0—89,5 %	im Mittel 87,75 %
Fett	2,7— 4,3 „	„ „ 3,40 „
Stickstoffsubstanz .	3,0— 4,0 „	„ „ 3,50 „
Milchzucker . . .	3,6— 5,5 „	„ „ 4,60 „
Mineralstoffe . .	0,6— 0,9 „	„ „ 0,75 „

Das Fett befindet sich in der Milch in sehr feiner Verteilung in Form mikroskopisch kleiner Tröpfchen, der Milchfettkügelchen. Die Größe dieser Fettkügelchen ist eine verschiedene. Beim ruhigen Stehen der Milch steigen die Fetttröpfchen allmählich an die Oberfläche und setzen sich hier als Rahm ab. Eine vollständige Entrahmung der Milch läßt sich jedoch nur durch Anwendung von Zentrifugen erreichen.

Von Stickstoffsubstanzen der Milch sind besonders Kasein und Albumin zu nennen. Das Kasein oder der Käsestoff befindet sich in der Milch nicht in gelöstem, sondern in stark gequollenem Zustande. Das Albumin oder Laktalbumin ist im Milchserum gelöst. Aus dem scheinbar gelösten Zustande kann das Kasein aus der Milch durch wasserentziehende Mittel, wie Alkohol, Kochsalz usw. ausgeschieden werden. Auch durch Säuren oder Lab wird das Kasein ausgefällt, wodurch sich das bekannte Gerinnen der Milch beim Sauerwerden und die Labgerinnung bei der Käsebereitung erklärt. Das Albumin kann aus den hierbei erhaltenen Molken durch Erhitzen in geronnener Form abgeschieden werden. Der Kaseingehalt der Milch beträgt im Mittel nach König etwa 2,88 Prozent, der Gehalt an Albumin etwa 0,51 Prozent; sonstige stickstoffhaltige Körper sind nur in geringer Menge vorhanden.

[1] Beschluß der Vereinigung deutscher Nahrungsmittelchemiker.

Der Milchzucker bleibt beim Abscheiden des Kaseins in den süßen Molken neben dem Albumin in Lösung. Durch Eindampfen und Auskristallisierenlassen kann der Milchzucker aus den von Albumin befreiten Molken gewonnen werden. Der Milchzucker findet zur Säuglingsernährung ausgedehnte Verwendung. Aus 200 Liter Milch gewinnt man etwa 4 kg reinen Milchzucker als Nebenprodukt.

Die Mineralstoffe der Milch enthalten Calcium, Magnesium, Eisen, Kalium, Natrium, Phosphorsäure, Chlor und Schwefelsäure. Der Chlornatriumgehalt der Asche wird durch die Fütterung der Kühe beeinflußt.

Der oben angegebenen mittleren chemischen Zusammensetzung der Milch entspricht bei 15° ein spezifisches Gewicht von 1,0315. Das spezifische Gewicht der Milch einzelner Kühe schwankt in der Regel bei 15° von 1,027 bis 1,034 und beträgt im Mittel etwa 1,0315. Die Bestimmung der Dichte oder des spezifischen Gewichtes der Milch gestattet einen Rückschluß auf ihre Beschaffenheit, weshalb diese Bestimmung bei der Marktkontrolle der Milch neben anderen Kriterien als Vorprüfung benutzt wird. Auch das spezifische Gewicht des Milchserums schwankt nur innerhalb bestimmter Grenzen.

Über die mittlere Zusammensetzung einiger anderer in einzelnen Gegenden in beschränktem Umfange in den Handel kommenden, häufiger jedoch von den Produzenten genossenen Milchsorten, sowie über die quantitative Zusammensetzung von Milchkonserven gibt die folgende nach den Angaben von J. König gefertigte Zusammenstellung Auskunft:

	Wasser %	Eiweißstoffe %	Fett %	Milchzucker %	Rohrzucker %	Mineralstoffe %
Ziegenmilch	86,88	3,76	4,07	4,64	0	0,85
Schafmilch	83,57	5,15	6,18	4,17	0	0,93
Eselinnenmilch . . .	90,12	1,85	1,37	6,19	0	0,47
Kondensierte Vollmilch ohne Zuckerzusatz . .	61,46	11,17	11,42	13,96	0	1,99
Kondensierte Vollmilch mit Zuckerzusatz . .	26,44	10,47	10,07	14,16	36,86	2,00
Kondensierte Halb- und Magermilch mit Zuckerzusatz	28,94	12,71	2,63	13,99	39,49	2,24
Milchpulver aus Vollmilch	6,08	23,09	23,14	42,39	0	5,30
Milchpulver aus Magermilch	7,55	30,81	1,73	53,43	0	6,48

Anormale Beschaffenheit der Milch kann durch Eutererkrankungen oder Einwirkung von Bakterien veranlaßt sein. Auf krankhafte Milchabsonderung sind z. B. griesige oder sandige Milch, ferner blutige und salzige Milch zurückzuführen. Auf Bakterienwirkung beruhen eine Reihe von Milchfehlern, die sich durch rote, blaue oder gelbe Farbe der Milch oder der daraus hergestellten Erzeugnisse oder durch außergewöhnlichen, unangenehmen Geruch oder Geschmack der Milch kenntlich machen. Hierhin gehören die bittere, käsige, seifige und faulige Milch. Auch bei gärender und schleimiger oder fadenziehender Milch werden die Veränderungen durch Bakterien bzw. Hefepilze verursacht.

Jede mit einem dieser Fehler behaftete Milch gilt wegen ihrer erheblichen Abweichung von der normalen Beschaffenheit als **verdorben** im Sinne des Nahrungsmittelgesetzes. Zudem wird die Milch manchmal als ekelerregend und gegebenenfalls als **gesundheitsschädlich** zu erachten sein. Bei Erkrankungen der Milchtiere sind neben den landespolizeilichen Verordnungen die einschlägigen Bestimmungen des Viehseuchengesetzes zu beachten, welches u. a. zum Schutze der menschlichen Gesundheit und zur Bekämpfung der Übertragung von Krankheiten den Verkauf der Milch wutkranker oder der Tollwut verdächtiger Tiere verbietet und bei Maul- und Klauenseuche die Abkochung der Milch vor dem Inverkehrbringen verlangt.

Als verdorben gilt ferner Milch, die mit Kuhkot derartig verunreinigt ist, daß sich beim ruhigen Stehen deutlich wahrnehmbare Mengen Schmutz absetzen. Der Kuhkot gelangt durch unsaubere Gewinnung in die Milch und geht, wenn er nicht sofort durch Wattefilter oder dgl. entfernt wird, zum großen Teil in Milch in Lösung. Mit dem Kot gelangen große Mengen von Bakterien und leicht auch Krankheitskeime in die Milch. Bei verschmutzter Milch kommt also neben der verdorbenen auch die gesundheitsschädliche Beschaffenheit im Sinne des Nahrungsmittelgesetzes in Frage.

Die Zahl der durch die Nahrungsmittelkontrolle aufgedeckten **Milchfälschungen** ist eine verhältnismäßig hohe. Dieses häufige Vorkommen von Verfälschungen ist vielleicht darauf zurückzuführen, daß die leicht ausführbaren Fälschungen der Milch für den unreellen Verkäufer außerordentlich gewinnbringend sind. Bei der Bedeutung der Milch als Nahrungsmittel, insbesondere für die Kinderernährung, werden die Konsumenten durch die Fälschungen nicht nur wirtschaftlich geschädigt, sondern für Kinder,[1] welchen eine bestimmte Menge von Nährstoffen durch die Milchnahrung zugeführt werden soll, liegt bei

[1] Vgl. Neufeld a. a. O. S. 87.

Verabfolgung gewässerter oder entrahmter Milch auch eine Schädigung der Gesundheit nahe. Nicht nur der gesamte Nährwert ist bei verfälschter Milch geringer, sondern bei der Entrahmung soll neben dem Fett der Milch auch der größte Teil des für die Kinderernährung besonders wichtigen Lezithins entzogen werden.

Die Verfälschungen der Milch erfolgen zumeist durch Zusatz von Wasser, durch Entrahmung oder auch durch die sogenannte kombinierte Fälschung, die in gleichzeitiger Wässerung und Entrahmung besteht. Auch Fälschungen von Milch durch Zusatz von Magermilch, oder durch Zusatz fremder Stoffe, wie Entsäuerungs- und Konservierungsmittel werden beobachtet.

Zum Nachweis des Fälschungsgrades wird in der Regel die Zusammensetzung der Stallproben, d. h. der unter Aufsicht besonders ausgebildeter Polizeiorgane gewonnenen und versandfertig gemachten Milch der in Frage kommenden Kühe oder Stallungen zur Beurteilung herangezogen.

IV. Butter.

Unter Butter verstehen wir das aus der Milch abgeschiedene, erstarrte Fett, welchem etwa 15 Prozent süße oder saure Magermilch in gleichmäßiger und feinster Verteilung beigemischt sind. Der wichtigste und wertvollste Bestandteil der Butter ist das der Kuhmilch entstammende Fett.

Handel, Produktion. Die Butter besitzt für den in- und ausländischen Handel große Bedeutung. Während in früheren Jahren die deutsche Butterausfuhr erheblich umfangreicher war, als der Bedarf aus dem Auslande, ging im Laufe der Zeit der deutsche Butterexport immer mehr zurück, so daß nunmehr die Einfuhr in das Zollinland die Ausfuhr erheblich übertrifft:

Jahr	Einfuhr		Ausfuhr	
	Tonnen	Millionen Mark	Tonnen	Millionen Mark
1880	5 001	7,5	12 465	21,2
1890	8 903	12,6	7 036	12,7
1900	16 636	25,6	2 537	5,5
1905	36 937	73,8	844	2,0
1906	37 511	73,9	432	1,0
1907	39 535	82,1	243	0,5
1908	34 514	74,1	218	0,4

Die nach Deutschland eingeführte Butter ist zumeist holländischer, russischer und dänischer Herkunft. Die aus den Niederlanden eingeführte Butter bewertete sich 1908 auf 33,1 Millionen und die aus Rußland importierte auf 24 Millionen Mark, während Dänemark in der gleichen Zeit für 8,9 Millionen Mark Butter nach Deutschland lieferte. Was die inländische Produktion anbelangt, so wurde die Menge der im Deutschen Reiche erzeugten Butter für das Jahr 1907 auf 2 Millionen Pfund geschätzt, so daß der Gesamtverbrauch an Butter auf den Kopf der Bevölkerung auf etwa 34,3 Pfund jährlich veranschlagt werden kann.[1]

Die **Beaufsichtigung des Verkehrs** mit Butter wird durch das Nahrungsmittelgesetz und das unter dem 15. Juni 1897 erlassene Gesetz, betreffend den Verkehr mit Butter, Käse, Schmalz und deren Ersatzmitteln[2] geregelt. Dieses Spezialgesetz, welches insbesondere genaue Vorschriften für die Unterscheidung von Butter und Margarine im Handel und Verkehr enthält, sollte die früher häufiger beobachtete Unterschiebung von Kunstbutter statt echter Butter verhindern und zur Beseitigung des unlauteren Wettbewerbes gegenüber dem rechtschaffenen Handel und den Butterproduzenten beitragen. Die Bestimmungen des Gesetzes vom 15. Juni 1897 beziehen sich zumeist auf die Überwachung der Herstellung und des Handels mit Margarine und Kunstspeisefetten.

Bezüglich des Verkehrs mit Butter enthält das Gesetz zunächst das ausdrückliche Verbot der Vermischung von Butter oder Butterschmalz mit Margarine oder anderen Fetten zum Zweck des Handels mit diesen Mischungen. Sodann ist den Beamten der Polizei und den von den Polizeibehörden beauftragten Sachverständigen die Befugnis erteilt worden, in die Räume, in denen gewerbsmäßig Butter hergestellt, feilgehalten oder verpackt wird, einzutreten und daselbst Revisionen vorzunehmen und Warenproben zum Zwecke der Untersuchung zu entnehmen. Der Bundesrat wurde ermächtigt, das gewerbsmäßige Verkaufen und Feilhalten von Butter, deren Fettgehalt nicht eine bestimmte Grenze erreicht, oder deren Wasser- oder Salzgehalt eine bestimmte Grenze überschreitet, zu verbieten.

In Ausübung dieser Befugnis ist nachstehende Bekanntmachung ergangen:

Bekanntmachung des Reichskanzlers, betreffend den Fett- und Wassergehalt der Butter, vom 1. März 1902.

Auf Grund des § 11 des Gesetzes, betreffend den Verkehr mit Butter, Käse, Schmalz, und deren Ersatzmitteln vom 15. Juni 1897 hat der Bundesrat

[1] Ztschr. f. Margarine-Industrie 1908, S. 4.
[2] Gesetzestext siehe S. 69.

beschlossen: Butter, welche in 100 Gewichtsteilen weniger als 80 Gewichtsteile Fett oder im ungesalzenen Zustande mehr als 18 Gewichtsteile, im gesalzenen Zustande mehr als 16 Gewichtsteile Wasser enthält, darf vom 1. Juli 1902 ab gewerbsmäßig nicht verkauft oder feilgehalten werden.

Aus dem Auslande, besonders aus Holland, wurden zeitweise größere Mengen von mit Fremdfetten oder durch Wasserzusatz verfälschter Butter nach Deutschland eingeführt. Infolge der zahlreichen Beanstandungen holländischer Butter durch die Lebensmittelkontrolle und die hierdurch verursachte Erschwerung des Absatzes sahen sich die holländischen Butterproduzenten zur Gründung besonderer Butterkontrollstationen veranlaßt, welche unter Reichsaufsicht gestellt und denen im Jahre 1904 eine staatliche Kontrollmarke verliehen wurde. Die mit dieser Staatsmarke versehene Butter ist in solchen Betrieben hergestellt, die einer ständigen Betriebskontrolle unterstellt sind, und die Marke soll eine Gewähr für die Unverfälschtheit der Ware darbieten. Zurzeit sind von den insgesamt zur Ausfuhr gelangenden 31 Millionen kg holländischer Butter etwa 25 Millionen kg mit der staatlichen Schutzmarke versehen.

Die **Herstellung** der Butter, welche aus süßem oder aus gesäuertem Rahm erfolgen kann, wird durch kräftiges Schlagen, Schütteln und Stoßen des Rahmes in Butterfässern oder Buttermaschinen verschiedenster Konstruktion herbeigeführt. Bei dieser mechanischen Einwirkung wird das flüssige Fett des Rahmes in den festen Zustand übergeführt. Die einzelnen in unterkühltem Zustande vorhandenen Milchfetttröpfchen werden hierbei unter Freiwerden ihrer Schmelzwärme fest, wodurch sich zum Teil die Erwärmung des Inhaltes der Butterfässer bei der Butterung erklärt. Die Fettkügelchen der Milch ballen sich beim Butterungsvorgange zusammen und scheiden sich als zunächst griesige, später erbsengroße Fettkörnchen oder Klümpchen aus. Diese Rohbutter wird von der zurückbleibenden Flüssigkeit getrennt und durch Kneten und Waschen zu verkaufsfertiger Butter hergerichtet.

In Nord- und Mitteldeutschland gelangt die Butter zumeist in gesalzenem, in Süddeutschland in ungesalzenem Zustande in den Verkehr. Durch Ausschmelzen der Butter wird das Butterfett von Kasein, Wasser und sonstigen Bestandteilen getrennt, und besonders in Süddeutschland als Butterschmalz in den Handel gebracht.

Sowohl aus süßem, als auch aus saurem Rahm läßt sich gute Butter erzielen. Die aus gesäuertem Rahm bereitete Butter ist meistens haltbarer, während die Süßrahmbutter von manchen Konsumenten vorgezogen wird.

Die Säuerung des Rahmes erfolgt entweder dadurch, daß man den Rahm der natürlichen Reifung oder Gärung überläßt, oder durch

Zusatz von Reinkulturen der Säuerungsbakterien. Das letztgenannte Verfahren hat den Vorzug, daß man die Milch vor der Verarbeitung durch Pasteurisieren keimfrei machen kann. Durch Ansäuren des pasteurisierten Rahmes mit Reinkulturen von Milchsäurebakterien wird alsdann unter Einhaltung gewisser Bedingungen der zur Butterbereitung dienende saure Rahm erhalten. Durch dieses Verfahren wird die Haltbarkeit der Butter bedeutend erhöht, weshalb es zur Herstellung von Dauerbutter verwendet wird.

Zur **Frischhaltung** der Butter wird dieselbe mit Kochsalz versetzt und bei kühler Temperatur gelagert. Von wesentlichem Einfluß auf die Haltbarkeit ist jedoch auch die sorgsame Herstellung der Butter.

Bei eingehenden Versuchen über die Haltbarmachung von Dauerbutter,[1] wie sie für den Schiffsbedarf und den Export benötigt wird, ergab sich, daß die Herstellung derselben am besten durch Verwendung von zweimal bei 94—96° pasteurisiertem und unter Anwendung von Reinkulturen gesäuertem Rahm geschieht. Vor dem zweiten Pasteurisieren wird der Rahm zweckmäßig in verschlossenen sterilisierten Gefäßen bei Zimmertemperatur 24 Stunden zum Auskeimen etwaiger beim ersten Erhitzen nicht abgetöteter Bakterienformen (Sporen) aufbewahrt und alsdann nach dem zweiten Pasteurisieren schnell auf 6—8° abgekühlt und gesäuert. Die Butterung muß bei niederer Temperatur vorgenommen und im ganzen Betriebe peinlichste Sauberkeit beobachtet werden.

Zur Herstellung von 1 kg Butter benötigt man im allgemeinen 25—30 Liter Milch. Diese Schwankung wird in erster Linie durch den Fettgehalt der Milch, dann jedoch auch durch das benutzte Abrahmverfahren bedingt. Am größten ist die Ausbeute beim Abscheiden des Rahmes durch Zentrifugieren und beim Verbuttern des gesäuerten Rahmes.

Die prozentuale **chemische Zusammensetzung** der Butter kann je nach der Bereitungsweise Schwankungen unterliegen, die sich jedoch meistens nur auf den Fett- und Wassergehalt beziehen. Die mittlere Zusammensetzung der Butter ist folgende:

Fett	Wasser	Kasein	Milchzucker	Milchsäure	Mineralstoffe[2]
84,39%	13,59%	0,74%	0,5%	0,12%	0,66%

---

[1] A. Kraus, Untersuchungen über den Einfluß der Herstellung, Verpackung und des Kochsalzgehaltes der Butter auf ihre Haltbarkeit mit besonderer Berücksichtigung des Versands in die Tropen. Arbeit. aus d. Kais. Gesundheitsamt. Bd. XXII, S. 235—292.

[2] Es sind nur Butterproben mit bis zu 2% Kochsalz berücksichtigt.

Bei vergleichenden Untersuchungen[1] über den Unterschied im Wassergehalte der nach verschiedenen Butterungsverfahren gewonnenen Butter fand man, daß Butter

aus süßem Rahm	= 12,96 %
aus saurem Rahm	= 13,27 %
durch Milchbuttern	= 16,44 %
durch Rahmbuttern	= 14,07 %
durch Zentrifugieren des Butterrahmes	= 13,30 %
durch Verkneten des Butterrahmes .	= 13,86 %

Wasser enthielt.

Das Butterfett zeichnet sich durch seinen Gehalt an flüchtigen Fettsäuren aus, denen es sein Aroma verdankt. Neben den in allen tierischen Fetten enthaltenen Glyzeriden der Palmitin-, Stearin- und Ölsäure enthält das Butterfett die Glyzeride der Myristin- und Arachinsäure und besonders die Glyceride der flüchtigen Fettsäuren der Buttersäure, der Kapron-, Kapryl- und Kaprinsäure. Außerdem enthält das Butterfett geringe Mengen Lezithin, Cholesterin und wechselnde Mengen eines gelben Farbstoffes.

Charakteristisch für das Butterfett ist sein Gehalt an flüchtigen Fettsäuren, so daß die Bestimmung der flüchtigen Fettsäuren als Unterscheidungsmerkmal für Butter und andere Speisefette dienen und als Anhaltspunkt für den Nachweis etwaiger Verfälschungen neben anderen analytischen Daten verwertet werden kann. Hierbei unterscheidet man den Gehalt an flüchtigen in Wasser löslichen und an flüchtigen wasserunlöslichen Fettsäuren.

Die **Beschaffenheit** der Butter wird durch die Güte der Milch bzw. des Rahmes sowie durch die Bereitungsweise beeinflußt. Die Butter kommt hauptsächlich als Tafel- oder Streichbutter sowie als Kochbutter in den Handel.

Bei zu langem Aufbewahren oder infolge fehlerhafter Herstellung oder Beschaffenheit und durch Bakterienwirkung fällt die Butter dem Verderben anheim. Diese Abweichungen von der normalen Beschaffenheit machen sich meistens schon durch die äußeren Eigenschaften, durch unangenehmen Geruch und Geschmack kenntlich.

Mangelhaftes Auskneten[2] der Butter, also ungenügende Entfernung der Buttermilch läßt die Butter rascher in Zersetzung übergehen, was sich in chemischer Beziehung besonders in der Zunahme des Gehaltes an freien Fettsäuren äußern kann. Ferner bewirken Aufbewahrung in unreinen Gefäßen, höhere Temperatur, Zutritt von Luft und Licht schnelleres Ranzigwerden der Butter.

---

[1] König a. a. O. S. 684.

[2] Vgl. Vereinbarungen Heft 1, S. 92.

Verdorbensein von Butter wird auch bedingt durch Schimmelbildung sowie von Bakterien- und Hefewucherungen. Auch kann ekelerregender Geschmack einen Beanstandungsgrund darstellen.

Verfälschungen der Butter sind möglich durch absichtliche Erhöhung des Wassergehaltes, die durch Zusatz von Wasser oder nicht genügende Entfernung des Wassers bei der Herstellung[1] bewirkt werden kann, ferner durch Ersatz des Butterfettes durch andere minderwertige Fette pflanzlicher oder tierischer Herkunft z. B. durch Zusatz von Kokosfett oder Margarine oder endlich auch durch Zusätze von Konservierungsmitteln.

Während in früheren Jahren zur Verfälschung von Butter häufiger Fremdfette benutzt wurden, sind die Beanstandungen von Butter aus diesem Grunde dank der Tätigkeit der Nahrungsmittelkontrolle seltener geworden. Wegen zu hohen Wassergehaltes erfolgen jedoch neuerdings sehr zahlreiche Beanstandungen Die Wässerung der Butter stellt bei dem hohen Verkaufspreise der Butter eine schwere wirtschaftliche Schädigung der Konsumenten dar, während anderseits der Fälscher, da Wassergehalte bis zu 30 % beobachtet wurden, sich erhebliche unrechtmäßige Vorteile aneignet. Infolgedessen sind bei in größerem Umfange beobachteten Fälschungen seitens der Gerichte hohe Geldstrafen und in Wiederholungsfällen Freiheitsstrafen erkannt worden.

Für die chemische Untersuchung von Butter sind am 1. April 1898 amtliche Anweisungen erlassen, welche Bestimmungen über die Probenahme und die Ausführung der Untersuchung enthalten.

V. Käse.

Käse ist ein Erzeugnis, das aus Vollmilch oder aus ganz oder teilweise entrahmter Milch sowie aus Rahm durch Abscheidung mittels Labfermentes oder durch entsprechende Säuerung und nachherige sachgemäße Behandlung des ausgefällten Kaseins erhalten wird.[2]

Auch das Albumin der Milch kann zu Käse verarbeitet werden.

Handel, Produktion. Ein erheblicher Teil des Bedarfs an Käse muß im Deutschen Reiche durch die Einfuhr aus dem Auslande, besonders aus den Niederlanden und der Schweiz gedeckt werden.

---

[1] Entsch. d. Reichsger. v. 24./31. Jan. 1888. Rechtspr. X. 66. „Eine Verfälschung kann auch dadurch begangen werden, daß gewisse Bestandteile bei der Herstellung nicht genügend entfernt werden, z. B. Wasser in der Butter, so daß der Effekt derselbe ist, als wenn Butter mit normalem Wassergehalt durch Wasserzusatz verfälscht wird."

[2] Deutsches Nahrungsmittelbuch. 1905. S. 23.

Die Ein- und Ausfuhr an Käse bezifferte sich in den einzelnen näher bezeichneten Jahren wie folgt:

Jahr		Einfuhr		Ausfuhr	
		Tonnen	Millionen Mark	Tonnen	Millionen Mark
1880		4 111	4,9	4 342	5,2
1890		8 835	12,6	1 485	1,7
1900		16 645	21,4	1 166	1,0
1905		20 276	27,9	1 204	1,2
1907	Hartkäse	18 394	25,4	279	0,4
	Weichkäse	1 909	2,8	1 033	0,9
1908	Hartkäse	18 929	26,2	584	0,8
	Weichkäse	1 795	3,1	949	0,8

Im Jahre 1908 lieferten die Niederlande für 15,2, die Schweiz für 9,6 Millionen Mark Hartkäse nach Deutschland.

Die Käseproduktion ist besonders umfangreich im Allgäu. Im Jahre 1893 schätzte man[1] die Menge der hier gewonnenen Käse auf rund 44 Millionen kg. Außer im Allgäu werden bessere Käsesorten in größeren Mengen in den Provinzen Ost- und Westpreußen sowie in der Rheinprovinz hergestellt. Im allgemeinen ist jedoch die Käserei bezüglich des Umfangs der Produktion in Deutschland noch größerer Ausdehnung fähig.

Der jährliche Käsekonsum ist in größeren Städten auf 3,6 bis 7,2 kg auf den Kopf der Bevölkerung geschätzt worden, ein Verbrauch, der mit Rücksicht auf den hohen Nährwert und die Preiswürdigkeit des Käses gering ist.[2]

Für die **Beaufsichtigung** des Verkehrs mit Käse ist maßgebend, daß unter Käse nur Milchfett-Käse zu verstehen ist, während alle diejenigen käseartigen Zubereitungen, deren Fettgehalt nicht ausschließlich der Milch entstammt, als Margarinekäse im Sinne des Gesetzes betreffend den Verkehr mit Butter, Käse, Schmalz und deren Ersatzmitteln[3] zu betrachten und im Handel entsprechend kenntlich zu machen sind. Zur Verpackung von Käse dürfen wegen der etwaigen Gesundheitsschädlichkeit nach dem Reichsgesetz vom 25. Juni 1887[4] Metallfolien (Stanniol), die in 100 Gewichtsteilen mehr als einen Gewichtsteil Blei enthalten, nicht verwendet werden.

Im übrigen haben die allgemeinen Bestimmungen des Nahrungsmittelgesetzes Geltung.

---

[1] Fleischmann, Lehrbuch der Milchwirtschaft. Leipzig 1901. S. 409.
[2] König a. a. O. Bd. 2, S. 728.
[3] Vgl. S. 69. [4] Vgl. Anhang.

Die **Käsebereitung** besteht in der Abscheidung des Kaseins der Milch durch Einwirkung des Labfermentes, oder durch natürliche Säuerung und in der Umwandlung der auf die eine oder andere Weise erhaltenen rohen Käsemasse durch den Reifeprozeß zu verbrauchsfertigem Käse.

Je nachdem man Voll- oder Magermilch zur Käsebereitung verwendet und je nach der Verschiedenheit der Kaseinausscheidung, der weiteren Verarbeitung und des Reifenlassens werden zahlreiche und sehr verschiedenartige Käsesorten gewonnen.

Nach dem Grade der Entrahmung des verwendeten Rohmaterials unterscheidet man[1]:

Rahmkäse, zu deren Herstellung Rahm oder ein Gemisch von Rahm mit Vollmilch dient,

vollfette Käse aus Vollmilch,

halbfette Käse, welche aus einem Gemisch von Vollmilch und Magermilch und endlich

Magerkäse, die aus Magermilch

hergestellt werden. Zwischen diesen Hauptgruppen gibt es zahlreiche Übergangsformen.

Nach der Gewinnungsweise kann man die Käse als Labkäse und Sauermilchkäse unterscheiden.

Zur Bereitung des Labkäses wird die süße Milch nach gelindem Erwärmen mit Labflüssigkeit, die als wirksame Bestandteile die Labfermente enthält und aus Kälbermagen gewonnen wird, versetzt, wodurch das Kasein nach einiger Zeit in den geronnenen Zustand übergeht. Das ausgeschiedene Kasein schließt alles in der Milch enthaltene Fett sowie einen Teil des Milchzuckers mit ein. Die geronnene Masse, der Käsebruch, wird alsdann ausgeknetet und durch allmähliches Pressen von der Molke befreit. Je nachdem man Hartkäse oder Weichkäse erzeugen will, wird die Käsemasse in besonderen Formen einer stärkeren oder schwächeren Pressung unterworfen. Das Salzen der Käse erfolgt meistens entweder durch Zusatz von Salz zum Bruch vor dem endgültigen Formen oder durch Einlegen der geformten Käse in gesättigte Kochsalzlösungen. Nach dem Trocknen gelangen die Käse zum Reifen in den Käsekeller. Die Reifung selbst erfolgt durch die eigenartige Wirkung gewisser Mikroorganismen und Fermente, die im Käse eine Reihe von chemischen und biologischen Vorgängen hervorrufen. Da die einzelnen Käsearten ihre besondere Eigentümlichkeit der Wirkung besonderer Bakterien und Pilzarten verdanken, so ist man in der Lage, die Reifungsvorgänge in bestimmte Bahnen zu lenken; auch kann man durch

[1] Vgl. Neufeld a. a. O. S. 94.

Regulierung der Temperatur, der Feuchtigkeit, der Luftzufuhr und der Reifungsdauer die Beschaffenheit der erzeugten Käse beeinflussen.

Bei der Darstellung der Käse aus saurer Milch wird die Ausscheidung des Kaseins aus der freiwillig gesäuerten oder geronnenen Milch durch Erwärmen unterstützt. Durch das Erwärmen wird eine festere Vereinigung des feinflockigen Kaseins bewirkt. Der Sauermilchkäse wird entweder im frischen Zustande als weißer Käse oder Quark verzehrt oder nach dem Salzen gleichfalls einer Reifung unterworfen. Bei den aus saurer Milch hergestellten Käsen überwuchert die Entwickelung der Milchsäurebakterien alle anderen Mikroorganismen jedoch derart, daß er sich weniger zur Herstellung feinerer Käsesorten eignet.

Zu den Labkäsen gehören z. B. Holländer, Schweizer, Allgäuer, Tilsiter, Camembert, Gervaiskäse usw. Sauermilchkäse sind Kümmelkäse, Mainzer-, Harzerkäse u. a.

Aus den bei der Labkäserei zurückbleibenden Molken kann durch Ansäuren und Erhitzen der Molkenkäse abgeschieden werden, der hauptsächlich aus Albumin besteht und auch als Zigerkäse bezeichnet wird.

Was die Ausbeute anbelangt, so erhält man je nach der Bereitungsweise aus 9—14 Liter Milch 1 kg Käse.

Von den **chemischen Bestandteilen** des Käses ist das Fett besonders wichtig, da es den Wohlgeschmack und den Nähr- und Handelswert des Käses erheblich beeinflußt. Im Vollmilchkäse ist der Fettgehalt stets höher als der Stickstoffsubstanzgehalt, wie überhaupt die prozentuale chemische Zusammensetzung nach der Herstellungsweise sehr verschieden ist.

J. König gibt für die einzelnen Käsearten folgende mittlere Zusammensetzung an:

	Wasser	Stickstoffsubstanz	Fett	Mineralstoffe
Rahmkäse . .	36,31 %	18,84 %	40,71 %	3,10 %
Fettkäse . .	38,00 „	25,35 „	30,25 „	4,97 „
Halbfettkäse .	39,77 „	29,67 „	23,95 „	4,73 „
Magerkäse .	46,00 „	34,06 „	11,65 „	4,87 „

Die im Käse nach dem Reifeprozeß enthaltenen chemischen Bestandteile sind im wesentlichen: Kasein, Kaseoglutin, Albumosen, Peptone, Amidosäuren, Ammoniak, Milchsäure, Buttersäure und andere flüchtige Fettsäuren.

Von **Käsefehlern** oder Käsekrankheiten sind das Blähen des Käses, das Bitterwerden, die Blaufärbung sowie das Rot- und Schwarzwerden auf die Entwickelung gewisser Mikroorganismen zurückzuführen. Fehlerhafte Beschaffenheit kann auch durch Reifungsfehler verursacht sein, wie z. B. das Weißschmierigsein der Käse, das Spalten der Rinde; Fehler, die durch zu kalte oder feuchte Lagerung, oder durch zu trockene Luft verursacht sein können. Überhaupt gestaltet sich die Käsebereitung weit schwieriger als z. B. die Buttergewinnung, da zahlreiche Nebenumstände zu berücksichtigen sind.

Verfälschungen von Käsen und Unterschiebungen von Käseersatzmitteln werden verhältnismäßig selten beobachtet. Häufiger jedoch erfolgt ein Verkauf von mageren oder halbfetten Käsen anstatt Fettkäsen. Dieser Verkauf von geringwertigeren Produkten an Stelle von Fettkäse verstößt gegen § 263 des Strafgesetzbuches.

Die Fabrikation der Käseersatzmittel, der Kunst- oder Margarinekäse, hat einen größeren Umfang noch nicht angenommen. Der Preisunterschied dieser Käseersatzmittel gegenüber dem Milchfettkäse ist gering, worunter der Absatz der Ersatzmittel leidet; Margarinekäse muß im Handel den Bestimmungen des Reichsgesetzes vom 15. Juni 1897 entsprechend gekennzeichnet werden, um etwaigem unlauteren Wettbewerbe vorzubeugen.

Für die Untersuchung des Käses sind gleichzeitig mit den Untersuchungsvorschriften für Butter amtliche Anweisungen erlassen worden.

VI. Speisefette und Öle.

Als Speisefette und Öle bezeichnen wir eine Reihe von tierischen und pflanzlichen Fetten, die zahlreiche gemeinsame Eigenschaften bezüglich ihres physikalischen und chemischen Verhaltens, große Ähnlichkeit in ihrer Verwendung und ihren Gewinnungsverfahren sowie auch hinsichtlich ihrer Bedeutung für die menschliche Ernährung einerseits und für Industrie und Handel andrerseits besitzen.

Während uns das Tierreich neben dem Milchfett die Talgarten, das Schweineschmalz und die sonstigen animalischen Fette liefert, besitzen von pflanzlichen Fetten und Ölen z. B. das Kokosfett, das Olivenöl, Sesamöl usw. größere Bedeutung für den Konsum und Handel.

Produktion, Handel. Die Nahrungsmittelgewerbe befassen sich mit der Gewinnung der animalischen und vegetabilischen Fette und Öle, mit der Herstellung der verschiedenen Reinigungsprodukte aus diesen Rohwaren und endlich mit der Fabrikation von Ersatzmitteln der Naturprodukte, z. B. der Fabrikation von Kunstbutter und Kunstspeisefetten. Der Umfang und die Bedeutung dieser Gewerbe erhellt zum Teil aus der Statistik über die Zahl der einschlägigen Gewerbe- und Handelsbetriebe sowie über die Zahl der innerhalb dieser Betriebsstätten tätigen

Personen.[1] Über den Umfang der Ein- und Ausfuhr einschlägiger Erzeugnisse und einiger Rohmaterialien gibt die nachstehende Übersicht Auskunft:

	Jahr	Einfuhr		Ausfuhr	
		Tonnen	Millionen Mark	Tonnen	Millionen Mark
Talg von Rindern u. Schafen	1905	26 671	15,5	690	0,4
	1907	21 664	13,6	443	0,3
	1908	16 356	9,5	664	0,4
Premier jus	1907	5 951	5,7	20	0,0
	1908	5 613	5,4	98	0,1
Oleomargarin	1905	23 863	22,6	24	0,0
	1907	31 530	30,0	—	—
	1908	23 199	24,8	—	—
Schweineschmalz	1905	115 608	86,1	65	0,1
	1907	104 805	94,3	37	0,0
	1908	108 702	99,0	44	0,0
Baumöl, rein	1907	4 858	3,7	708	0,5
	1908	5 798	5,1	755	0,6
Baumwollsamenöl . . .	1907	52 771	27,5	—	—
	1908	44 069	18,1	—	—
Kokosnußöl	1907	4 252	2,6	3957	3,1
	1908	5 419	2,6	6806	4,2
Erdnüsse	1907	25 050	6,1	208	0,0
	1908	23 619	6,0	21	0,0
Kopra	1907	49 785	23,5	1343	0,6
	1908	83 669	30,2	1018	0,4
Sesam	1907	66 825	20,5	3	0,0
	1908	72 969	25,3	11	0,0
Rübsen, Raps	1907	156 737	43,5	4291	1,4
	1908	69 754	18,5	6213	1,8
Mohn	1907	36 268	11,6	98	0,0
	1908	22 761	7,6	27	0,0

Der Bedarf an ausländischen Erzeugnissen ist daher bedeutend, die Ausfuhr gering.

Der Konsum an Fetten und Ölen wurde im Deutschen Reiche für das Jahr 1907 auf insgesamt 48 Pfund pro Kopf und Jahr geschätzt.[2] Dieser Verbrauch verteilte sich folgendermaßen:

33 Pfund inländische Butter,
$1\frac{2}{3}$ „ ausländische Butter,
$3\frac{2}{6}$ „ amerikanisches Schmalz,
$3\frac{1}{6}$ „ Margarine,
7 „ verschiedene Fette und Öle.

[1] Vgl. die Zusammenstellungen auf S. 2 u. 4.
[2] Monatsschrift f. d. Marg.-Industrie 1908, S. 4.

Die **Beaufsichtigung des Verkehrs** mit Speisefetten und -ölen erfolgt nach den allgemeinen Bestimmungen des Nahrungsmittelgesetzes. Für tierische Fette kommt außerdem das folgende, besonders den Verkehr mit Margarine und Kunstspeisefetten regelnde Gesetz sowie das Schlachtvieh- und Fleischbeschaugesetz in Betracht.

Gesetz, betr. den Verkehr mit Butter, Käse, Schmalz, und deren Ersatzmitteln.
Vom 15. Juni 1897.

§ 1. Die Geschäftsräume und sonstigen Verkaufsstellen, einschließlich der Marktstände, in denen Margarine, Margarinekäse oder Kunstspeisefett gewerbsmäßig verkauft oder feilgehalten wird, müssen an in die Augen fallender Stelle die deutliche, nicht verwischbare Inschrift „Verkauf von Margarine", „Verkauf von Margarinekäse", „Verkauf von Kunstspeisefett" tragen.

Margarine im Sinne dieses Gesetzes sind diejenigen, der Milchbutter oder dem Butterschmalz ähnlichen Zubereitungen, deren Fettgehalt nicht ausschließlich der Milch entstammt.

Margarinekäse im Sinne dieses Gesetzes sind diejenigen käseartigen Zubereitungen, deren Fettgehalt nicht ausschließlich der Milch entstammt.

Kunstspeisefett im Sinne dieses Gesetzes sind diejenigen, dem Schweineschmalz ähnlichen Zubereitungen, deren Fettgehalt nicht ausschließlich aus Schweinefett besteht. Ausgenommen sind unverfälschte Fette bestimmter Tier- oder Pflanzenarten, welche unter den ihrem Ursprung entsprechenden Bezeichnungen in den Verkehr gebracht werden.

§ 2. Die Gefäße und äußeren Umhüllungen, in welchen Margarine, Margarinekäse oder Kunstspeisefett gewerbsmäßig verkauft oder feilgehalten wird, müssen an in die Augen fallenden Stellen die deutliche, nicht verwischbare Inschrift „Margarine", „Margarinekäse", „Kunstspeisefett" tragen. Die Gefäße müssen außerdem mit einem stets sichtbaren, bandförmigen Streifen von roter Farbe versehen sein, welcher bei Gefäßen bis zu 35 cm Höhe mindestens 2 cm bei höheren Gefäßen mindestens 5 cm breit sein muß.

Wird Margarine, Margarinekäse oder Kunstspeisefett in ganzen Gebinden oder Kisten gewerbsmäßig verkauft oder feilgehalten, so hat die Inschrift außerdem den Namen oder die Firma des Fabrikanten, sowie die von dem Fabrikanten zur Kennzeichnung der Beschaffenheit seiner Erzeugnisse angewendeten Zeichen (Fabrikmarke) zu enthalten.

Im gewerbsmäßigen Einzelverkaufe müssen Margarine, Margarinekäse und Kunstspeisefett an den Käufer in einer Umhüllung abgegeben werden, auf welcher die Inschrift „Margarine", „Margarinekäse", „Kunstspeisefett" mit dem Namen oder der Firma des Verkäufers angebracht ist.

Wird Margarine oder Margarinekäse in regelmäßig geformten Stücken gewerbsmäßig verkauft oder feilgehalten, so müssen dieselben von Würfelform sein, auch muß denselben die Inschrift „Margarine", „Margarinekäse" eingepreßt sein.

§ 3. Die Vermischung von Butter oder Butterschmalz mit Margarine oder anderen Speisefetten zum Zwecke des Handels mit diesen Mischungen ist verboten.

Unter diese Bestimmung fällt auch die Verwendung von Milch oder Rahm bei der gewerbsmäßigen Herstellung von Margarine, sofern mehr als 100 Gewichtsteile Milch oder eine dementsprechende Menge Rahm auf

100 Gewichtsteile der nicht der Milch entstammenden Fette in Anwendung kommen.

§ 4. In Räumen, woselbst Butter oder Butterschmalz gewerbsmäßig hergestellt, aufbewahrt, verpackt oder feilgehalten wird, ist die Herstellung, Aufbewahrung, Verpackung oder das Feilhalten von Margarine oder Kunstspeisefett verboten. Ebenso ist in Räumen, woselbst Käse gewerbsmäßig hergestellt, aufbewahrt, verpackt oder feilgehalten wird, die Herstellung, Aufbewahrung, Verpackung oder das Feilhalten von Margarinekäse untersagt.

In Orten, welche nach dem endgültigen Ergebnisse der letztmaligen Volkszählung weniger als 5000 Einwohner hatten, findet die Bestimmung des vorstehenden Absatzes auf den Kleinhandel und das Aufbewahren der für den Kleinhandel erforderlichen Bedarfsmengen in öffentlichen Verkaufsstätten, sowie auf das Verpacken der daselbst im Kleinhandel zum Verkaufe gelangenden Waren keine Anwendung. Jedoch müssen Margarine, Margarinekäse und Kunstspeisefett innerhalb der Verkaufsräume in besonderen Vorratsgefäßen und an besonderen Lagerstellen, welche von den zur Aufbewahrung von Butter, Butterschmalz und Käse dienenden Lagerstellen getrennt sind, aufbewahrt werden.

Für Orte, deren Einwohnerzahl erst nach dem endgültigen Ergebnis einer späteren Volkszählung die angegebene Grenze überschreitet, wird der Zeitpunkt, von welchem ab die Vorschrift des zweiten Absatzes nicht mehr Anwendung findet, durch die nach Anordnung der Landes-Zentralbehörde zuständigen Verwaltungsstellen bestimmt. Mit Genehmigung der Landes-Zentralbehörde können diese Verwaltungsstellen bestimmen, daß die Vorschrift des zweiten Absatzes von einem bestimmten Zeitpunkt ab ausnahmsweise in einzelnen Orten mit weniger als 5000 Einwohnern nicht Anwendung findet, sofern der unmittelbare räumliche Zusammenhang mit einer Ortschaft von mehr als 5000 Einwohnern ein Bedürfnis hierfür begründet.

Die auf Grund des dritten Absatzes ergehenden Bestimmungen sind mindestens sechs Monate vor dem Eintritte des darin bezeichneten Zeitpunktes öffentlich bekannt zu machen.

§ 5. In öffentlichen Angeboten, sowie in Schlußscheinen, Rechnungen, Frachtbriefen, Konnossementen, Lagerscheinen, Ladescheinen und sonstigen im Handelsverkehr üblichen Schriftstücken, welche sich auf die Lieferung von Margarine, Margarinekäse oder Kunstspeisefett beziehen, müssen die diesem Gesetz entsprechenden Warenbezeichnungen angewendet werden.

§ 6. Margarine und Margarinekäse, welche zu Handelszwecken bestimmt sind, müssen einen die allgemeine Erkennbarkeit der Ware mittels chemischer Untersuchung erleichternden, Beschaffenheit und Farbe derselben nicht schädigenden Zusatz enthalten.

Die näheren Bestimmungen hierüber werden vom Bundesrat erlassen und im Reichs-Gesetzblatte veröffentlicht.

§ 7. Wer Margarine, Margarinekäse oder Kunstspeisefett gewerbsmäßig herstellen will, hat davon der nach den landesrechtlichen Bestimmungen zuständigen Behörde Anzeige zu erstatten, hierbei auch die für die Herstellung, Aufbewahrung, Verpackung und Feilhaltung der Waren dauernd bestimmten Räume zu bezeichnen und die etwa bestellten Betriebsleiter und Aufsichtspersonen namhaft zu machen.

Für bereits bestehende Betriebe ist eine entsprechende Anzeige binnen zwei Monaten nach Inkrafttreten dieses Gesetzes zu erstatten.

Veränderungen bezüglich der der Anzeigepflicht unterliegenden Räume und Personen sind nach Maßgabe der Bestimmung des Absatzes 1 der zuständigen Behörde binnen drei Tagen anzuzeigen.

§ 8. Die Beamten der Polizei und die von der Polizeibehörde beauftragten Sachverständigen sind befugt, in die Räume, in denen Butter, Margarine, Margarinekäse oder Kunstspeisefett gewerbsmäßig hergestellt wird, jederzeit, in die Räume, in denen Butter, Margarine, Margarinekäse oder Kunstspeisefett aufbewahrt, feilgehalten oder verpackt wird, während der Geschäftszeit einzutreten und daselbst Revisionen vorzunehmen, auch nach ihrer Auswahl Proben zum Zwecke der Untersuchung gegen Empfangsbescheinigung zu entnehmen. Auf Verlangen ist ein Teil der Probe amtlich verschlossen oder versiegelt zurückzulassen und für die entnommene Probe eine angemessene Entschädigung zu leisten.

§ 9. Die Unternehmer von Betrieben, in denen Margarine, Margarinekäse oder Kunstspeisefett gewerbsmaßig hergestellt wird, sowie die von ihnen bestellten Betriebsleiter und Aufsichtspersonen sind verpflichtet, der Polizeibehörde oder deren Beauftragten auf Erfordern Auskunft über das Verfahren bei Herstellung der Erzeugnisse, über den Umfang des Betriebs und über die zur Verarbeitung gelangenden Rohstoffe, insbesondere auch über deren Menge und Herkunft zu erteilen.

§ 10. Die Beauftragten der Polizeibehörde sind, vorbehaltlich der dienstlichen Berichterstattung und der Anzeige von Gesetzwidrigkeiten, verpflichtet, über die Tatsachen und Einrichtungen, welche durch die Überwachung und Kontrolle der Betriebe zu ihrer Kenntnis kommen, Verschwiegenheit zu beobachten und sich der Mitteilung und Nachahmung der von den Betriebsunternehmern geheim gehaltenen, zu ihrer Kenntnis gelangten Betriebseinrichtungen und Betriebsweisen, so lange als diese Betriebsgeheimnisse sind, zu enthalten.

Die Beauftragten der Polizeibehörde sind hierauf zu beeidigen.

§ 11. Der Bundesrat ist ermächtigt, das gewerbsmäßige Verkaufen und Feilhalten von Butter, deren Fettgehalt nicht eine bestimmte Grenze erreicht oder deren Wasser- oder Salzgehalt eine bestimmte Grenze überschreitet, zu verbieten.

§ 12. Der Bundesrat ist ermächtigt,

1. nähere, im Reichs-Gesetzblatte zu veröffentlichende Bestimmungen zur Ausführung der Vorschriften des § 2 zu erlassen,
2. Grundsätze aufzustellen, nach welchen die zur Durchführung dieses Gesetzes, sowie des Gesetzes vom 14. Mai 1879, betreffend den Verkehr mit Nahrungsmitteln, Genußmitteln und Gebrauchsgegenständen (Reichs-Gesetzbl. S. 145), erforderlichen Untersuchungen von Fetten und Käsen vorzunehmen sind.

§ 13. Die Vorschriften dieses Gesetzes finden auf solche Erzeugnisse der im § 1 bezeichneten Art, welche zum Genusse für Menschen nicht bestimmt sind, keine Anwendung.

§ 14. Mit Gefängnis bis zu sechs Monaten und mit Geldstrafe bis zu eintausendfünfhundert Mark oder mit einer dieser Strafen wird bestraft:

1. wer zum Zwecke der Täuschung im Handel und Verkehr eine der nach § 3 unzulässigen Mischungen herstellt;
2. wer in Ausübung eines Gewerbes wissentlich solche Mischungen verkauft, feilhält oder sonst in Verkehr bringt;
3. wer Margarine oder Margarinekäse ohne den nach § 6 erforderlichen Zusatz vorsätzlich herstellt oder wissentlich verkauft, feilhält oder sonst in Verkehr bringt.

Im Wiederholungsfalle tritt Gefängnisstrafe bis zu sechs Monaten ein, neben welcher auf Geldstrafe bis zu eintausendfünfhundert Mark erkannt werden kann; diese Bestimmung findet nicht Anwendung, wenn seit dem Zeitpunkt, in welchem die für die frühere Zuwiderhandlung erkannte Strafe verbüßt oder erlassen ist, drei Jahre verflossen sind.

§ 15. Mit Geldstrafe bis zu eintausendfünfhundert Mark oder mit Gefängnis bis zu drei Monaten wird bestraft, wer als Beauftragter der Polizeibehörde unbefugt Betriebsgeheimnisse, welche kraft seines Auftrags zu seiner Kenntnis gekommen sind, offenbart, oder geheimgehaltene Betriebseinrichtungen oder Betriebsweisen, von denen er kraft seines Auftrags Kenntnis erlangt hat, nachahmt, solange dieselben noch Betriebsgeheimnisse sind.

Die Verfolgung tritt nur auf Antrag des Betriebsunternehmers ein.

§ 16. Mit Geldstrafe von fünfzig bis zu einhundertfünfzig Mark oder mit Haft wird bestraft:

1. wer den Vorschriften des § 8 zuwider den Eintritt in die Räume, die Entnahme einer Probe oder die Revision verweigert;
2. wer die in Gemäßheit des § 9 von ihm erforderte Auskunft nicht erteilt oder bei der Auskunftserteilung wissentlich unwahre Angaben macht.

§ 17. Mit Geldstrafe bis zu einhundertfünfzig Mark oder mit Haft bis zu vier Wochen wird bestraft:

1. wer den Vorschriften des § 7 zuwiderhandelt;
2. wer bei der nach § 9 von ihm erforderten Auskunfserteilung aus Fahrlässigkeit unwahre Angaben macht.

§ 18. Außer den Fällen der §§ 14 bis 17 werden Zuwiderhandlungen gegen die Vorschriften dieses Gesetzes sowie gegen die in Gemäßheit der §§ 11 und 12 Ziffer 1 ergehenden Bestimmungen des Bundesrats mit Geldstrafe bis zu einhundertfünfzig Mark oder mit Haft bestraft.

Im Wiederholungsfalle ist auf Geldstrafe bis zu sechshundert Mark, oder auf Haft, oder auf Gefängnis bis zu drei Monaten zu erkennen. Diese Bestimmung findet keine Anwendung, wenn seit dem Zeitpunkt, in welchem die für die frühere Zuwiderhandlung erkannte Strafe verbüßt oder erlassen ist, drei Jahre verflossen sind.

§ 19. In den Fällen der §§ 14 und 18 kann neben der Strafe auf Einziehung der verbotswidrig hergestellten, verkauften, feilgehaltenen oder sonst in Verkehr gebrachten Gegenstände erkannt werden, ohne Unterschied, ob sie dem Verurteilten gehören oder nicht.

Ist die Verfolgung oder Verurteilung einer bestimmten Person nicht ausführbar, so kann auf die Einziehung selbständig erkannt werden.

§ 20. Die Vorschriften des Gesetzes, betreffend den Verkehr mit Nahrungsmitteln, Genußmitteln und Gebrauchsgegenständen vom 14. Mai 1879 (Reichs-Gesetzbl. S. 145) bleiben unberührt. Die Vorschriften in den §§ 16, 17 desselben finden auch bei Zuwiderhandlungen gegen die Vorschriften des gegenwärtigen Gesetzes mit der Maßgabe Anwendung, daß in den Fällen des § 14 die öffentliche Bekanntmachung der Verurteilung angeordnet werden muß.

§ 21. Die Bestimmungen des § 4 treten mit dem 1. April 1898 in Kraft.

Im übrigen tritt dieses Gesetz am 1. Oktober 1897 in Kraft. Mit diesem Zeitpunkte tritt das Gesetz, betreffend den Verkehr mit Ersatzmitteln für Butter, vom 12. Juli 1887 (Reichs-Gesetzbl. S. 375) außer Kraft.

Zur Ausführung der Vorschriften in § 2 und § 6 Abs. 1 des vorstehenden Gesetzes hat der Bundesrat in Gemäßheit des § 12 Nr. 1 und § 6 Abs. 2 die nachfolgenden Bestimmungen beschlossen:

Bekanntmachung, betr. Bestimmungen zur Ausführung des Gesetzes über den Verkehr mit Butter, Käse, Schmalz und deren Ersatzmitteln.
Vom 4. Juli 1897.

1. Um die Erkennbarkeit von Margarine und Margarinekäse, welche zu Handelszwecken bestimmt sind, zu erleichtern (§ 6 des Gesetzes, betreffend den Verkehr mit Butter, Käse, Schmalz und deren Ersatzmitteln, vom 15. Juni 1897), ist den bei der Fabrikation zur Verwendung kommenden Fetten und Ölen Sesamöl zuzusetzen. In 100 Gewichtsteilen der angewandten Fette und Öle muß die Zusatzmenge bei Margarine mindestens 10 Gewichtsteile, bei Margarinekäse mindestens 5 Gewichtsteile Sesamöl betragen.
   Der Zusatz des Sesamöls hat bei dem Vermischen der Fette vor der weiteren Fabrikation zu erfolgen.
2. Das nach Nr. 1 zuzusetzende Sesamöl muß folgende Reaktion zeigen:
   Wird ein Gemisch von 0,5 Raumteilen Sesamöl und 99,5 Raumteilen Baumwollsamenöl oder Erdnußöl mit 100 Raumteilen rauchender Salzsäure vom spezifischen Gewicht 1,19 und einigen Tropfen einer 2prozentigen alkoholischen Lösung von Furfurol geschüttelt, so muß die unter der Ölschicht sich absetzende Salzsäure eine deutliche Rotfärbung annehmen.
   Das zu dieser Reaktion dienende Furfurol muß farblos sein.
3. Für die vorgeschriebene Bezeichnung der Gefäße und äußeren Umhüllungen, in welchen Margarine, Margarinekäse oder Kunstspeisefett gewerbsmäßig verkauft oder feilgehalten wird (§ 2 Abs. 1 des Gesetzes), sind die anliegenden Muster mit der Maßgabe zum Vorbilde zu nehmen, daß die Länge der die Inschrift umgebenden Einrahmung nicht mehr als das Siebenfache der Höhe, sowie nicht weniger als 30 cm und nicht mehr als 50 cm betragen darf. Bei runden oder länglich runden Gefäßen, deren Deckel einen größten Durchmesser von weniger als 35 cm hat, darf die Länge der die Inschrift umgebenden Einrahmung bis auf 15 cm ermäßigt werden.
4. Der bandförmige Streifen von roter Farbe in einer Breite von mindestens 2 cm bei Gefäßen bis zu 35 cm Höhe und in einer Breite von mindestens 5 cm bei Gefäßen von größerer Höhe (§ 2 Abs. 1 des Gesetzes) ist parallel zur unteren Randfläche und mindestens 3 cm von dem oberen Rande entfernt anzubringen. Der Streifen muß sich oberhalb der unter Nr. 3 bezeichneten Inschrift befinden und ohne Unterbrechung um das ganze Gefäß gezogen sein. Derselbe darf die Inschrift und deren Umrahmung nicht berühren und auf den das Gefäß umgebenden Reifen oder Leisten nicht angebracht sein.
5. Der Name oder die Firma des Fabrikanten, sowie die Fabrikmarke (§ 2 Abs. 2 des Gesetzes) sind unmittelbar über, unter oder neben der in Nr. 3 bezeichneten Inschrift anzubringen, ohne daß sie den in Nr. 4 erwähnten roten Streifen berühren.
6. Die Anbringung der Inschriften und der Fabrikmarke (Nr. 3 und 5) erfolgt durch Einbrennen oder Ausmalen. Werden die Inschriften aufgemalt, so

sind sie auf weißem oder hellgelbem Untergrunde mit schwarzer Farbe herzustellen. Die Anbringung des roten Streifens (Nr. 4) geschieht durch Aufmalen. Bis zum 1. Januar 1898 ist es gestattet, die Inschrift „Margarinekäse", „Kunstspeisefett", die Fabrikmarke und den roten Streifen auch mittels Aufkleben von Zetteln oder Bändern anzubringen.

7. Die Inschriften und die Fabrikmarke (Nr. 3 und 5) sind auf den Seitenwänden des Gefäßes an mindestens zwei sich gegenüberliegenden Stellen, falls das Gefäß einen Deckel hat, auch auf der oberen Seite des letzteren, bei Fässern auch auf beiden Böden anzubringen.

8. Für die Bezeichnung der würfelförmigen Stücke (§ 2 Abs. 4 des Gesetzes) sind ebenfalls die anliegenden Muster zum Vorbilde zu nehmen. Es findet jedoch eine Beschränkung hinsichtlich der Größe (Länge und Höhe) der Einrahmung nicht statt. Auch darf das Wort „Margarine" in zwei, das Wort „Margarinekäse" in drei untereinander zu setzende, durch Bindestriche zu verbindende Teile getrennt werden.

9. Auf die beim Einzelverkaufe von Margarine, Margarinekäse und Kunstspeisefett verwendeten Umhüllungen (§ 2 Abs. 3 des Gesetzes) findet die Bestimmung unter Nr. 3 Satz 1 mit der Maßgabe Anwendung, daß die Länge der die Inschrift umgebenden Einrahmung nicht weniger als 15 cm betragen darf. Der Name oder die Firma des Verkäufers ist unmittelbar über, unter oder neben der Inschrift anzubringen.

Die von warmblütigen Tieren gewonnenen Fette sind gemäß § 4 des Reichsgesetzes vom 3. Juni 1900 als Teile des Fleisches im Sinne des Fleischbeschaugesetzes anzusehen, so daß für Schweineschmalz, Oleomargarin, Margarine, Kunstspeisefette und sonstige Fette warmblütiger Tiere mit Ausnahme der Butter die einschlägigen Bestimmungen dieses Gesetzes, insbesondere auch das Verbot der Verwendung von Konservierungsmitteln und Farbstoffen[1] Geltung besitzen.

Auch die aus dem Auslande eingeführten tierischen Fette unterliegen infolgedessen bei der Einfuhr einer eingehenden Untersuchung auf Genußtauglichkeit durch die hierfür zuständigen chemischen Untersuchungsstellen.[2] Durch diese Kontrolle soll nicht nur der inländische Konsument, sondern auch der inländische Handel und die Industrie vor dem Bezuge minderwertiger oder verfälschter Erzeugnisse geschützt werden. Auch übt diese Beschau insofern eine nicht zu unterschätzende vorbeugende Wirkung aus, als bei dem Versuche der Einfuhr minderwertiger oder verfälschter Fette unreelle ausländische Gewerbetreibende sich der Gefahr der Zurückweisung ihrer Waren von der Einfuhr nach Deutschland aussetzen.

Der Auslandsfettbeschau unterzogen wurden im Jahre 1907 z. B. folgende Waren:

---

[1] Vgl. Anmerkung S. 42.
[2] Vgl. S. 39.

	Einfuhr	Davon beanstandet
Zubereitete Fette	1 566 317,6 dz.	4826,4 dz.
a) Schweineschmalz	1 109 727,2 „	1506,5 „
b) Oleomargarin	286 201,9 „	411,5 „
c) Margarine	308,0 „	46,2 „
d) Kunstspeisefette	5 300,6 „	12,5 „
e) Sonstiges Fett warmblütiger Tiere	164 779,9 „	2849,6 „

Die **Herstellung und Gewinnung** der animalischen und vegetabilischen Fette und Öle gestaltet sich verschiedenartig.

Ein wichtiges Rohmaterial der Fettindustrie ist das Rindsfett oder der **Rindstalg**, welcher beim Aufbrechen der Schlachttiere gewonnen wird. Besonders bei gemästeten Tieren lagern sich größere Mengen von Fett an bestimmten Körperteilen ab. Da dieses Talgfett in häutigen Zellgeweben eingeschlossen ist, so muß das Fettzellgewebe vor der Gewinnung des Talges mechanisch zerkleinert werden. Die zerkleinerte Masse wird alsdann zum Ausschmelzen des Fettes erwärmt, wobei zur Erzielung einer guten Ware das Ausschmelzen bei geringer Temperatur in mit Dampf geheizten Kesseln vorgenommen wird. Das abgepreßte Fett wird vielfach mit Kochsalz und Wasser versetzt und durch Behandeln mit Wasserdampf und späteres Absetzenlassen geläutert. Den gereinigten Talg bezeichnet man als „Premier jus“. Dieser gereinigte Talg, welcher hauptsächlich aus den Triglyzeriden der Stearin-, Palmitin- und Ölsäure besteht, wird zur weiteren Verarbeitung bei ungefähr 30° der Kristallisation überlassen. Hierbei scheidet sich ein großer Teil der festen Bestandteile, des Tristearins und Tripalmitins kristallinisch aus und kann von den flüssig gebliebenen Anteilen, die ein Gemenge von flüssigem Triolein und wenig festen Glyzeriden darstellen, durch Pressen getrennt werden. Den Preßrückstand bezeichnet man als Preßtalg, das abgepreßte leicht schmelzende Oleomargarin bildet das Ausgangsmaterial für die Margarinefabrikation und als solches einen wichtigen Handelsartikel.

Aus dem gereinigten Talg gewinnt man etwa 50—60 Prozent Oleomargarin mit 20—25° Schmelzpunkt und 50—40 Prozent Preßtalg mit 40—50° Schmelzpunkt.

Die Darstellung der **Margarine** stammt von dem französischen Chemiker Mège-Mouriès her, welcher im Jahre 1869 durch Napoleon III. den Auftrag erhielt, für die französische Armee ein billiges Buttterersatzmittel herzustellen. Das von Mège-Mouriès ausgearbeitete Verfahren wird im wesentlichen noch jetzt benutzt.

Zur Herstellung von Margarine wird das Oleomargarin sowie etwaige sonstige tierische und pflanzliche Fette und die vorgeschriebene Menge Sesamöl in erwärmtem flüssigem Zustande mit Milch in Kirnmaschinen bis zur Emulsionsbildung verrührt. Die dickflüssige, emulgierte Mischung wird alsdann eiskalten Wasserstrahlen ausgesetzt und zum plötzlichen Erstarren gebracht, wodurch sie die Konsistenz ausgekirnter Butter annimmt. Die Rohmargarine wird durch Auskneten, Salzzusatz und nach einiger Zeit wiederholtes Auskneten zu verkaufsfertiger Margarine hergerichtet und alsdann zur äußerlichen Unterscheidung von Naturbutter in der gesetzlich vorgeschriebenen Weise verpackt und kenntlich gemacht.

Um eine Unterschiebung von Kunstbutter an Stelle von Naturbutter zu verhindern, muß das zur Margarinebereitung dienende Fett einen Zusatz von 10 Prozent eines Sesamöles von bestimmten Eigenschaften erhalten. Das zugesetzte Sesamöl soll gegenüber Furfurol und Salzsäure ein bestimmtes chemisches Verhalten (Farbreaktion) zeigen, so daß durch dieses latente Erkennungsmittel der Nachweis, ob Margarine oder ein Gemisch von Margarine mit Butter vorliegt, erleichtert wird.

Als Ausgangsmaterial werden in der Margarinefabrikation neben dem Oleomargarin, Premier jus, Talg, Schweineschmalz, Baumwollsamenöl, Baumwollsamenstearin, Erdnußöl und Kokosfett verwendet. Auch werden in neuerer Zeit Produkte, die nur pflanzliche Fette enthalten, hergestellt.

Die deutsche Margarineindustrie hat erheblichen Umfang angenommen, die Gesamtproduktion wurde im Jahre 1907 auf 200 Millionen Pfund geschätzt.[1]

In Deutschland wird das **Schweineschmalz** nur vereinzelt im Großbetriebe gewonnen, sondern zumeist in den Schlächtereien aus dem Netzfett, dem Nierenfett sowie dem Eingeweidefett der Schlachttiere ausgeschmolzen.

Ein großer Teil des verbrauchten Schweineschmalzes stammt aus den Vereinigten Staaten (1908 = 104696 Tonnen im Werte von 95,3 Millionen Mark), woselbst das Schmalz in großen Schlachthäusern fabrikmäßig für den Export hergestellt wird. In Amerika werden nicht nur das im Tierkörper abgelagerte Fett, sondern alle fetten Teile der Schweine auf Schmalz verarbeitet und zwar geschieht die Gewinnung in eisernen Kesseln unter Druck durch unmittelbare Einwirkung von Wasserdampf (Steam Lard). Die United States Standards unterscheiden Leaf Lard, Neutral Lard, Choice Lard, und Prime Steam Lard.

In Deutschland unterscheidet man im Handel das Rohschmalz, das Dampfschmalz, das bei niederer Temperatur gewonnene Neutralschmalz und raffiniertes Schweinefett, welch letzteres infolge des bei 10—15° erfolgten Abpressens der flüssigen Anteile, des Schmalzöles, oder infolge von Zusatz von Schweineschmalzstearin festere Konsistenz besitzt.

---

[1] Monatsschrift f. Margarine-Industrie 1908 S. 4.

Wie die Industrie ein Ersatzmittel für Naturbutter liefert, so hat sie sich auch mit der Herstellung von Ersatzmitteln für Schweineschmalz, mit der Fabrikation von **Kunstspeisefetten** befaßt. Unter Kunstspeisefetten im allgemeinen[1] sind alle zum Ersatz von Schweinefett bestimmten schweineschmalzähnlichen Zubereitungen, soweit sie nicht als reines Tier- oder Pflanzenfett unter einer diesen Ursprung kennzeichnenden Benennung in den Verkehr gebracht werden, zu verstehen.

Die Kunstspeisefette werden aus gebleichtem Kottonöl, Kottonstearin, anderen Pflanzenölen, Kokosfett usw. hergestellt. Bei der Fabrikation werden die geschmolzenen Fette gemischt und dann zur Erzielung des schweineschmalzähnlichen Aussehens entweder bis zur Abkühlung gerührt oder man gibt der schnell erstarrten Fettmischung durch mechanische Bearbeitung in besonderen Maschinen die gewünschte, streichfähige Konsistenz.

Von sonstigen tierischen Fetten finden zur menschlichen Ernährung **Hammeltalg** und **Gänsefett** Verwendung. Das durch Auslassen der fettreichen Gewebe des Schafes gewonnene Fett wird bei der Speisefettbereitung verwendet, während das Eingeweide- und Brustfett der Gänse namentlich in Haushaltungen, jedoch auch gewerbsmäßig gewonnen wird.

Von den festen Fetten pflanzlicher Herkunft findet vorwiegend das **Kokosfett** zur menschlichen Ernährung Verwendung. Das Kokosfett wird aus den festen Eiweißkörpern der mit einer steinigen Schale umhüllten Früchte der Kokospalme, Cocos nucifera L. gewonnen. In den Erzeugungsländern (Ceylon, Ostindien, Java usw.) gewinnt man das Kokosöl entweder durch Auspressen oder durch Auskochen der getrockneten und zerkleinerten Früchte mit Wasser. Auch die getrockneten Eiweißkörper der Fruchtkerne selbst bilden unter dem Namen Kopra einen wichtigen Handelsartikel. Nach Deutschland wurden z. B. im Jahre 1908 83669 Tonnen Kopra im Werte von 30,2 Millionen Mark eingeführt, die im Inlande auf Kokosfett verarbeitet wurden.

Aus der Kopra, welche bis 68 Prozent Fett enthält, wird das Kokosöl durch Pressen gewonnen. Das zunächst erhaltene Rohöl ist schwach gefärbt, enthält neben flüchtigen Fettsäuren charakteristische Riechstoffe und besitzt kratzenden und etwas bitteren Geschmack. Die Reinigung des Rohöles zerfällt in das Entsäuern und Desodorieren. Gereinigtes Kokosöl kommt unter dem Namen Kokosnußbutter vielfach in den Handel und wird entweder direkt oder in Form verschiedener Speisefette, als Margarine usw. konsumiert.

Beim Entsäuern des Kokosrohöles werden die freien Fettsäuren durch Alkalien, meist durch gebrannte Magnesia gebunden, während die

[1] Deutsches Nahrungsmittelbuch 1909 S. 139.

flüchtigen Fettsäuren und die Geruchsstoffe durch Einleiten überhitzter Wasserdämpfe entfernt werden. Das Fett wird alsdann wiederholt gewaschen und durch Umschmelzen von Wasser befreit. Durch mechanische Behandlung kann man dem Kokosfett streichfähige Konsistenz verleihen.

Gereinigtes Kokosfett kommt unter verschiedenen Namen wie Palmin, Kaiserpalin, Vegetalin, Laureol usw. in den Handel, auch wird es vielfach zur Magarinefabrikation verwendet.

Die im Pflanzenreich sehr verbreiteten Fette und Öle sind besonders in den Samen und Früchten angereichert. Die **Speiseöle** werden daher aus den Samen und Früchten der zum Zweck der Ölgewinnung im In- und Auslande kultivierten Pflanzen gewonnen. Der Ölgehalt der verschiedenen Pflanzensamen wechselt nicht nur nach der Art der Pflanzen, sondern wird auch durch das Klima, die Bodenbeschaffenheit, die Düngung und durch sonstige Umstände beeinflußt.

Der durchschnittliche Ölgehalt der wichtigsten zur Ölfabrikation verwendeten Samenarten beträgt nach J. König im Mittel:

Leinsamen	= 34,38 %	Öl
Raps	= 42,23 „	„
Indischer Raps . . .	= 41,20 „	„
Rübsen	= 33,53 „	„
Mohnsamen	= 40,79 „	„
Sesamsamen	= 45,60 „	„
Baumwollsamen, entschält	= 27,23 „	„
Erdnuß, enthülst . . .	= 44,49 „	„
Olivenfrucht, Fruchtfleisch .	= 51,90 „	„

Die Gewinnung der zu Speisezwecken dienenden Pflanzenöle geschieht fast ausschließlich auf mechanischem Wege, wobei zunächst die sorgfältig gereinigten Samen auf Walzwerken, Kollergängen und dergl. zerkleinert oder zerquetscht werden. Alsdann wird die vorbehandelte Ölsaat in hydraulischen Pressen der Pressung unterworfen. Bei kalter Pressung ist die Ölausbeute geringer, das erhaltene Öl ist jedoch von höherer Güte. Wird das Preßgut erwärmt, so erhält man eine größere Ausbeute, die Qualität des Produktes ist jedoch geringer. Zumeist werden die Rückstände der ersten Pressung einer zweiten Pressung unterworfen; die eiweißreichen Preßrückstände finden als Futtermittel ausgedehnte Verwendung.

Die so gewonnenen Öle müssen meistens vor dem Genuß noch geklärt und gereinigt werden, da sie mechanisch durch Gewebsteile u. dergl. verunreinigt sein können und fast stets Eiweißstoffe, Harze, Farbstoffe usw. enthalten.

Zur mechanischen Reinigung werden die Öle entweder in großen Klärbehältern durch Absetzenlassen oder auch durch Filtration gereinigt. An den Klärbehältern sind in verschiedenen Höhen Abflußhähne angebracht, so daß man zunächst die obersten bereits geklärten und später die unteren Schichten abheben kann. Zur Filtration der Öle werden im Großbetriebe Filterpressen benutzt.

In den Ölraffinerien werden in neuerer Zeit die Öle auch durch Behandlung mit Wasserdampf gereinigt. Hierbei wird das Öl in besonders angeordneten Behältern in der Art mit Wasserdämpfen behandelt, daß der frische Dampf zunächst mit den von Verunreinigungen fast befreiten Ölen, später mit den noch nicht vorbehandelten Ölen in Berührung kommt.

Die Anwendung chemischer Mittel ist zur Reinigung von Speiseölen seltener notwendig als zur Gewinnung technischer Ölsorten. Bei einzelnen Ölen (Baumwollsamenöl) ist die Verwendung chemischer Stoffe nicht zu umgehen; das Öl ist jedoch alsdann von den letzten Anteilen der chemischen Stoffe und der etwa entstandenen Seifen durch Auswaschen sorgfältig zu befreien. Bei der Ölraffinerie pflegt man bei Verwendung chemischer Stoffe im allgemeinen der Schwefelsäure vor den Alkalilaugen den Vorzug zu geben, da nicht so leicht Verluste entstehen, als bei Verwendung von Lauge, wo durch Verseifung von Fettanteilen Verluste unvermeidlich sind.

Von den Pflanzenölen werden zu Speisezwecken besonders Olivenöl, Sesamöl, Erdnußöl und Mohnöl, ferner auch Baumwollsaatöl, Rüböl und Leinöl verwendet. Als Tafelöl, Speiseöl oder Salatöl kommen Pflanzenöle oder Mischungen verschiedener pflanzlicher Öle ohne eine ihrem Ursprung entsprechende Angabe in den Handel.

Von den genannten Ölen erfreuen sich die ersten, auf kaltem Wege hergestellten Pressungen besonderer Wertschätzung als Speiseöle, während die durch Anwendung von Wärme oder bei stärkerem Druck oder die durch Extraktion vermittelst Lösungsmitteln gewonnenen Öle meist zu technischen Zwecken verwendet werden.

Das zu Speisezwecken beliebteste Öl, das **Olivenöl**, wird aus den Früchten des Ölbaumes, Olea europaea L., gewonnen. Schon bei gelindem Pressen liefert das von den Kernen befreite Fruchtfleisch der Oliven ein feines Öl von goldgelber Farbe, welches als Jungfernöl in den Handel kommt und besonders hoch bewertet wird. Die Güte der verschiedenen Olivenölsorten wird im übrigen durch die Varietät des Ölbaumes, den Grad der Reife und die Art der Gewinnung bedingt. Das beste Öl wird aus den Früchten der in der Provence und in Spanien kultivierten Ölbäume durch gelindes Pressen auf kaltem Wege gewonnen. Durch stärkeres oder durch unter Erwärmung erfolgendes

Pressen werden die geringeren und die zu technischen Zwecken dienenden Olivenölsorten hergestellt. Auch die Kerne der Oliven enthalten etwa 30 Prozent fettes Öl.

Das Klären des Olivenöls erfolgt durch Absetzenlassen oder durch Filtration; bei trüben Ölen werden in den Raffinerien Zitronensäure- oder Tanninlösungen zur Klärung verwendet.

Das **Sesamöl** wird aus den Samen von Sesamum indicum und Sesamum orientale gewonnen. Diese beiden hell- und dunkelsamigen Varietäten werden in den meisten tropischen und wärmeren Ländern als Ölpflanzen angebaut. Nach Deutschland eingeführt wurde an Sesam aus:

	1905	1906	1907	1908	
Britisch Indien usw.	33467	31938	58118	26216	Tonnen
China	10639	20201	4751	43385	„

Das Sesamöl, welches sich bei sorgfältiger Gewinnung durch große Haltbarkeit auszeichnet, zeigt, wie bereits oben erwähnt wurde, ein besonderes chemisches Verhalten (Baudouinsche Reaktion), weshalb es als latentes Erkennungsmittel zu 10 Prozent der Margarine zugesetzt werden muß. Durch diese Anordnung ist der Verbrauch an Sesamöl erheblich gestiegen.

Das **Erdnuß- oder Arachisöl** wird aus den unterirdischen Früchten von Arachis hypogaea L. hergestellt. Nur die erste kalte Pressung liefert ein gutes Speiseöl, die späteren Pressungen werden technisch verwertet. Die Einfuhr an Erdnüssen bezifferte sich 1907 auf 25050, 1908 auf 23619 Tonnen.

Auch aus dem Samen des Mohns, Papaver somniferum, wird durch gelinde Pressung ein gutes, farbloses bis schwach goldgelbes Speiseöl, das **Mohnöl**, gewonnen. Die zweite Pressung ist auch hier minderwertiger und dunkler gefärbt.

Das **Baumwollsamenöl** oder **Kottonöl**, welches aus dem von der Wolle getrennten Baumwollsamen, Gossypium L., gewonnen wird, bedarf vor der Benutzung als Speiseöl oder vor der Verwendung zur Speisefettfabrikation stets einer Reinigung auf chemischem Wege. Das Rohöl ist rubinrot bis schwarz gefärbt, das gereinigte Öl zeigt strohgelbe Färbung.

Zur Raffinierung wird das Rohöl unter Erwärmen mit Ätznatron- oder Sodalösung behandelt und sodann durch Absetzenlassen und endlich durch Waschen und Filtration gereinigt und manchmal noch durch Fullererde gebleicht.

Das gereinigte Kottonöl scheidet bei niederer Temperatur reichliche Mengen von Kottonstearin ab, welches abgepreßt und für sich allein als Kottonstearin zur Kunstspeisefettbereitung verwendet werden kann.

Die abgepreßten flüssigen Anteile stellen das eigentliche, auch bei niederer Temperatur flüssige Speiseöl dar, während das Baumwollsaatöl selbst schon unter +12° C sich durch kristallinische Ausscheidungen von Stearin zu trüben beginnt.

Die **chemische Zusammensetzung der Speisefette und Öle** zeigt wie ihre physikalischen und sonstigen Eigenschaften große Ähnlichkeit. Ihrer chemischen Zusammensetzung nach sind die Fette und Öle als Glyzerinester der Fettsäuren, insbesondere der Palmitin-, Stearin- und Ölsäure anzusehen. Daneben finden sich geringere Mengen von Glyzeriden anderer Fettsäuren. Da Palmitin- und Stearinsäure Glyzeride von mehr fester Konsistenz bilden, die Ölsäureglyzerinester dagegen ölige Beschaffenheit besitzen, so wird durch die Mengenverhältnisse dieser einzelnen Bestandteile zueinander die Konsistenz der Fette und Öle bedingt. Olivenöl besteht z. B. aus etwa 70 Prozent Ölsäureglyzerinester und ist infolgedessen bei mittlerer Temperatur flüssig, während die festen Fette und Talgarten sich durch höheren Gehalt an Palmitin- und Stearinsäureglyzerinestern auszeichnen.

Während man in früherer Zeit annahm, daß die Triglyzeride der Fette vorwiegend als einfache, d. h. als Tripalmitin, Tristearin und Triolein usw. in den Fetten vorhanden seien, haben neuere Untersuchungen ergeben, daß in den natürlichen Fetten auch gemischte Triglyzeride verschiedener Zusammensetzung, wie z. B. im Rindstalg das Palmitodistearin, vorkommen.

Nach J. König[1] bestehen die tierischen Fette aus Triglyzeriden, in denen Palmitin-, Stearin- und Ölsäure vorherrschen; neben diesen kommen in verschiedenen Fetten geringe Mengen Linolsäure und im Butterfett[2] noch erhebliche Mengen von Glyzeriden niederer Fettsäuren vor. Alle tierischen Fette enthalten weiterhin geringe Mengen (0,1 bis 0,5 Prozent) Cholesterin, jedoch kein Phytosterin.

Die pflanzlichen Fette und Öle bestehen vorwiegend aus Triglyzeriden, in denen Ölsäure, Linolsäure und Linolensäure neben Palmitin- und Stearinsäure vorherrschend sind; neben diesen finden sich in den verschiedenen Fetten und Ölen noch besondere Fettsäuren, z. B. Kapron-, Kapryl-, Kaprinsäure und Laurinsäure im Kokosfett, Arachin- und Lignocerinsäure im Erdnußöl, Rapin- und Erukasäure im Rüböl. Sämtliche pflanzlichen Fette enthalten ferner mehr oder minder geringe Mengen (0,2—1,2 Prozent) Phytosterin.

[1] J. König, Untersuchung landwirtschaftl. und gewerbl. Stoffe. Berlin 1906. S. 516.
[2] Vgl. S. 62.

Selbst geringe Zusätze von Pflanzenfetten zu tierischen Fetten lassen sich auf Grund dieses Phytosteringehaltes mit Sicherheit nachweisen. Die Phytosterinacetatprobe nach A. Bömer hat daher in der Fettanalyse besondere Bedeutung erlangt. Einige Pflanzenöle zeigen gegenüber gewissen Reagenzien ein bestimmtes chemisches Verhalten, welches sich als Farbreaktion zu erkennen gibt und daher auch zur Identifizierung von Fetten herangezogen werden kann. Von diesen Farbreaktionen haben z. B. die bereits erwähnte Baudouinsche Reaktion des Sesamöls, der Nachweis von Baumwollsaatöl nach Halphen und andere in den amtlichen Anweisungen zur Untersuchung von Speisefetten in Ausübung des Reichsgesetzes betr. den Verkehr mit Butter, Schmalz und ihren Ersatzstoffen sowie auch in Ausübung der einschlägigen Bestimmungen des Fleischbeschaugesetzes Aufnahme gefunden.

Zur genauen Feststellung der Reinheit und Unverfälschtheit eines zur menschlichen Ernährung dienenden Fettes ist in vielen Fällen eine eingehende Untersuchung, die sich auf die Bestimmung physikalischer und chemischer Konstanten erstreckt, erforderlich.

Von physikalischen Untersuchungsmethoden kommen bei der Fettuntersuchung z. B. die Bestimmung des Schmelz- und Erstarrungspunktes der Fette sowie die Feststellung ihres Lichtbrechungsvermögens in Frage. Diese physikalischen Werte schwanken bei den einzelnen Fetten und Ölen in gewissen Grenzen, so daß eine Abweichung dieser Zahlen von den normalen Werten den Verdacht einer Fälschung nahelegt. Zur genauen Feststellung einer solchen bedient man sich der chemischen Untersuchungsmethoden. Diese beruhen ihrerseits wiederum auf der Feststellung gewisser konstanter Eigenschaften der Fette. Von diesen sind z. B. die Bestimmung der flüchtigen, wasserlöslichen Fettsäuren, der sogenannten Reichert-Meißlschen Zahl, die Bestimmung der Verseifungs- oder Köttstorferschen Zahl der Fette, die Feststellung des Jodadditionsvermögens oder der sogenannten von Hüblschen Jodzahl, die Bestimmung der unverseifbaren Anteile eines Fettes, die Phytosterinacetatprobe nach Bömer und andere in Gebrauch.

Fehlerhafte Beschaffenheit der Fette und Öle können durch unzweckmäßige oder unsaubere Gewinnung oder Aufbewahrung derselben verursacht sein. Fette, welche von mit Infektionskrankheiten behafteten Tieren stammen, sollen als Nahrungsmittel für Menschen nicht benutzt werden. Das Ranzigsein der Fette, welches durch zu hohes Alter des Fettes oder durch Aufbewahren bei höherer Temperatur, durch den Einfluß von Licht und Luft bedingt wird, kann schon durch die Sinnesprüfung erkannt werden. Auch Bakterien- und Schimmelpilzwucherungen können den Speisefetten fehlerhafte Beschaffenheit verleihen.

Von **Verfälschungen** wurden bei Oleomargarin und Rindstalg der Zusatz geringwertigerer tierischer Fette wie Pferdefett, der Zusatz von Pflanzenölen und Farbstoffen, dann auch der Zusatz von Konservierungsmitteln beobachtet. Durch die auf Grund des § 21 des Fleischbeschaugesetzes erlassene Bekanntmachung des Bundesrates vom 18. Februar 1902 ist die Anwendung von Borsäure und deren Salzen, Formaldehyd, Alkali- und Erdalkali-Hydroxyden und Karbonaten, die Verwendung schwefliger Säure und deren Salze, unterschwefligsaurer Salze sowie Fluorwasserstoff und dessen Salzen, sowie von Farbstoffen verboten. Gestattet ist jedoch ausdrücklich die Verwendung unschädlicher Farbstoffe bei der Herstellung von Margarine. Als Verfälschungsmittel für Margarine käme außerdem die Verwendung verdorbener Fette in Betracht. Auch das Unterlassen des vorgeschriebenen Sesamölzusatzes würde eine Beanstandung der Ware bedingen.

Verfälschungen von Schweineschmalz können durch Zusätze von Talg oder Pflanzenölen, wie Baumwollsamenöl, Sesamöl usw. erfolgen. Verdorbensein des Schmalzes macht sich durch ranzigen, talgigen, öligen oder sauren Geruch und unangenehmen Geschmack kenntlich. Die festgestellten Unterschiebungen von Kunstspeisefett an Stelle von Schweineschmalz haben zum Erlaß der Bestimmungen über die Herstellung und den Vertrieb dieser Ersatzmittel geführt. Dem Schweineschmalz ähnliche Zubereitungen, deren Fettgehalt nicht ausschließlich aus Schweinefett besteht, sind nach diesen Bestimmungen — abgesehen von den unverfälschten Fetten bestimmter Tiere oder Pflanzenarten, die unter den ihrem Ursprung entsprechenden Bezeichnungen in den Verkehr gelangen — als Kunstspeisefette kenntlich zu machen. Diese Bestimmungen des Gesetzes vom 15. Juni 1897 finden jedoch nicht immer Beachtung, so daß seitens der Nahrungsmittelkontrolle Beanstandungen erforderlich werden.

Als Verfälschungsmittel für Olivenöl sind Zusätze geringwertiger Öle wie Sesamöl, Arachisöl, Baumwollsamenöl, Mohnöl, dann auch von Schmalzöl beobachtet worden. Infolge seines hohen Preises ist das Olivenöl verhältnismäßig häufigen Fälschungen ausgesetzt. Das in das Zollinland einzuführende Olivenöl unterliegt bei der Einfuhr einer zolltechnischen chemischen Untersuchung. Als Nachmachungen von Olivenöl kommen Gemische anderer Pflanzenöle, die unter zur Täuschung geeigneten Bezeichnungen wie „Nizza-Tafelöl, feinste Marke"[1] oder dergl. in den Handel gebracht worden sind, in Betracht.

Mohnöl ist durch Sesamölzusätze, Erdnußöl durch Baumwollsamenöl verfälscht worden.

Aus Kokosfett wurden zeitweise gelbgefärbte, butterähnliche Erzeugnisse hergestellt und ohne die vorgeschriebene Kennzeichnung als

[1] A. Beythien, Bericht des Untersuchungsamtes Dresden 1903. S. 10.

Margarine und ohne den erforderlichen Zusatz von 10 Prozent Sesamöl in den Handel gebracht. Diejenigen der Milchbutter oder dem Butterschmalz ähnlichen Zubereitungen, deren Fettgehalt nicht ausschließlich der Milch entstammt, sind jedoch als Margarine im Sinne des Gesetzes vom 15. Juni 1897 anzusehen. Nach dem vom Reichsgericht durch Entscheidung vom 15. Januar 1906 gebilligten Ausführungen eines Urteils des Landgerichts Hamburg vom 2. August 1905 kommen für den Begriff der Ähnlichkeit in der Hauptsache die äußeren Merkmale, die Farbe, die Konsistenz des Fettes in Betracht und zwar so, daß eine Fettzubereitung, deren Aussehen eine Verwechslung mit Butter oder Butterschmalz durch das Publikum ermöglicht, als butter- und butterschmalzähnlich auch dann betrachtet werden muß, wenn bezüglich des Geschmackes und Geruches Verschiedenheit wahrnehmbar ist.

VII. Die Getreidefrüchte.

Unter den Lebensmitteln pflanzlicher Herkunft nehmen für die menschliche Ernährung diejenigen Nahrungsmittel, welche uns die Getreidearten oder Cerealien liefern, die hervorragendste Stelle ein. Unter Cerealien verstehen wir Gramineenarten, die wegen des Mehlgehaltes ihrer Körnerfrüchte in den meisten Kulturländern zu Nahrungszwecken angebaut werden. Die wichtigsten Getreidearten sind Weizen, Roggen, Gerste, Hafer, Mais und Reis.

Die größten für den **Anbau** von Weizen, Roggen und Gerste benutzten Bodenflächen finden sich im europäischen Rußland und in den Vereinigten Staaten, weshalb die Produktion dieser Länder den internationalen Getreidehandel wesentlich beeinflußt.

Bei der großen Bedeutung der Cerealien als Ausgangsmaterial für die Herstellung zahlreicher Lebensmittel und somit für zahlreiche Industrie-, Handels- und Gewerbszweige verdienen einige Angaben über die internationalen Ernteerträge Beachtung.

Im Jahre 1907 bzw. 1908 betrug die Gesamternte nach Ertragsmengen geordnet in 1000 Tonnen:

Weizen:		Roggen:		Gerste:	
Verein. Staaten .	16803	Europ. Rußland .	19271	Europ. Rußland .	8052
Europ. Rußland .	13314	Deutschland .	10736	Verein. Staaten .	3348
Frankreich . . .	10375	Österreich . . .	2883	Deutschland . .	3059
Brit. Indien . .	5736	Frankreich . . .	1434	Österreich . . .	1511
Argentinien . .	5238	Ungarn	1056	Ungarn	1418
Deutschland .	3767	Japan	978	Japan	1307
Ungarn . . .	3556	Verein. Staaten .	779	Großbritannien .	1241

Im Deutschen Reiche waren dem Anbau von Getreidearten und Hülsenfrüchten im Jahre 1900 61,1 Prozent der gesamten für den Acker- und Gartenbau zur Verfügung stehenden Flächen gewidmet. Von den 4 Hauptgetreidearten nahmen Roggen 38 Prozent, Hafer 26 Prozent, Weizen 13 Prozent und Gerste 11 Prozent dieser Gesamterntesflächen von 16 Millionen ha ein.

Mit der Größe der Anbauflächen steht der **Ernteertrag** des Deutschen Reiches im Einklang. So betrugen in den Jahren 1900 und 1908 die Gesamterntemengen:

	1900	1908	
An Roggen . .	8 550 659	10 736 874	Tonnen
„ Weizen . .	3 841 165	3 767 767	„
„ Gerste . .	3 002 182	3 059 885	„
„ Winterspelz .	466 347	444 198	„

Diese an sich erhebliche inländische Produktion vermag jedoch den Bedarf an Getreidefrüchten bei weitem nicht zu decken, so daß durch Vermittlung des Handels große Mengen von Cerealienfrüchten nach Deutschland eingeführt werden müssen. Bei den aus den Getreidefrüchten hergestellten Mühlenfabrikaten überwiegt die Ausfuhr gegenüber der Einfuhr:

	Jahr	Einfuhr		Ausfuhr	
		Tonnen	Wert Mill. Mk.	Tonnen	Wert Mill. Mk.
Weizen	1907	2 454 846	384,7	95 820	14,7
	1908	2 090 544	349,3	261 111	42,1
Roggen	1907	608 267	89,2	232 822	33,6
	1908	347 264	52,3	586 127	77,2
Gerste	1907	2 114 679	281,8	1 871	0,3
	1908	1 985 629	255,8	1 843	0,3
Reis in der Hülse und unpoliert	1907	267 502	45,7	9 306	1,8
	1908	398 860	70,8	7 325	1,5
Weizenmehl	1907	19 675	5,0	87 802	17,8
	1908	16 970	4,7	151 392	32,2
Roggenmehl	1907	3 125	0,7	69 383	12,0
	1908	1 859	0,4	72 508	12,7
Graupen, Gries, Grütze .	1907	1 327	0,3	38 565	6,6
	1908	686	0,1	38 282	6,8
Haferflocken, Getreideschrot	1907	1 311	0,3	34 593	6,6
	1908	1 915	0,4	38 564	6,6
Reis, poliert	1907	72 966	16,3	114 219	28,5
	1908	116 910	27,0	137 259	27,8

Der **Gesamtverbrauch** der wichtigsten Getreidearten auf den Kopf der Bevölkerung wurde in der gleichen Zeit wie folgt ermittelt. Verfügbar waren im Deutschen Reiche zum Verbrauche für menschliche und tierische Ernährung und gewerbliche Zwecke auf den Kopf der Bevölkerung:

	Roggen	Weizen u. Spelz	Gerste
1906/07	143,5 kg	94,4 kg	82,5 kg
1907/08	142,4 „	90,7 „	86,3 „

Von den zahlreichen Industrie- und Gewerbezweigen, die sich mit der Herrichtung der Getreidefrüchte für den Konsum und der Herstellung von Lebensmitteln aus diesen Erzeugnissen befassen, sind in erster Linie die Getreide-, Mahl- und Schälmühlen zu erwähnen. Die weitere Verarbeitung der Müllereiprodukte erfolgt besonders durch die Bäckereien und Brotfabriken, dann auch durch das Konditorgewerbe und die Teigwarenfabrikation. Aus den Getreidefrüchten wird weiterhin die Weizen-, Reis- und Maisstärke gewonnen, während die Gerste in großem Umfange zur Malzbereitung Verwendung findet.

Das Getreide muß zur längerem **Aufbewahrung** von Staub, Sand, Unkrautsamen, tauben Körnern und sonstigen Verunreinigungen sorgfältig gereinigt und zweckmäßig gelagert werden. Insbesondere sind die Getreidekörner vor Feuchtigkeit zu schützen, da bei feuchter Lagerung durch Entwicklung von Spalt- und Schimmelpilzen das Getreide verderben oder minderwertig werden kann. Die Lagerung des Getreides erfolgt zumeist in besonderen, gut ventilierten Lagerhäusern, die mit maschinellen Ausrüstungen zur Reinigung, Beförderung, Wägung und Verteilung des Getreides versehen sind (Getreidesilos).

Für die handelstechnische Beurteilung des Getreidekornes ist die Größe und Form, der Geruch, die Farbe, der Reinheitsgrad, die mehlige oder glasige Beschaffenheit, das Hektolitergewicht, das Korngewicht, der Spelzen- oder Schalengehalt, der Feuchtigkeitsgehalt der Körner und endlich die Keimfähigkeit von Bedeutung.

Alle Cerealienfrüchte bestehen nach ihrem anatomischen Bau, aus einer äußeren Schale und dem inneren stärkehaltigen Mehlkörper. Das Weizenkorn ist z. B. im wesentlichen aus der äußeren Haut, der darunter liegenden Kleberschicht und dem inneren Mehlkern, in welchem sich seitlich eingebettet der Keim vorfindet, zusammengesetzt.

In chemischer Hinsicht bestehen die Getreidefrüchte vorwiegend aus Kohlenhydraten, ferner aus Eiweißstoffen, Fett, Rohfaser, Mineralbestandteilen und Wasser. Die mittlere prozentuale Zusammensetzung der wichtigsten Getreidearten ist folgende:

	Kohlenhydrate %	Eiweißstoffe %	Wasser %	Fett %	Rohfaser %	Mineralstoffe %
Weizen . .	68,67	12,04	13,37	1,85	2,31	1,77
Roggen . .	69,12	11,17	13,37	1,63	2,62	2,09
Gerste . . .	68,51	9,68	12,95	1,96	4,40	2,50
Hafer . . .	59,68	10,25	12,81	5,27	9,97	3,02
Mais . . .	67,89	9,58	13,32	5,09	2,65	1,47
Reis enthülst .	75,50	8,13	13,17	1,29	0,88	1,03
Buchweizen .	58,79	11,41	13,27	2,68	11,44	2,38

Mehl und Müllereiprodukte.

Mehl im engeren Sinne besteht aus den von den Gewebselementen der Frucht- und Samenschale ganz oder teilweise befreiten, zu einem feinem Pulver zerkleinerten Cerealienfrüchten. Der Feinheitsgrad und das Aussehen der verschiedenen Mehle wechselt mit der Art der Vermahlung und dem Gehalt an Schalenanteilen. Die sonstigen aus den Getreidefrüchten hergestellten Mühlenfabrikate bezeichnet man als Schrote, Grützen, Graupen, Griese, Dunste und Kleien.

Für die **Mehlbereitung**, welche sowohl die Entfernung der unverdaulichen und der die Verdauung ungünstig beeinflussenden Stoffe, als auch die gründliche Zerkleinerung der nährenden Bestandteile bezweckt, kommen im Inlande besonders Weizen und Roggen in Betracht. Die Mehlbereitung zerfällt in die Reinigung und Vorbereitung des Getreides, das eigentliche Mahlen und Sichten sowie in die Herrichtung des fertigen Mehles zum Versand.

Während in früheren Jahren die Herstellung der Mehle zumeist in kleineren Betrieben, in Wind- und Wassermühlen erfolgte, werden die Handelsmehle in neuerer Zeit zum weitaus größten Teile in automatisch arbeitenden Mahlmühlen hergestellt, welche infolge der Fortschritte der Technik auf das Vollkommenste ausgestattete Großbetriebe darstellen. Die Zahl der Getreide-, Mahl- und Schälmühlen betrug im Deutschen Reiche nach der letzten Gewerbezählung 37905 Hauptbetriebe mit insgesamt 100991 innerhalb der Betriebsstätten beschäftigten Personen.

Die Vorbereitung des Getreides für den Mahlprozeß besteht in der mechanischen Reinigung des Getreidekornes von fremden Beimengungen, Staub usw. durch das sogenannte Putzen, in der Beseitigung des Bärtchens und des Keimes durch das Spitzen und in der Abtrennung der Schale durch das Schälen. Diese Operationen werden in besonderen Getreidereinigungs-, Putz- und Schälmaschinen sowie in Koppmühlen und Spitzgängen vorgenommen.

Vielfach wird das Getreide zur Entfernung der Verunreinigungen vor dem Vermahlen gewaschen. Bei dieser Wäsche wird die oberste zarte Fruchthaut abgeweicht und vom Korn getrennt, wodurch gleichzeitig das sogenannte Bärtchen entfernt wird.

Nunmehr gelangt das gereinigte Korn zur Vermahlung, welche vorwiegend nach zwei verschiedenen Verfahren, durch Flachmüllerei und Hochmüllerei erfolgen kann. Die mechanische Zerkleinerung der Getreidekörner wird im wesentlichen entweder durch Zerreiben in mit Mühlsteinen versehenen Mahlgängen, durch Zerquetschen oder Zerschneiden in Walzenstühlen zwischen zwei glatten oder geriffelten Walzen oder endlich durch Zerschlagen in Schleudermühlen wie Dismembratoren oder Desintegratoren erreicht.

Bei der sogenannten Flachmüllerei sind die benutzten Mahlsteine oder Walzen nahe zusammengerückt, so daß das Getreide in der ersten Mahlung möglichst vollständig zerkleinert und alsdann in Siebzylindern in Mehl, Dunst, Gries und Kleie zerlegt wird. Das erhaltene Mehl ist jedoch dem durch die Hochmüllerei erzeugten Produkte niemals gleichwertig.

In der Hochmüllerei wird die Zerkleinerung des gereinigten Kornes stufenweise in verschiedenen aufeinanderfolgenden Mahlungen vorgenommen. Nach jeder Zerkleinerung erfolgt eine sorgfältige Sichtung des Mahlproduktes in Mehl, Gries und den Übergang, welch letzterer abermals geschroten wird. Bei den verschiedenen Schrotungen wird die Schale möglichst geschont und zum größten Teil als Kleie entfernt.

Da in den mit Seidengaze bespannten Sichtmaschinen die Trennung des Mahlgutes jeweilig nur nach dem Volumen stattfindet, so enthalten die bei den verschiedenen Schrotungen erhaltenen Griese nach dem Sichten noch die kleineren Schalenanteile. Diese Schalenanteile werden auf besonderen Griesputzmaschinen entfernt, wobei die leichte Kleie von den schweren Griesen mittelst eines Luftstromes abgeblasen werden.

Die so schließlich erhaltenen reinen Griese liefern beim Vermahlen die reinsten und wertvollsten Mehlsorten, die sogenannten Auszugsmehle.

Der Müller unterscheidet die Mehle als griffig oder als fein, glatt oder geschliffen. Unter griffigem Mehl versteht man ein Mehl, das aus gröberen Mehlpartikelchen besteht und sich deshalb mehr oder weniger rauh oder körnig und feingriesig anfühlt, zum Unterschied von glattem, weichem oder geschliffenem Mehl. Das griffige Mehl ist für die Bereitung von Backwaren besser geeignet. Die verschiedenen Mehlsorten werden im Handel mit Nummern, wie Nr. 000, 00, 0, 1, 2, 3 usw. bezeichnet, wobei die besten Mehle, die Auszugsmehle z. B. als 000 und die geringeren Sorten mit den höheren Nummern benannt sind.

Neben dem Weizen- und Roggenmehl werden in Deutschland im allgemeinen andere Mehle nur in verhältnismäßig geringerem Umfange zur menschlichen Ernährung verbraucht. In einzelnen Gegenden werden Hafermehl und Buchweizenmehl zur Brotbereitung benutzt, auch finden diese Mehle sowie Gerstenmehl, Reis- und Maismehl küchengemäße Verwendung. Umfangreicher ist der Konsum an sonstigen Mahlprodukten von Gerste, Hafer usw. in Form von Graupen, Grützen und Griesen.

Die durch den Mahlvorgang hergestellten **sonstigen Müllereierzeugnisse** werden je nach dem Grade der Zerkleinerung mit verschiedenen Namen belegt. So versteht man unter der Bezeichnung:[1]

Schrot: ungeschälte oder geschälte, aber zu größeren kantigen Bruchstücken zerteilte Körner, z. B. Weizenschrot, Roggenschrot.

Grütze: meist nur enthülste, gebrochene Körner, z. B. Hafergrütze, Buchweizengrütze.

Graupen: geschälte, polierte rundliche Teilkörner, z. B. Roll- und Perlgerste.

Griese: gröbere oder feinere rundliche oder kantige Bruchstücke von verschiedener Feinheit, die von den Schalen und dem pulverförmigen Mehl möglichst befreit sind, z. B. Reisgries.

Dunste: Zwischenerzeugnisse beim Mahlverfahren, welche noch nicht den Feinheitsgrad der Mehle besitzen, sondern gewissermaßen feine Griese darstellen.

Nach J. König[2] gestaltete sich die chemische Zusammensetzung einiger Müllereiprodukte im Mittel zahlreicher Analysen folgendermaßen:

	Kohlenhydrate %	Eiweißstoffe %	Wasser %	Fett %	Rohfaser %	Mineralstoffe %
Weizenmehl, feinst.	74,69	10,68	12,63	1,13	0,30	0,52
„ gröb.	73,39	11,60	12,58	1,59	0,92	1,02
Roggenmehl . .	73,84	9,62	12,58	1,44	1,35	1,17
Gerstenmehl . .	68,47	12,29	14,06	2,44	0,89	1,85
Gerstengraupen .	76,46	7,82	12,31	0,93	1,36	1,12
Hafermehl (Grütze)	67,06	13,87	9,09	6,18	1,71	2,07
Maismehl . . .	71,70	9,62	12,99	3,14	1,41	1,14
Buchweizenmehl .	74,58	8,28	13,84	1,49	0,70	1,11
Reismehl zubereit.	78,95	7,39	12,29	0,69	0,10	0,58

[1] Vgl. Erdmann-König, Grundriß der allgem. Warenkunde. Leipzig 1901. S. 232. [2] A. a. O. Bd. I S. 625 flg.

Die Getreidemehle zeigen demnach in ihrer chemischen Zusammensetzung nur geringe Unterschiede. Eine Unterscheidung der einzelnen Mehlarten ist auf chemischem Wege allein nicht möglich, wenn auch einzelne Bestimmungen, wie z. B. die Feststellung des Klebergehaltes des Weizenmehles zur Unterscheidung herangezogen werden können. Wichtigere Dienste leistet zur Identifizierung der verschiedenen Mehlarten und zur Erkennung von Mischungen und Verfälschungen mit geringwertigeren Erzeugnissen die mikroskopische Untersuchung. Das wesentlichste Unterscheidungsmerkmal ist hierbei die verschiedenartige Struktur und Größe der Stärkekörner der einzelnen Getreidemehle, da jede Getreideart besondere Stärkekörner von charakteristischer Form besitzt. Auch der verschiedenartige anatomische Bau der sonstigen Zellorgane, wie z. B. der Haare und Querzellen wird als Unterscheidungsmerkmal herangezogen. Infolgedessen ist es auf mikroskopischem Wege möglich, die einzelnen Mehle zu identifizieren und fremde Beimengungen mit Sicherheit festzustellen, insbesondere dann, wenn man die zu untersuchende Probe mit chemischen Reagentien zur Anreicherung charakteristischer Gewebeteilchen vorbehandelt.

Wichtige Anhaltspunkte zur Beurteilung der Getreidemehle liefern fernerhin u. a. die Teigprobe, die Verkleisterungsprobe, die diastatische Probe, die Backprobe, die Siebprobe und bei Weizenmehl die Kleberprobe.

Die stickstofffreien Extraktstoffe der Cerealienfrüchte bestehen zum weitaus größten Teile aus Stärke; neben dieser sind geringe Mengen von Zucker, Dextrin und Gummi vorhanden.

Wegen ihres hohen Stärkegehaltes dienen die Cerealien als Rohmaterial zur Stärkefabrikation.

Stärkefabrikation.

Bei der Fabrikation der Weizenstärke muß der das Stärkemehl durchsetzende, stickstoffhaltige Kleber entfernt werden. Diese Scheidung geschieht nach dem älteren, dem Halleschen Verfahren durch Gärenlassen des eingeweichten und zerquetschten Weizens oder nach dem neueren Verfahren von Martin durch mechanisches Auswaschen von Weizenmehl. Bei dem letzgenannten Verfahren kann im Gegensatze zu dem Gärungsverfahren, bei welchem der Kleber verloren geht, der wertvolle, stickstoffreiche Kleber als Nebenprodukt gewonnen werden.

Beim Gärungsverfahren wird der unter zeitweiser Erneuerung des Wassers eingequollene Weizen zerquetscht, mit Wasser zu einem dünnen Brei angerührt und in Bottichen der Gärung überlassen. Die anfänglich alkoholische Gärung geht alsbald in eine saure Gärung über, wobei die nunmehr entstehende Essigsäure, Milchsäure und Buttersäure den Weizenkleber in Lösung bringt. Durch Auswaschen der vergorenen Masse werden der gelöste Kleber sowie die Hülsen entfernt, worauf durch mehrfaches Dekantieren, Abschlemmen und zuletzt durch Trocknen bei mäßiger Temperatur die Stärke rein erhalten wird.

Bei dem Martinschen Verfahren wird das Weizenmehl mit Wasser zu einem zähen Teig verarbeitet und zum Quellen des Klebers einige Zeit der Ruhe überlassen. Alsdann wird die Stärke in besonderen Auswaschapparaten vom Kleber getrennt und durch Waschen und Dekantieren rein erhalten. Der Kleber kann ebenfalls getrocknet und verwertet werden. Derartig hergestellter Weizenkleber kommt als Nährmittel (z. B. Aleuronat und Roborat) in den Handel.

Bei Herstellung der Reisstärke wird das Protein durch Einweichen der geschälten Reiskörner, meist Bruchreis, in 0,3 bis 0,5 prozentiger Natronlauge gelöst, wobei durch Anwendung von Vakuumapparaten das Eindringen der Lauge in das Innere der Körner und so die Lösung der Eiweißstoffe beschleunigt werden kann. Die eingeweichten Körner werden unter Zusatz von verdünnter Natronlauge vermahlen. Zur Reinigung der durch Auswaschen erhaltenen Rohstärke dienen Quirlbassins oder Zentrifugen.

Bei der Fabrikation der Maisstärke pflegt man entweder vor der eigentlichen Verarbeitung auf Stärke den fettreichen Keim mechanisch zu entfernen oder auch die ganzen Maiskörner direkt bei etwa 60° mit 0,25—0,33 prozentiger schwefliger Säure längere Zeit einzuweichen und alsdann zu zerquetschen. Die Maische wird in Separatoren von den Schalen und den etwaigen Keimen befreit, worauf die Mehlkörper naß vermahlen werden. Die erhaltene rohe Stärkemilch wird zur Auflösung des stickstoffhaltigen Bestandteiles, des Glutens, erneut mit verdünnter schwefliger Säure oder auch, sofern anfangs keine schweflige Säure verwendet war, mit verdünnter Natronlauge behandelt. Die weitere Fabrikation der Maisstärke erfolgt durch Dekantieren und Auswaschen in der üblichen Weise. Die Abfallprodukte dienen auch hier zur Viehfütterung.

Die Ausbeute bei der Weizenstärkefabrikation ist sehr verschieden. Bei der Verarbeitung des ganzen Kornes nach dem Gärungsverfahren erhält man bis 60 Prozent lufttrockene Stärke, bei der Darstellung aus Mehl gewinnt man etwa 45 Prozent Stärke und außerdem 30 bis 40 Prozent Nebenprodukte (Kleber usw.). Bei der Reis- und Maisstärkefabrikation richtet sich die Ausbeute nach dem Stärkegehalt des Ausgangsmaterials, der beim Reis bis zu 80 Prozent und beim Mais 50—70 Prozent beträgt.

Brot und Backwaren.

Unter Brot und Backwaren versteht man die aus den Mehlen verschiedener Feinheitsgrade durch den Backprozeß unter Anwendung von Lockerungsmitteln hergestellten Erzeugnisse. Das aus den Getreidefrüchten bereitete Brot bildet neben den Kartoffeln das Hauptnahrungsmittel des größten Teiles der heimischen Bevölkerung.

Produktion. Die Herstellung der im Deutschen Reiche zur Ernährung benötigten Brot- und Backwaren erfolgt nach der Gewerbezählung vom 12. Juni 1907 in insgesamt 113447 Hauptgewerbebetrieben. Von diesen Bäckereien und Konditoreien stellten 16169 Kleinbetriebe dar, während 97268 Betriebe mit mehreren Personen oder mit Motorbetrieb arbeiteten. Innerhalb der Betriebsstätten wurden insgesamt 333601 gewerbtätige Personen gezählt.

Im gesundheitlichen Interesse hat der Bundesrat für die Einrichtung und den Betrieb von Bäckereien, insbesondere über die zu beobachtende Reinlichkeit, unter dem 16. Juni 1906 einheitliche Vorschriften erlassen; die Dauer der Arbeitszeit in den Bäckereien und Konditoreien ist durch Bekanntmachung des Reichskanzlers vom 4. März 1896 geregelt.

Durch den Backprozeß werden die im Mehl enthaltenen Nährstoffe in ähnlicher Weise wie beim Kochen dadurch in einen verdaulichen Zustand übergeführt, daß die die Stärkekörner einhüllenden Zellen zersprengt werden und daß die Stärke selbst durch Aufnahme von Wasser verkleistert wird. Zur Brotbereitung benutzt man vornehmlich diejenigen Mehle, die wegen ihres Klebergehaltes mit Wasser einen bindenden Teig geben, insbesondere Roggen- und Weizenmehl.

Die **Brotbereitung** zerfällt in die Zubereitung und Lockerung des Mehlteiges und das behufs Aufschließung der Stärkekörner erfolgende Backen.

Bei der Teigbereitung bewirkt man die Lockerung zumeist durch Zusatz von Hefe oder Sauerteig oder auch durch Zusatz mineralischer Salze, die beim Stehen oder beim Erwärmen des Teiges Kohlensäure entwickeln.

Als Hefe ist zu Backzwecken vorwiegend die Branntweinpreßhefe in Gebrauch, welche die Eigenschaft besitzt, Zucker in Alkohol und Kohlensäure zu spalten. Der zu zersetzende Zucker ist teils fertig gebildet im Mehlteige vorhanden, teils wird er unter dem Einfluß eines in den Cerealienfrüchten vorkommenden diastatischen Fermentes und durch die neben der Alkoholgärung verlaufende Säuregärung gebildet. Da die Hefe sich bei der Teiggärung gleichzeitig vermehrt, so kann man mit gegorenem Teig neue Mengen von Mehlteig in derselben Weise zur

Gärung bringen. Hiervon macht man bei der Brotbereitung Gebrauch, indem man gegorenen Teig von einer Backschicht bis zur andern aufbewahrt und diesen älteren Sauerteig dem frischen Teig als Gärungserreger zusetzt. Durch die hierdurch veranlaßten sauren Gärungen nimmt das Brot einen säuerlichen Geschmack an, weshalb man den Sauerteig vorwiegend bei der Bereitung des Roggen- oder Schwarzbrotes benutzt, während bei feineren Backwaren Hefe verwendet wird.

Die Anwendung mineralischer Salze als Lockerungsmittel hat sich bei der Brotbereitung nicht einzuführen vermocht, obgleich bei der Teigbereitung vermittelst Hefe oder Sauerteig infolge der Gärung große Substanzverluste entstehen, die von v. Liebig in Deutschland auf jährlich etwa 100000 kg Brot geschätzt wurden.

Mischungen von Natriumbikarbonat und Weinstein, Ammoniumkarbonat und andere chemische Stoffe werden jedoch bei der Herstellung gewisser Backwaren dem Teig als Auflockerungsmittel zugesetzt (Backpulver).

Auch die Verwendung freier Kohlensäure ist für die Teigbereitung in Vorschlag gebracht worden und namentlich in England in der Weise in Anwendung gekommen, daß man das zur Teigbereitung bestimmte Wasser unter Druck mit Kohlensäure imprägnierte und die Teigbereitung selbst in geschlossenen Behältern vornahm.

Als künstliche Lockerungsmittel sind weiterhin in der Feinbäckerei und Konditorei Eiweiß, welches in geschlagenem Zustande als Schnee verwendet wird, ferner Fett (Blätterteig) und alkoholhaltige Flüssigkeiten wie Arrak, Rum und Kognak in Gebrauch.

Die Lockerungsmittel verleihen dem an und für sich zähen Teig durch die Entwicklung gasförmiger Kohlensäure, durch Alkoholbildung, durch Luftbläschen, Alkoholdämpfe usw. die gewünschte poröse Beschaffenheit.

Der fertige Teig wird dem Backprozeß unterworfen, wodurch eine Aufschließung und Verkleisterung der Stärke, sowie eine Austreibung von Wasser und bei der Gärung entstandener Gase und somit eine weitere Lockerung verursacht wird. Ein Teil der in den äußeren Partien enthaltenen Stärke wird in Dextrin und Gummi umgewandelt und die aus dem Zucker entstehenden Röstprodukte verleihen dem Brot einen angenehmen und aromatischen Geschmack. Gleichzeitig werden die Hefefermente und die die Milchsäure- und Essigsäuregärung des Teiges verursachenden Mikroorganismen abgetötet.

Die Hitze des Backofens beträgt bei Weißbrot zweckmäßig etwa 200°, bei größeren Broten (Roggenbrot) 250—270°. Die Ausbeute ist nach der Art des Brotes verschieden; im allgemeinen erhält man aus 100 Teilen Mehl etwa 120—134 Teile Brot.

Die Brotbereitung geschieht meistens im Kleinbetriebe. In den letzten Jahrzehnten hat sich jedoch auch die Industrie dieses Zweiges der Lebensmittelbranche angenommen (Brotfabriken), wobei die Handarbeit des Kleinbetriebes größtenteils durch maschinelle Vorrichtungen ersetzt wurde. Auch für kleinere Betriebe haben diese Maschinen, namentlich infolge der weiteren Ausdehnung und Verbreitung der elektrischen Kraftleitungen, größere Bedeutung erlangt. Besonders gilt dies für die Teigknetmaschinen, da das Kneten des Teiges die beschwerlichste Arbeit des Bäckereibetriebes darstellt. Die Abteilung des Teiges erfolgt in sicherer und schneller Weise durch Teigteilmaschinen, in denen aus einer abgewogenen Teigmenge durch einfachen Druck in kürzester Zeit 30—50 Stück Ware von genau gleichem Gewicht erhalten werden.

Die mittlere prozentuale **Zusammensetzung** von Weizen- und Roggenbrot gibt J. König[1] wie folgt an:

	Wasser %	Stickstoffsubstanz %	Fett %	Zucker %	Stickstofffreie Extraktstoffe %	Holzfaser %	Asche %
Feineres Weizenbrot	33,66	6,81	0,54	2,01	55,18	0,31	0,88
Gröberes "	37,27	8,44	0,91	3,19	47,80	1,12	1,27
Roggenbrot, feineres	39,70	6,43	1,14	2,51	47,93	0,80	1,49
Pumpernickel . .	42,22	7,16	1,80	3,28	43,16	1,48	1,40

Teigwaren.

Aus den Mahlprodukten des Weizens werden außer Brot und Backwaren auch die Teigwaren wie Nudeln, Suppeneinlagen, Makkaroni u. dergl. hergestellt.

Zur **Herstellung** der Teigwaren dienen entweder die sehr kleberreichen Mehle oder Griese des Hartweizens oder auch gewöhnliche Weizenmehle unter Zusatz von Weizenkleber. Die Weizenmehle bzw. Griese werden mit heißem Wasser und etwaigen sonstigen Zusätzen in einer Mischmaschine zu einem gleichmäßigen, steifen Teig verarbeitet, alsdann in Nudelpressen geformt und endlich scharf getrocknet. Nach ihrer Zusammensetzung unterscheidet man besonders zwei Gruppen von Teigwaren, die Wasserteigwaren, die aus Weizenmehl oder Weizengries und Wasser hergestellt sind und die Eierteigwaren, die aus Weizenmehl bzw. Gries, Eiern und Wasser ohne fremde Zusätze bereitet werden.

[1] A. a. O. Bd. 2 S. 878.

Die Herstellung der Teigwaren, welche früher meist im Haushalte, und im Kleinbetriebe erfolgte, bildet in neuerer Zeit den Gegenstand eines eigenen Industriezweiges, welcher im Deutschen Reiche im Jahre 1907 369 Hauptgewerbebetriebe mit zusammen 5075 beschäftigten Personen umfaßte. Hergestellt werden Nudeln (Suppennudeln, Fadennudeln, Gemüse- oder Bandnudeln, Hausmachernudeln,) Makkaroni (Röhrennudeln) und Suppeneinlagen (Sternchen, Gräupchen usw.).

Bezüglich des Eigehaltes der Eierteigwaren hat sich in den letzten Jahren eine heftige Kontroverse in der Literatur entsponnen.[1] Nach Neufeld geht die Bedeutung des Eigehaltes dieser Produkte u. a. daraus hervor, daß die wirkliche Eierteigware nicht nur ein Nahrungs-, sondern auch ein Genußmittel ist; denn die Eier verleihen den Mehlspeisen, mögen es Teigwaren, Gebäcke oder andere sein, ihren charakteristischen Wohlgeschmack. Und gerade der Geschmack der Eierteigwaren wird wesentlich und mit Recht gegenüber den gewöhnlichen Teigwaren bevorzugt. Ihr Wert gegenüber letzterem braucht keineswegs auf einem höheren Nährwert zu beruhen; er besteht in erster Linie in dem höheren Genußwert und zweifellos auch in dem höheren Geldwert.

Da durch künstliche Gelbfärbung von Wasserteigwaren ein Eigehalt der Ware vorgetäuscht, oder anderseits auch Eierteigwaren durch Gelbfärbung der Schein eines höheren Eigehaltes verliehen werden könnte, so ist bei allen Teigwaren ein etwaiger Farbzusatz in deutlicher Weise durch Deklaration zur Kenntnis des Käufers zu bringen.

Die **Beaufsichtigung der Herstellung und des Handels mit Mehl und sonstigen Mühlenprodukten, sowie mit Brot, Backwaren und Teigwaren** wird durch die Organe der Nahrungsmittelpolizei nach Maßgabe der allgemeinen Bestimmungen des Nahrungsmittelgesetzes ausgeübt.[2]

Eine für den Müllereibetrieb wichtige Sonderbestimmung enthält das Gesetz, betreffend den Verkehr mit blei- und zinkhaltigen Gegenständen vom 25. Juni 1887.[3] Nach § 5 dieses Gesetzes ist es verboten, daß zur Verfertigung von Nahrungs- und Genußmitteln bestimmte Mühlsteine an den Mahlflächen unter Verwendung von Blei und bleihaltigen Stoffen hergestellt oder daß derartig hergestellte Mühlsteine zur Herstellung von Nahrungsmitteln benutzt werden. Zu dieser Maßnahme haben in früherer Zeit vorgekommene Vergiftungsfälle Anlaß gegeben.

Von Bedeutung für die Herstellung von Backwaren ist weiterhin das Gesetz, betreffend die Verwendung gesundheitsschädlicher Farben bei der Herstellung von Nahrungs- und Genußmitteln vom 5. Juli 1887,[4]

---

[1] Vgl. Neufeld a. a. O. S. 204 u. 205.
[2] Vgl. Das Deutsche Reich in gesundheitlicher usw. Beziehung. S. 191.
[3] Vgl. Anhang. [4] Vgl. Anhang.

nach welchem z. B. die Färbung von Zuckerglasuren mit gesundheitsschädlichen Stoffen verboten ist. Mit Rücksicht auf die im gesundheitlichen Interesse erforderliche Reinlichkeit im Bäckereibetriebe hat der Bundesrat unter dem 16. Juni 1906 einheitliche Vorschriften über die Einrichtung und den Betrieb von Bäckereien vereinbart.

Der in Preußen durch Ministerialerlaß vom 10. Oktober 1906 bekanntgegebene Entwurf einer Polizeiverordnung über die Einrichtung und den Betrieb von Bäckereien und solchen Konditoreien, in denen neben den Konditorwaren, auch Backwaren hergestellt werden, bringt u. a. Vorschriften über die Größe und bauliche Beschaffenheit der Arbeitsräume. Ferner wird bestimmt, daß der jedem Arbeiter zur Verfügung gestellte Luftraum eine bestimmte Grenze nicht unterschreiten darf und daß für genügenden Zutritt von Licht und Luft gesorgt sein muß. Die Arbeitsräume sind dauernd in reinlichem Zustande zu erhalten und dürfen nicht als Schlaf-, Wasch- oder Wohnräume benutzt werden. Vor dem Zurichten oder Teigmachen haben die dabei beschäftigten Personen Hände und Arme gründlich zu reinigen; das Bearbeiten des Teiges mit den Füßen ist verboten. Auch das Rauchen, Schnupfen und Kauen von Tabak in den Arbeitsräumen ist verboten und Personen mit ansteckenden oder ekelerregenden Krankheiten dürfen im Bäckereibetriebe nicht beschäftigt werden. Bezüglich des Mehles und der Backwaren ist vorgeschrieben, daß die Mehlvorräte an trockenen und vor Verunreinigungen geschützten Orten aufzubewahren sind und daß die Backwaren nicht auf dem bloßen Fußboden gelagert werden dürfen. In den übrigen Bundesstaaten des Deutschen Reiches sind ähnliche Verordnungen erlassen worden. Z. B. stimmen die in Bayern am 5. Oktober 1906, in Sachsen am 25. Oktober 1906 und in Baden am 1. Oktober 1906 bekanntgegebenen Vorschriften fast wörtlich mit den erwähnten preußischen Bestimmungen überein.

Bei der Beurteilung der **normalen Beschaffenheit** des Brotes und der Backwaren liefert die organoleptische Prüfung schätzenswerte Anhaltspunkte,[1] und bei der Wichtigkeit und dem ständigen Genusse dieser Nahrungsmittel wird dem Ergebnisse der Prüfung durch die Sinne, die sich auf Aussehen, Konsistenz, Geruch und Geschmack der Backwaren erstreckt, ein hoher Wert beigelegt werden müssen. Lange Gewohnheit hat in dieser Hinsicht in den einzelnen Gegenden des Deutschen Reiches verschiedenartige Ansprüche des konsumierenden Publikums hervorgebracht.

Fehlerhafte Beschaffenheit von Brot und Backwaren kann infolge ungeeigneter Aufbewahrung eintreten oder durch anormale Eigenschaften des verwendeten Mehles oder endlich durch Fehler im

[1] Vereinbarungen II, S. 44.

Bäckereibetriebe bedingt sein. Von solchen Fehlern kommen minderwertige Beschaffenheit des Sauerteiges und der Hefe, Temperaturfehler bei Bereitung oder beim Gehen des Teiges oder beim Backen und andere Ursachen in Betracht.

Eigentlichen **Verfälschungen** durch Zusatz fremder Stoffe sind Brot und Backwaren nur selten ausgesetzt, hingegen kann das zur Verwendung kommende Mehl Zusätze enthalten, die eine Gewichtsvermehrung desselben bewirken, oder welche eine Verschleierung einer schlechten Beschaffenheit des Mehles bezwecken.

Etwaige gewichtsvermehrende Zusätze zu Mehl bestehen in den meisten Fällen aus geringwertigeren vegetabilischen Stoffen, von welchen Hülsenfruchtmehle sowie Mehl oder Mahlerzeugnisse von Buchweizen, Mais, Reis, Kartoffeln usw. in Frage kommen können. Auch sind bei den besseren Mehlsorten des Weizens und Roggens Zusätze geringwertiger Mehle aus Gerste und Hafer beobachtet worden. Zeitweise wurde, insbesondere bei ausländischem Weizenmehl eine Verfälschung mit 10—40 Prozent Maismehl in größerem Umfange festgestellt. Zur Behebung dieses Übelstandes wurden im Jahre 1898 die beteiligten Kreise durch ein Rundschreiben des Reichskanzlers auf diese Verfälschung hingewiesen und gleichzeitig Anweisungen bekanntgegeben, nach welchen auf mikroskopischem Wege die Verfälschung des Weizenmehles durch Maismehl mit Sicherheit nachgewiesen werden kann.

In zweiter Linie können Zusätze, welche die Verschleierung einer schlechten Beschaffenheit des Mehles bezwecken, in Frage kommen. Verdorbenem oder minderwertigem Mehl kann durch Zusatz von Alaun, Kupfersulfat oder Zinksulfat das Wasserbindungsvermögen oder die verlorene Backfähigkeit wiedergegeben werden. Infolgedessen ist die Beimischung dieser chemischen Stoffe geeignet, eine schlechte Beschaffenheit des Mehles zu verdecken oder ihm den Schein der besseren Beschaffenheit zu verleihen. Überdies sind die genannten Zusätze gegebenenfalls geeignet, die menschliche Gesundheit zu beschädigen.

Von Verfälschungen der Backwaren ist besonders der Zusatz alter eingeweichter oder zerriebener Brotreste zu nennen. Dieser Zusatz bedingt stets eine Verfälschung, selbst dann, wenn das zugesetzte alte Brot an sich unverdorben ist, weil dieser Zusatz nicht ein normaler, den Verkehrsanschauungen entsprechenden Bestandteil frischer Ware darstellt (Reichsgericht vom 10. Januar 1890). Sofern verschimmelte Brotreste verwendet werden, ist die Anwendung des § 12 des Nahrungsmittelgesetzes begründet (Reichsgericht vom 20. Januar 1888).

Bei Teigwaren ist die Deklaration eines etwaigen Farbzusatzes unerläßlich. Da ein großer Teil der Teigwaren als Eierteigwaren in den Verkehr kommt und durch den Eifarbstoff eine eigentümliche mehr oder minder gelbe Farbe erhalten hat, so besteht die Gefahr, daß seitens des Käufers eine gelbe Färbung der Teigwaren auf Eizusatz zurückgeführt wird, d. h., daß gefärbte Wasserteigwaren für Eierteigwaren gehalten werden, oder daß aus einer stärkeren, durch Farbzusatz verursachten Färbung von Eierteigwaren auf einen entsprechend höheren Eigehalt geschlossen wird. Zur Vermeidung dieser Gefahr einer Täuschung des Käufers ist Kennzeichnung der künstlichen Färbung geboten.[1] Teigwaren dürfen nur dann als Eierteigwaren feilgehalten oder verkauft werden, wenn sie auch tatsächlich Eizusatz in greifbarer Menge enthalten. Der Käufer von Eiernudeln ist sicherlich zu der Erwartung berechtigt, daß deren Eigehalt in gewissem Verhältnisse zu ihrem höheren Verkaufspreise steht.[2]

VIII. Hülsenfrüchte.

Unter den vegetabilischen Nahrungsmitteln zeichnen sich die Hülsenfrüchte oder Leguminosen durch einen hohen Gehalt an Eiweißstoffen aus, weshalb sie zu den wichtigsten Nahrungsmitteln vegetabilischer Herkunft gerechnet werden.

Im Deutschen Reiche waren zum **Anbau** von Hülsenfrüchten im Jahre 1900 rund 1,5 Millionen Hektar in Benutzung, so daß 11 Prozent der gesamten zum Getreideanbau herangezogenen Bodenfläche zur Gewinnung von Hülsenfrüchten dienten. Der inländische Bedarf an den zur Ernährung verwendeten Hülsenfrüchten Bohnen, Erbsen und Linsen muß jedoch trotzdem noch zum erheblichen Teile durch **Einfuhr** insbesondere aus Rußland gedeckt werden.

Die Ein- und Ausfuhr an trockenen Hülsenfrüchten bezifferte sich in den Jahren 1907 und 1908:

	Jahr	Einfuhr Tonnen	Einfuhr Millionen Mark	Ausfuhr Tonnen	Ausfuhr Millionen Mark
Bohnen	1907	56 921	10,23	2 515	0,54
	1908	58 465	9,61	1 593	0,29
Erbsen	1907	94 465	17,16	5 778	1,13
	1908	81 894	13,60	5 329	1,12
Linsen	1907	17 601	6,61	734	0,34
	1908	24 867	5,44	1 837	0,53

[1] Vgl. Deutsches Nahrungsmittelbuch 1909 S. 102.
[2] Vgl. Neufeld a. a. O. S. 204.

Der wertvollste **Bestandteil** der Hülsenfrüchte, das Legumin, ist ein Eiweißkörper, welcher chemisch zu den Globulinen gerechnet wird und ein Pflanzenkasein darstellt. Während der Eiweißgehalt der Getreidefrüchte bis zu 12 Prozent zu betragen pflegt, kann der Gehalt an Eiweißstoffen bei den Hülsenfrüchten bis zu 30 Prozent ansteigen, meistens beläuft er sich auf 20 bis 25 Prozent. Die stickstofffreien Extraktstoffe bestehen auch bei den Hülsenfrüchten vorwiegend aus Stärke; von sonstigen Kohlenhydraten wurden Saccharose, Galaktan und Dextrin nachgewiesen.

Das in den Leguminosen enthaltene Fett zeichnet sich durch einen verhältnismäßig hohen Lecithingehalt aus, während die Mineralbestandteile mehr Kaliumverbindungen als Kalksalze enthalten.

Der **Wert** der Hülsenfrüchte für die Ernährung wird dadurch beeinträchtigt[1], daß sie beim Kochen durch Aufnahme erheblicher Wassermengen aufquellen und dann einen im Verhältnis zu ihrem Nährstoffgehalt übergroßen Raum einnehmen, so daß die aus ihnen bereiteten Speisen durch ihre bedeutende Masse Magen und Darm beschweren. Ferner bedingt auch der Widerwille mancher Menschen gegen einen zu häufigen Genuß von Erbsen, Bohnen oder Linsen eine Minderschätzung der Leguminosen gegenüber den Getreidefrüchten.

Durch die Zubereitung kann die Verdaulichkeit der Hülsenfrüchte stark beeinflußt werden. Falls die zellulosehaltigen Hüllen mitgenossen werden[2], werden nur 78 Prozent der Gesamtnährstoffe und 58 Prozent der Eiweißstoffe vom Körper ausgenutzt; bei Entfernung der Hüllen steigt die Ausnutzung der Gesamtnährstoffe jedoch auf 87,5 und die Ausnutzung der Eiweißsubstanzen auf etwa 80 Prozent. Bei der Zubereitung von Hülsenfrüchten ist die Benutzung harten Wassers tunlichst zu vermeiden, da das Legumin durch den Kalk des Wassers in unlösliche Form übergeführt wird. Die Kalksalze harten Wassers können jedoch auch durch Zusatz von doppeltkohlensaurem Natrium abgeschieden und so unschädlich gemacht werden.

Die Hülsenfrüchte werden in neuerer Zeit nach dem Einweichen in Wasser, Darren und Entfernen der Schalen zu Mehl verarbeitet. Diese **Leguminosenmehle** kommen für sich oder nach Vermischung mit Getreidemehl als Kraftsuppenmehle, Suppentafeln usw. in den Handel.

Über die **Zusammensetzung** der gebräuchlichsten Leguminosen geben folgende nach J. König zitierte Analysenresultate Aufschluß:

---

[1] Vgl. Gesundheitsbüchlein. Bearbeitet im Kaiserl. Gesundheitsamte. Berlin 1904. S. 70.

[2] Vgl. Uffelmann, Handbuch der Hygiene S. 226.

	Stickstoffsubstanz %	Kohlenhydrate %	Fett %	Wasser %	Rohfaser %	Mineralstoffe %
Feldbohnen . .	25,68	47,29	1,68	14,00	8,25	3,10
Gartenbohnen (Vitsbohnen) .	23,66	55,60	1,96	11,24	3,88	3,66
Erbsen . . .	23,35	52,65	1,88	13,80	5,57	2,75
Linsen	25,94	52,84	1,93	12,33	3,92	3,04
Bohnenmehl . .	23,23	58,92	2,14	10,57	1,78	3,36
Erbsenmehl . .	25,72	57,18	1,78	11,28	1,26	2,78
Linsenmehl . .	25,71	56,79	1,86	10,96	2,10	2,58

IX. Zucker und Zuckerwaren.

In den menschlichen Nahrungsmitteln kommen von Zuckerarten hauptsächlich der Rohrzucker, der Traubenzucker, der Fruchtzucker, der Malzzucker und endlich der Milchzucker vor.

Der Rohrzucker oder die Saccharose, welcher im gewöhnlichen Leben kurzweg als Zucker bezeichnet wird, findet sich in größerer Menge im Safte des Zuckerrohrs (Saccharum officinarum) und der Zuckerrübe (Beta vulgaris), ferner auch im Safte des Zuckerahorns, der Dattelpalme und der Zuckerhirse.

Mit dem Namen Zuckerwaren[1] bezeichnet man eine Reihe von Nahrungs- und Genußmitteln, die aus Zucker aller Art unter Mitverwendung von Mehl, Stärke, Milch, Eiern, Fett, Honig, Kakao, Früchten usw. hergestellt werden. Die Zuckerwaren lassen sich als Konfekte, Bonbons, kandierte Früchte und Dragees unterscheiden.

Für die technische Gewinnung des in sehr umfangreichem Maße verbrauchten Zuckers kommen besonders die Zuckerrübe sowie das in tropischen Gegenden angebaute Zuckerrohr in Betracht. Die **Produktion** an Rübenzucker und Rohrzucker in den an der Zuckergewinnung hauptsächlich beteiligten Ländern bezifferte sich nach Herstellungsmengen geordnet in den Jahren 1907/08 wie folgt:

[1] Vgl. Vereinbarungen Heft 2, S. 99.

Rübenzucker.			Rohrzucker.		
Deutsches Reich[1]	1 924 858	Tonnen	Britisch-Indien	2 084 812	Tonnen
Österreich-Ungarn[1]	1 270 000	"	Java	1 270 000	"
Rußland	1 261 471	"	Kuba	962 741	"
Frankreich[1]	656 832	"	Hawaii	472 733	"
Vereinigte Staaten	447 243	"	Vereinigte Staaten	352 566	"
Belgien[1]	208 000	"	Austral. Bund	219 973	"
Niederlande	158 934	"	Portoriko	216 403	"
Italien	135 965	"	Brasilien	196 780	"

Bezüglich des Umfanges der Rübenzuckerproduktion nimmt das Deutsche Reich daher zurzeit die erste Stelle ein. In den inländischen Zuckerfabriken und Zuckerraffinerien wurden nach der letzten Gewerbezählung insgesamt 37 380, in der Zuckerwarenfabrikation zusammen 14 987 Personen beschäftigt.

Zur Zuckergewinnung wurden in den letzten Jahren in Deutschland folgende Mengen Ausgangsmaterial verwendet und insgesamt an Roh- und Verbrauchszucker erzeugt:

Betriebsjahr	Menge der verarbeiteten Rüben Tonnen	Diese Rüben waren geerntet auf ha	Im ganzen wurden gewonnen in Tonnen		
			Rohzucker	Verbrauchszucker	Überhaupt auf Rohzucker umgerechnet
1905/06	15 733 478	471 742	2 127 948	1 711 063	2 400 771
1906/07	14 186 536	446 963	1 949 099	1 655 383	2 242 046
1907/08	13 482 750	450 030	1 846 670	1 565 713	2 138 731

Von den Erzeugnissen der deutschen Zuckerindustrie kommen alljährlich große Mengen zur Ausfuhr, so daß das Deutsche Reich die höchste Zuckerausfuhr aller Produktionsländer besitzt. Im Jahre 1908 bezifferte sich die deutsche Zuckerausfuhr folgendermaßen:

Kristallzucker, granulierter	348 039	Tonnen im Werte von	85,3 Mill. Mk.
Platten-, Stangen-, Würfelzucker	35 708	" " " "	10,2 " "
Gemahlener Melis	18 287	" " " "	4,6 " "
Rübenzucker, roher	382 557	" " " "	80,7 " "
Gemahlene Raffinade	13 200	" " " "	3,5 " "
Stücken-, Krümelzucker	15 200	" " " "	4,1 " "

Im Inlande selbst ist der **Konsum** in einer stetigen Steigerung begriffen. Während in den Jahren 1871—1876 der Jahresverbrauch an Zucker auf den Kopf der Bevölkerung erst 6,0 kg betrug, war er von 1891—1896 bereits auf 10,6 kg gestiegen und belief sich 1907/08 nach den amtlichen Nachweisen in Deutschland auf 17,1 kg pro Kopf der Bevölkerung.

[1] = raffinierter Zucker.

Für die **Regelung des Verkehrs** mit Zucker ist das Zuckersteuergesetz vom 27. Mai 1896 nebst Abänderungen vom 6. Januar 1903 von Bedeutung. Auf Grund dieses Gesetzes sind fester und flüssiger Rohrzucker einschließlich der Rübensäfte, Füllmassen und der Zuckerabläufe (Sirup und Melasse) einer Verbrauchsabgabe unterworfen, deren Ertrag sich für 1907/08 z. B. auf 150 Millionen Mark belief. Bei der Ausfuhr von Fabrikaten, zu deren Herstellung inländischer Zucker verwendet worden ist, kann die Zuckersteuer für die verwendete Zuckermenge unerhoben bleiben oder zurückvergütet werden. Durch die zur Sicherung der Zuckersteuer erforderliche ununterbrochene Beaufsichtigung des Verkehrs mit Zucker und verwandten Erzeugnissen ist eine Gewähr[1] für die einwandfreie Herstellung dieser Waren und für deren Reinheit geschaffen. Wenngleich das Zuckersteuergesetz vor allem steuerlichen Interessen dient, so stellt es anderseits auch eine Ergänzung der allgemeinen, nahrungsmittelgesetzlichen Bestimmungen dar, die auf Zucker und Zuckerwaren gleichfalls Anwendung finden.

Für die Herstellung der Zuckerwaren, bei welchen eine künstliche Färbung der Erzeugnisse selbst oder des verwendeten Verpackungsmaterials sehr oft erwünscht ist, sind die folgenden §§ 1 und 2 des Farbengesetzes vom 5. Juli 1887 von Wichtigkeit:

§ 1. Gesundheitsschädliche Farben dürfen zur Herstellung von Nahrungs- und Genußmitteln, welche zum Verkauf bestimmt sind, nicht verwendet werden.

Gesundheitsschädliche Farben im Sinne dieser Bestimmung sind diejenigen Farbstoffe und Farbzubereitungen, welche Antimon, Arsen, Barium, Blei, Kadmium, Chrom, Kupfer, Quecksilber, Uran, Zink, Zinn, Gummigutti, Korallin, Pikrinsäure enthalten.

§ 2. Zur Aufbewahrung oder Verpackung von Nahrungs- und Genußmitteln, welche zum Verkauf bestimmt sind, dürfen Gefäße, Umhüllungen oder Schutzbedeckungen, zu deren Herstellung Farben der im § 1 Abs. 2 bezeichneten Art verwendet sind, nicht benutzt werden.

Auf die Verwendung von
schwefelsaurem Barium (Schwerspat, blanc fixe),
Barytfarblacken, welche von kohlensaurem Barium frei sind,
Chromoxyd, Kupfer, Zinn, Zink und deren Legierungen als Metallfarben,
Zinnober,
Zinnoxyd,
Schwefelzinn als Musivgold,
sowie auf alle in Glasmassen, Glasuren oder Emails eingebrannte Farben und auf den äußeren Anstrich von Gefäßen aus wasserdichten Stoffen findet diese Bestimmung nicht Anwendung.

Da durch die Verwendung künstlicher Süßstoffe bei der Herstellung von Nahrungs- und Genußmitteln nicht nur ein höherer Zuckergehalt der Ware vorgetäuscht, sondern gleichzeitig wegen des mangelnden Nährwertes der eine hohe Süßkraft besitzenden künstlichen Süßstoffe

[1] Vgl. Das Deutsche Reich usw. a. a. O.

eine Schädigung der Käufer verursacht wird, so erwies sich eine Regelung des Verkehrs mit künstlichen Süßstoffen im Deutschen Reiche als erforderlich. Diese Regelung erfolgte erstmalig durch das Reichsgesetz vom 6. Juli 1898; seit dem 1. April 1903 ist das nachstehende Süßstoffgesetz in Geltung:

Gesetz betr. den Verkehr mit künstlichen Süßstoffen.
Vom 7. Juli 1902.

§ 1. Süßstoff im Sinne dieses Gesetzes sind alle auf künstlichem Wege gewonnenen Stoffe, welche als Süßmittel dienen können und eine höhere Süßkraft als raffinierter Rohr- oder Rübenzucker, aber nicht entsprechenden Nährwert besitzen.

§ 2. Soweit nicht in den §§ 3 bis 5 Ausnahmen zugelassen sind, ist es verboten:

a) Süßstoff herzustellen oder Nahrungs- oder Genußmitteln bei deren gewerblicher Herstellung zuzusetzen;
b) Süßstoff oder süßstoffhaltige Nahrungs- oder Genußmittel aus dem Ausland einzuführen;
c) Süßstoff oder süßstoffhaltige Nahrungs- oder Genußmittel feilzuhalten oder zu verkaufen.

§ 3. Nach näherer Bestimmung des Bundesrats ist für die Herstellung oder die Einfuhr von Süßstoff die Ermächtigung einem oder mehreren Gewerbetreibenden zu geben.

Die Ermächtigung ist unter Vorbehalt des jederzeitigen Widerrufs zu erteilen und der Geschäftsbetrieb des Berechtigten unter dauernde amtliche Überwachung zu stellen. Auch hat der Bundesrat in diesem Falle zu bestimmen, daß bei dem Verkaufe des Süßstoffs ein gewisser Preis nicht überschritten werden sowie ob und unter welchen Bedingungen eine Ausfuhr von Süßstoff in das Ausland erfolgen darf.

§ 4. Die Abgabe des gemäß § 3 hergestellten oder eingeführten Süßstoffs im Inland ist nur an Apotheken und an solche Personen gestattet, welche die amtliche Erlaubnis zum Bezuge von Süßstoff besitzen.

Diese Erlaubnis ist nur zu erteilen:

a) an Personen, welche den Süßstoff zu wissenschaftlichen Zwecken verwenden wollen;
b) an Gewerbetreibende zum Zwecke der Herstellung von bestimmten Waren, für welche die Zusetzung von Süßstoff aus einem die Verwendung von Zucker ausschließenden Grunde erforderlich ist;
c) an Leiter von Kranken-, Kur-, Pflege- und ähnlichen Anstalten zur Verwendung für die in der Anstalt befindlichen Personen;
d) an die Inhaber von Gast- und Speisewirtschaften in Kurorten, deren Besuchern der Genuß mit Zucker versüßter Lebensmittel ärztlicherseits untersagt zu werden pflegt, zur Verwendung für die im Orte befindlichen Personen.

Die Erlaubnis ist ferner nur unter Vorbehalt jederzeitigen Widerrufs und nur dann zu erteilen, wenn die Verwendung des Süßstoffs zu den angegebenen Zwecken ausreichend überwacht werden kann.

§ 5. Die Apotheken dürfen Süßstoff außer an Personen, welche eine amtliche Erlaubnis (§ 4) besitzen, nur unter den vom Bundesrate festzustellenden Bedingungen abgeben.

Die im § 4 Abs. 2 zu b benannten Bezugsberechtigten dürfen den Süßstoff nur zur Herstellung der in der amtlichen Erlaubnis bezeichneten Waren verwenden und letztere nur an solche Abnehmer abgeben, welche derart zubereitete Waren ausdrücklich verlangen. Der Bundesrat kann bestimmen, daß diese Waren unter bestimmten Bezeichnungen und in bestimmten Verpackungen feilgehalten und abgegeben werden müssen.

Die zu c und d genannten Bezugsberechtigten dürfen Süßstoff oder unter Verwendung von Süßstoff hergestellte Nahrungs- oder Genußmittel nur innerhalb der Anstalt (zu c) oder des Ortes (zu d) abgeben.

§ 6. Die vom Bundesrate zur Ausführung der Vorschriften in den §§ 3, 4 und 5 zu erlassenden Bestimmungen sind dem Reichstage bis zum 1. April 1903 vorzulegen. Sie sind außer Kraft zu setzen, soweit der Reichstag dies verlangt.

§ 7. Wer der Vorschrift des § 2 vorsätzlich zuwiderhandelt, wird, soweit nicht die Bestimmungen des Vereinszollgesetzes Platz greifen, mit Gefängnis bis zu sechs Monaten und mit Geldstrafe bis zu eintausendfünfhundert Mark oder mit einer dieser Strafen bestraft.

Ist die Handlung aus Fahrlässigkeit begangen worden, so tritt Geldstrafe bis zu einhundertfünfzig Mark oder Haft ein.

§ 8. Der Strafe des § 7 Abs. 1 unterliegen auch diejenigen, in deren Besitz oder Gewahrsam Süßstoff in Mengen von mehr als 50 g vorgefunden wird, sofern sie nicht den Nachweis erbringen, daß sie den Süßstoff nach Inkrafttreten dieses Gesetzes von einer zur Abgabe befugten Person bezogen haben.

Ist in solchen Fällen den Umständen nach anzunehmen, daß der vorgefundene Süßstoff nicht verbotswidrig hergestellt oder eingeführt worden ist, so tritt statt der Strafe des § 7 Abs. 1 diejenige des Abs. 2 daselbst ein.

§ 9. In den Fällen des § 7 und § 8 ist neben der Strafe auf Einziehung der Gegenstände zu erkennen, mit Bezug auf welche die Zuwiderhandlung begangen worden ist.

Ist die Verfolgung oder Verurteilung einer bestimmten Person nicht ausführbar, so kann auf die Einziehung selbständig erkannt werden.

§ 10. Zuwiderhandlungen gegen die auf Grund dieses Gesetzes erlassenen und öffentlich oder den Beteiligten besonders bekannt gemachten Verwaltungsvorschriften werden mit einer Ordnungsstrafe von einer bis zu dreihundert Mark geahndet.

§ 11. Den Inhabern der Süßstofffabriken, die als solche bereits vor dem 1. Januar 1901 betrieben worden sind und diese Fabrikation auch innerhalb der Zeit vom 1. April 1901 bis 1. April 1902 fortgesetzt haben, wird eine vom Bundesrat unter Ausschluß des Rechtswegs festzustellende Entschädigung gewährt.

Die Entschädigung soll das Sechsfache eines Jahresgewinns nach dem Durchschnitte der Betriebsjahre 1898/99, 1899/1900, 1900/1901 unter Annahme der Gewinnhöhe von vier Mark für jedes Kilogramm des innerhalb dieser Zeit hergestellten chemisch-reinen Süßstoffs betragen.

Wird der Inhaber einer Süßstofffabrik gemäß § 3 zur Herstellung von Süßstoff für eigene Rechnung ermächtigt, so tritt eine entsprechende Verminderung der Entschädigung ein; wird die Ermächtigung widerrufen, so ist die Entschädigung entsprechend nachzuvergüten.

Die Inhaber der Fabriken sind verpflichtet, von der ihnen gewährten Entschädigung ihren Beamten und Arbeitern, die infolge des Verbots aus ihrer Beschäftigung entlassen werden, eine Entschädigung zu gewähren, die bei Arbeitern dem von ihnen in den letzten drei Monaten vor dem Inkrafttreten dieses Gesetzes bezogenen durchschnittlichen Arbeitsverdienste, bei Beamten dem von ihnen in den letzten sechs Monaten vor dem Inkrafttreten dieses Gesetzes bezogenen Gehalt entspricht.

Streitigkeiten zwischen den Inhabern der Fabriken einerseits und den Beamten oder Arbeitern andererseits werden von der für Lohnstreitigkeiten zuständigen Instanz entschieden.

§ 12. Der Reichskanzler ist befugt, von dem Tage der Publikation dieses Gesetzes ab den einzelnen Fabriken den von ihnen herzustellenden Höchstbetrag von Süßstoff vorzuschreiben.

§ 13. Dieses Gesetz tritt mit dem 1. April 1903 in Kraft. Mit diesem Zeitpunkte tritt das Gesetz betreffend den Verkehr mit künstlichen Süßstoffen vom 6. Juli 1898 (Reichs-Gesetzbl. S. 919) außer Kraft.

Die **Fabrikation des Rübenzuckers**, welcher für die inländische Erzeugung allein in Frage kommt, zerfällt in die Gewinnung des Rohzuckers und die in den Zuckerraffinerien erfolgende Weiterverarbeitung desselben zu Verbrauchszucker.

Bei der Fabrikation des Rohzuckers erfolgt die Gewinnung des Zuckersaftes aus den zerkleinerten Rüben durch systematisches Auslaugen der Schnitzel mit warmem Wasser in sogenannten Diffuseuren. In diesen Apparaten tritt die in den Zellen eingeschlossene Zuckerlösung durch die Zellwände in das umgebende Wasser aus und wird durch das von außen in die Zellen gelangende Wasser ersetzt. Die Auslaugung wird hierbei derartig geleitet, daß der Reihe nach zuckerärmere Lösungen mit zuckerreicheren Schnitzeln in Berührung kommen, wodurch die Diffusionswirkung verstärkt wird.

Zur Reinigung wird der etwa 10 Prozent Zucker enthaltende Saft alsdann erhitzt, mit Ätzkalk versetzt und hierauf mit Kohlensäure behandelt. Der Kalk bindet die freien Säuren, fällt Phosphorsäure, Oxalsäure und andere organische Säuren sowie Magnesia, Eiweißkörper, Schwebestoffe und Farbstoffe aus und führt den Zucker in ein wasserlösliches Kalksalz über (Scheidung). Durch Sättigen mit Kohlensäure wird der überschüssige Kalk ausgefällt und das vorher gebildete Calciumsaccharat unter Abscheidung kohlensauren Kalkes zersetzt (Saturation). Häufig wird zur weiteren Reinigung und Entfärbung der erhaltenen Zuckerlösung noch eine Nachsaturation mit schwefliger Säure ausgeführt.

Die gewonnene dünne Zuckerlösung wird durch Verdampfen in den Dicksaft übergeführt und im Vakuum zu Füllmasse, einem teilweise schon kristallisierten Sirup von 60—80 Prozent Zuckergehalt verkocht. Der nach dem Abkühlen auskristallisierte Rohzucker wird durch Ausschleudern als erstes Produkt gewonnen, während der abgeschiedene Sirup durch weiteres Eindampfen und Auskristallisierenlassen auf ein zweites und drittes Produkt verarbeitet wird. Der vom dritten Produkte entfallende, nicht mehr auskristallisierende Sirup bildet die Melasse.

Aus 100 kg Rüben mit einem Zuckergehalte von etwa 13,5 Prozent erhält man nach diesem Verfahren 11 kg Rohzucker und 3 kg Melasse. Der gewonnene Rohzucker ist wegen seines Gehaltes an Melasse, die ihm eine gelbe Farbe und unangenehmen Geschmack verleiht, noch nicht genußtauglich, sondern muß noch weiter gereinigt werden.

In den Zuckerraffinerien wird zu diesem Zwecke der Rohzucker in Wasser gelöst und durch Behandeln mit Tierkohle entfärbt und geklärt. Die Zuckerlösung wird dann im Vakuum eingedampft und in eisernen Hutformen der Kristallisation überlassen. Der anhaftende Sirup fließt beim Öffnen der Formen ab. Durch Übergießen mit reinen Zuckerlösungen und schließliches Absaugen wird der Zucker von den letzten Anteilen der Melasse befreit und alsdann getrocknet.

Die Verarbeitung der Melasse, welche noch etwa 50 Prozent Zucker enthält, auf Zucker erfolgt vornehmlich nach dem Strontiumverfahren, bei welchem die Melasse mit Strontiumoxyd versetzt wird. Hierbei scheidet sich das in Wasser unlösliche Strontiumsaccharat ab, welches durch Filterpressen von der Melasse befreit wird. Das Saccharat wird durch Kohlensäure in unlösliches Strontiumkarbonat und reine Zuckerlösung zerlegt. Die abfiltrierte Zuckerlösung wird durch Eindampfen zu Konsumzucker verarbeitet.

Je nach dem Grade der Reinheit und dem mehr oder weniger abgeänderten Herstellungsverfahren erhält man die verschiedenen **Zuckersorten des Handels**, die nach Korn und Aussehen bewertet werden und für welche folgende Formen und Bezeichnungen die handelsüblichsten sind:[1]

1. Sogenannte harte Zucker, das sind Zucker, bei welchen die einzelnen Kristalle zu größeren Stücken zusammengefügt sind. Man unterscheidet Brot-, Platten-, Würfelzucker und Zucker in unregelmäßigen Stücken (Knoppern, Crushed, Pilé).
2. Kristallzucker. Derselbe besteht aus losen, deutlich ausgebildeten Zuckerkristallen und wird nach der Farbe und Körnung bewertet. Kristallzucker von mittlerer Körnung wird häufig als Granulated bezeichnet. Kastor-Zucker ist ein Kristallzucker von besonders gleichmäßiger, feiner Körnung.
3. Gemahlene Zucker werden nach Art des Mahlstoffes, der Siebung und ihrem Aussehen bewertet.
4. Farin ist Zucker in gelblich bis braunen Einzelkristallen, welcher entweder gemahlen oder ungemahlen in den Handel kommt und nach Geschmack, Trockenheit und Farbe bewertet wird.
5. Kandis ist raffinierter Zucker in sehr großen Kristallen. Man unterscheidet weißen, gelben und braunen Kandis.

Bei der **Herstellung von Zuckerwaren** werden neben dem Zucker als wesentlichstem Bestandteil so zahlreiche andere Stoffe (vgl. oben) verwendet, daß feste Begriffsbestimmungen für diese Erzeugnisse nicht

---

[1] Vgl. Deutsches Nahrungsmittelbuch 1909, S. 141.

aufgestellt werden können. Bei ihrer Herstellung und Beurteilung ist jedoch darauf zu achten, daß die verwendeten Stoffe einen Gebrauchswert als Nahrungsmittel besitzen müssen, und daß die einschlägigen gesetzlichen Bestimmungen des Süßstoffgesetzes und die Vorschriften bezüglich der verwendeten Farbstoffe und Umhüllungen beobachtet werden.

Während in früherer Zeit **Verfälschungen** des Zuckers mit Stärkezucker versucht wurden, kommen zurzeit Verfälschungen des Rohrzuckers nur selten vor. Schwachgelb gefärbte Zuckersorten werden häufig zur Abtönung der gelben Farbe mit Ultramarin versetzt; eine Verfälschung ist hierin nicht zu erblicken.

Der Rohrzucker oder die Sacharose gehört in **chemischer Hinsicht** zur Gruppe der Kohlenhydrate, und zwar zu den Disachariden, weshalb ihm die Formel $C_{12}H_{22}O_{11}$ zukommt. Der Rohrzucker besitzt in wässeriger Lösung die Eigenschaft, das polarisierte Licht nach rechts abzulenken. Da diese Ablenkung proportional der Konzentration der Lösung ist, so kann das optische Verhalten zur Gehaltsbestimmung von Zuckerlösungen herangezogen werden.

Verdünnte Mineralsäuren führen beim Erwärmen den Rohrzucker in ein Gemisch von gleichen Teilen Traubenzucker und Fruchtzucker über. Diese Umwandlung bezeichnet man wegen der optischen Linksdrehung des entstandenen Gemisches als Inversion und den erhaltenen Zucker als Invertzucker. Die gewichtsanalytische Bestimmung des Rohrzuckers in Zucker, Zuckerwaren und zuckerhaltigen Lebensmitteln erfolgt durch Überführung der Sacharose in Invertzucker, der bei Innehaltung bestimmter Versuchsbedingungen Kupfersalzlösungen quantitativ zu reduzieren vermag. Das ausgeschiedene Kupferoxydul wird zur Wägung gebracht und der Zuckergehalt durch Rechnung gefunden.

X. Honig.[1]

Honig als Nahrungs- und Genußmittel ist der süße Stoff, den die Honigbienen erzeugen, indem sie Säfte aus den verschiedenen lebenden Pflanzen aufnehmen, umwandeln und zum Zwecke der Ernährung des Bienenvolkes in den Waben aufspeichern.

Frisch ausgelassen ist der Honig klar und dickflüssig, er trübt sich allmählich und erstarrt je nach seiner Zusammensetzung früher oder später durch Auskristallisieren von Glykose zu einer mehr oder weniger kristalli-

[1] Bearbeitet unter Berücksichtigung der Beschlüsse der Freien Vereinigung Deutscher Nahrungsmittelchemiker und der Denkschrift des Kais. Gesundheitsamtes über den Verkehr mit Honig.

nischen Masse. Für die Farbe, den Geruch und Geschmack des Honigs sind die Blüten maßgebend, von welchen die Bienen den Honig sammeln. Außerdem ist die Art der Gewinnung von Einfluß auf die Beschaffenheit des Honigs.

Die Größe der **Honigproduktion** ist im Deutschen Reiche für das Jahr 1900 amtlich ausschließlich des den Bienenvölkern zur Überwinterung verbleibenden Honigs auf 149501 Doppelzentner ermittelt worden. Die Zahl der Bienenstöcke betrug zur genannten Zeit 2605350 Stück, im Jahre 1907 belief sie sich auf 2594690 Stöcke. Für das Jahr 1900, welches jedoch nicht als gutes Honigjahr bezeichnet werden kann, wurde der Ertrag eines Stockes zu 5,74 kg gefunden. Im allgemeinen schwankt der Ertrag für den Stock zwischen 5 und 7,5 kg, so daß der durchschnittliche jährliche Honigertrag in Deutschland sich bei einem Bestand von rund 2,6 Millionen Bienenvölkern zwischen 130000 und 195000 Doppelzentnern bewegen wird. Der Gesamtwert der deutschen Honigproduktion muß demnach zwischen 19,5 und 29,25 Millionen Mark schwanken.

Die Ein- und Ausfuhr von Honig bewertete sich in den Jahren 1899—1901 wie folgt:

Jahr	Einfuhr		Ausfuhr	
	Menge in Dz.	Wert 1000 Mk.	Menge in Dz.	Wert 1000 Mk.
1899	21049	1030	5202	780
1900	19117	994	3218	200
1901	20766	921	2309	143

Die Inlandsproduktion an Honig übertraf daher die Einfuhr an ausländischem Honig im Jahre 1900 um fast das Achtfache.

Die **Beschaffenheit** des Honigs wird durch die Gewinnungsart und die Herkunft desselben wesentlich beeinflußt. Nach der Art der Gewinnung unterscheidet man Schleuderhonig, Scheiben- oder Wabenhonig, Leckhonig, Preßhonig usw. Nach den Pflanzen, aus deren Blüten der Honig gewonnen wird, bezeichnet man das Produkt als Linden-, Akazien-, Heide- oder Koniferenhonig, welche Sorten infolge ihres Aussehens und ihres Geruchs und Geschmacks größere oder geringere Wertschätzung besitzen. Eine wesentliche Rolle bei der Beurteilung der Güte sowohl wie der Reinheit eines Honigs spielen die Riechstoffe, die dem Honig das Aroma verleihen. Woraus diese Riechstoffe bestehen, ist nicht genau bekannt; es ist auch bisher nicht gelungen, sie aus dem Honig abzusondern. Sehr wahrscheinlich aber sind es Gemenge der verschiedensten Stoffe, die nur in sehr kleinen Mengen im Honig enthalten sind.

Der Hauptbestandteil des Bienenhonigs ist ein Gemisch von ungefähr gleichen Teilen Traubenzucker und Fruchtzucker. Daneben sind wechselnde Mengen Rohrzucker, Maltose und Dextrine sowie geringe Mengen gummiähnlicher Substanzen, ferner Eiweißkörper, Mineralstoffe und von organischen Säuren Ameisensäure und Apfesäure sowie endlich als mechanische Beimengungen Wachsteilchen, pflanzliche Gewebselemente und Pollenkörner vorhanden. Die **chemische Zusammensetzung** des Honigs ist nicht konstant, sondern gleichwie die äußere Beschaffenheit wechselnd. Im allgemeinen schwankt der Prozentgehalt der Bestandteile der Honige innerhalb folgender Grenzen:

Glykose	= 22—44 %
Fruktose	= 32—49 „
Saccharose	= bis 10 „
Zuckerfreie Trockensubstanz .	= 5—16 „
Darunter:	
Ameisensäure	0,1—0,2 %
Stickstoffsubstanz	0,3—2,7 „
Dextrin . . .	bis 10 „
Wasser im Mittel	= 20 %

Die Zusammensetzung des Honigs wird von den Lebensbedingungen, dem Futter und auch den Lebensgewohnheiten der Bienen beeinflußt. Bekannt ist es z. B., daß Bienen, die in der Nähe von Zuckerfabriken leben, mit Vorliebe den dort sich findenden Zucker aufsuchen. Der so gesammelte Zucker wird im Bienenkörper nicht vollständig in Invertzucker umgewandelt, so daß der bei Zuckerfütterung abgeschiedene Honig größere Rohrzuckermengen enthält, als sich im Naturhonig vorfinden.

Als **Verfälschungsmittel** für Honig wurden Zusatz von Wasser, Melassesirup, Rohrzucker, Invertzucker in Form von künstlichem sogenannten Zuckerhonig, ferner Stärkezucker und Stärkesirup beobachtet. Die Lebensmittelkontrolle hat insbesondere darauf zu achten, daß Kunsterzeugnisse oder Mischungen von Kunsthonigen mit Bienenhonig nicht unter zur Täuschung geeigneten Bezeichnungen in den Verkehr gelangen. Auch die künstliche Färbung des Honigs ist als Verfälschung anzusehen.

Die Fabrikation und der Konsum von **Honigersatzstoffen,** die aus Rohrzucker durch Inversion hergestellt werden und demnach in chemischer Beziehung aus Invertzucker bestehen, dem Farbstoffe und etwaige Riechstoffe zugesetzt werden, hat in neuerer Zeit erheblichen Umfang angenommen. Nach Schätzung von sachverständiger Seite soll die Menge des im preußischen Staatsgebiete hergestellten Kunsthonigs vor einigen Jahren bereits 28000 Doppelzentner betragen haben.

XI. Kartoffeln, Kartoffelstärke, Stärkezucker und Stärkesirup.

Die Kartoffel findet sowohl als Nahrungsmittel für Menschen und Tiere, als auch als Ausgangsmaterial für die Stärke-, Stärkezucker und Branntweinfabrikation ausgedehnte Verwendung, weshalb die Kartoffelpflanze nach den Getreidefrüchten am meisten angebaut wird.

Im Deutschen Reiche wurden im Jahre 1908 insgesamt 3292647 Hektar zum Anbau von Kartoffeln benutzt und die gesamte **Erntemenge** an Kartoffeln belief sich auf 46,34 Millionen Tonnen. Dieser Ernteertrag ist bedeutend höher, als die Produktion anderer Kulturländer, wie aus folgenden Angaben über die Welternte in den Jahren 1907 und 1908 hervorgeht:

Deutschland	46342,7	Tausend Tonnen
Rußland (europäisches)	28852,9	" "
Österreich	14663,4	" "
Frankreich	13940,7	" "
Ungarn	5546,3	" "
Großbritannien . .	3981,6	" "
Irland	3250,9	" "
Niederlande	2877,5	" "

Trotz der großen Produktion werden von Deutschland mehr Kartoffeln eingeführt als ausgeführt:

	Einfuhr		Ausfuhr	
	Tonnen	1000 Mark	Tonnen	1000 Mark
1907 . . .	333712	16718	110522	6924
1908 . . .	329417	15257	115236	7074

Als verfügbar zum **Verbrauch** für menschliche und tierische Ernährung sowie gewerbliche Zwecke berechnen sich unter Abzug der Aussaat und der Ausfuhr sowie unter Hinzurechnung der Mehreinfuhr im ganzen für 1906/07 36524, für 1907/08 39097 Tausend Tonnen, so daß auf den Kopf der Bevölkerung 592,6 und 625,3 kg verfügbar waren.

Bezüglich der Verwendung für gewerbliche Zwecke ist hervorzuheben, daß von dieser Gesamtmenge in der gleichen Zeit in 5892 bzw. 6608 Brennereien 2632 und 2778 Tausend Tonnen zu Kartoffelbranntwein verarbeitet wurden, während die Fabrikation von Stärke und Stärkeprodukten nach der Gewerbezählung von 1907 im Deutschen Reiche in 411 Betrieben, die Herstellung von Stärke- und Fruchtzucker in 110 Hauptbetrieben mit in beiden Gewerbearten zusammen 8024 beschäftigten Personen ausgeübt wurde. Bezüglich des Umfanges der Stärkeproduktion fehlen statistische Angaben, jedoch ist im Jahre 1904 der Wert der jährlichen Erzeugung auf 77 Millionen Mark geschätzt worden. Die Ausfuhr an Kartoffelstärke betrug 1907 21562, 1908 14369 Tonnen, die Einfuhr war sehr gering.

Über den Umfang der Produktion von Stärkezucker und Stärkesirup gibt die Statistik folgende Angaben:

	1906/07	1907/08
Stärkezucker in fester Form	8811 Tonnen,	8184 Tonnen
Stärkezuckersirup	47751 „	46634 „
Zuckerfarben	4424 „	4846 „

Insgesamt wurden 1906/07 91250 Tonnen nasse und 4359 Tonnen trockene Stärke und im Jahre 1907/08 90165 Tonnen nasse und 1855 Tonnen trockene Stärke auf Stärkezucker, Stärkesirup und Zuckerfarben verarbeitet.

Die **Kartoffel** (Solanum tuberosum L.), welche zur Familie der Solaneen gehört, wird in Deutschland in zahlreichen Spielarten angebaut. Der für die menschliche Ernährung und die technische Verarbeitung wertvolle Bestandteil der Kartoffel ist die Stärke, deren Gehalt bei guten Sorten zwischen 18 und 22 Prozent schwankt.

Der Stärkemehlgehalt der Kartoffel läßt sich aus dem spezifischen Gewicht derselben ermitteln. Zu diesem Zwecke bestimmt man das Gewicht von an der Luft abgewogenen 5 kg Kartoffeln nach dem Untertauchen in Wasser und kann alsdann nach besonderen Tabellen das spezifische Gewicht und hieraus den Trockensubstanz- und Stärkemehlgehalt ermitteln.

Die durchschnittliche chemische Zusammensetzung der Kartoffeln ist nach J. König folgende:

Wasser	= 74,93 %
Stickstoffsubstanz	= 1,99 „
Fett	= 0,15 „
Stärke	= 20,86 „
Holzfaser	= 0,98 „
Mineralstoffe	= 1,09 „

Die Kartoffel stellt ein billiges und verbreitetes Volksnahrungsmittel dar, welches in Deutschland von der Mitte des achtzehnten Jahrhunderts ab allmählich Eingang und in der Folgezeit immer größere Verwendung fand. Die Kartoffelpflanze gedeiht auch auf geringem Boden und liefert hohe Erträge, die 11700—19000 kg für 1 Hektar betragen können.

Beim längeren Aufbewahren der geernteten Kartoffeln geht ein Teil der Stärke in lösliche Kohlenhydrate, in Zucker und Dextrin über. Auf diese Umwandlung ist z. B. auch das Süßwerden gefrorener Kartoffeln zurückzuführen, da durch die Kälte die Umwandlung der Stärke wesentlich gefördert wird.

Die **Gewinnung der Kartoffelstärke**, der in Deutschland am meisten hergestellten Stärkeart, geschieht durch ein einfaches, rein mechanisches Verfahren. Die gewaschenen Kartoffeln werden auf maschinellem Wege zu einem Brei verrieben und durch Breimühlen noch weiter zerkleinert. Alsdann wird die Stärke durch Wasser ausgewaschen und von den Zelltrümmern und Fasern, der sogenannten Pülpe, getrennt. Aus der wäßrigen Aufschwemmung wird die Stärke durch Absetzenlassen als Rohstärke gewonnen. Die Rohstärke wird durch Waschen mit Wasser, erneutes Dekantieren und dadurch erzielte Trennung der rein weißen Stärke von der sich über dieser ablagernden Schlammstärke auf reine Stärke verarbeitet. Die erhaltene Kartoffelstärke kommt entweder als feuchte oder als trockene Stärke in den Handel. Aus dem Stärkeschlamm werden weitere 10—20 Prozent eines zweiten Produktes von geringerer Güte gewonnen.

Die feuchte Stärke enthält meist 45—48 Prozent Wasser und dient als Ausgangsmaterial für die Stärkezucker- und Stärkesirupfabrikation; ein kleinerer Teil wird auf Dextrin und Kartoffelsago verarbeitet.

Trockene Stärke mit einem Wassergehalt von 12—18 Prozent wird aus der feuchten Stärke durch Abpressen, Zentrifugieren und Trocknen bei möglichst niedriger Temperatur hergestellt. Durch Vermahlen erhält man aus der trockenen Stärke das Kartoffelmehl, in welcher Form die trockene Kartoffelstärke vielfach gehandelt und zur Herstellung von Speisen am meisten verwendet wird.

Die Kartoffelstärke oder das Kartoffelmehl enthält nach König:

80,68 %	Stärke	0,05 %	Fett
17,76 „	Wasser	0,06 „	Rohfaser
0,88 „	Stickstoffsubstanz	0,57 „	Mineralstoffe.

Die aus den Kartoffeln gewonnene Stärke besitzt eigenartiges anatomisches Gefüge. Das mikroskopische Bild zeigt große elliptische oder muschelförmige Körner mit einem exzentrisch, meist am schmäleren Ende gelegenen Kern und deutlicher Schichtung. Auf mikroskopischem Wege ist die Kartoffelstärke infolgedessen leicht von den anderen Stärkearten zu unterscheiden.

Die Kartoffelstärke wird als Ausgangsmaterial der Stärkezucker- und Stärkesirupbereitung, deren Fabrikation sich kurz folgendermaßen gestaltet, verwendet.

Zur **Darstellung des Stärkezuckers** wird die mit Wasser angerührte feuchte Stärke in kochende stark verdünnte Schwefelsäure eingetragen und so lange im Sieden erhalten, bis das Gemisch keine Stärke und kein Dextrin mehr enthält und die Umwandlung in Stärkezucker vollendet ist. Hierauf wird die Säure mit kohlensaurem Kalk neutralisiert und die von dem ausgefällten schwefelsauren Kalk getrennte Flüssigkeit durch Filtration über Knochenkohle entfärbt. Die geklärte Zuckerlösung wird im Vakuum eingedampft und auf festen Stärkezucker oder seltener auf kristallisierten Stärkezucker verarbeitet.

Bei der **Gewinnung von Stärkesirup** wird die Kartoffelstärke nur so lange mit schwächerer Säure gekocht, bis alle Stärke eine Umwandlung erfahren hat. Neben dem entstandenen Stärkezucker sind alsdann noch größere Mengen des gleichfalls entstandenen Dextrins vorhanden, welches ein Auskristallisieren des Traubenzuckers aus dem Sirup verhindert. Die neutralisierte und durch Knochenkohle entfärbte Flüssigkeit wird auf eine bestimmte Konzentration (42 oder 44° Beaumé) eingedampft. Der so hergestellte Stärke- oder Kapillärsirup findet in der Obstkonservenindustrie, als Zusatz zu Fruchtsirupen und Likören sowie bei der Zuckerwarenbereitung ausgedehnte Verwendung.

Stärkezucker und Stärkesirup des Handels besitzen ungefähr folgende chemische **Zusammensetzung**:[1]

	Dextrose (Traubenzucker)	Wasser	Dextrin
Stärkezucker . .	65—75%	15—20%	5—15%
Stärkesirup . .	35—45 „	15—20 „	etwa 40 „

Als Hauptbestandteile[2] sind also Dextrose oder Traubenzucker sowie Dextrine, Wasser und endlich geringe Mengen Mineralstoffe vorhanden. Die Dextrine stellen keine Verunreinigungen der Ware dar, sondern sind nicht vollständig abgebaute Stärkeerzeugnisse oder beim Stärkezucker Reversionsprodukte. Die vorhandenen Dextrine sind als verdauliche Kohlenhydrate der Stärke und anderen Dextrinen, wie z. B. den im Bier enthaltenen, gleichwertig.

Bezüglich der **Überwachung des Verkehrs** mit Stärkezucker und Stärkesirup ist darauf hinzuweisen, daß diese Erzeugnisse eine erheblich geringere Süßkraft und auch geringeren Geldwert als Rohrzucker und rohrzuckerhaltige Sirupe besitzen. Infolgedessen ist bei der Verwendung

[1] Nach den Reduktionswerten berechnet.
[2] Vgl. Vereinbarungen Heft II S. 97.

von Stärkezucker zur Herstellung vieler Erzeugnisse der Nahrungsmittelgewerbe, insbesondere der Fruchtdauerwaren- und Marmeladenindustrie sowie der Fruchtsirupfabrikation eine Deklaration des etwaigen Stärkesirupzusatzes zur Vermeidung einer Täuschung des kaufenden Publikums unerläßlich. Die Organe der Lebensmittelkontrolle haben daher der einwandfreien Deklaration derartiger Zusätze besondere Aufmerksamkeit zu widmen.

Stärkezucker und Stärkesirup sind als wohlfeile Süßmittel eigentlichen Verfälschungen nur sehr selten ausgesetzt gewesen. **Beanstandungen** seitens der Nahrungsmittelkontrolle haben bisweilen solche Produkte erfahren, aus welchen infolge unsorgfältiger Neutralisation die zur Umwandlung der Stärke in Stärkezucker zugesetzte Schwefelsäure nicht vollständig entfernt war, oder die mit schwefliger Säure gebleicht waren und bis zu 0,12 Prozent schweflige Säure enthielten.

Schweflige Säure und in früheren Jahren verschiedentlich auch nicht unbeträchtliche Mengen von Arsen,[1] die von der Verwendung arsenhaltiger Schwefelsäure herrührten, wurden besonders bei ausländischen Erzeugnissen beobachtet. Im Auslande wird Stärkesirup vielfach auch aus Maisstärke hergestellt.

XII. Gemüse- und Obstdauerwaren (Konserven, Fruchtsäfte, Gelees, Marmeladen).

Die Gemüse- und Obstsorten, die bei der Auswahl der menschlichen Nahrung eine große Rolle spielen, sind im frischen Zustande für die Lebensmittelkontrolle von geringerer Bedeutung, da der Konsument selbst in der Lage ist, die einwandfreie Beschaffenheit dieser Naturerzeugnisse auf Grund der Sinnesprüfung zu erkennen. Eine Ausnahme hiervon bilden nur die eßbaren Pilze, zu deren Beurteilung eine genaue Sachkunde erforderlich ist.

Wesentlich größer sind die Aufgaben, die sich der Nahrungsmittelkontrolle bieten bei der Untersuchung und Beurteilung der in großer Zahl und Mannigfaltigkeit in den Handel kommenden Gemüse- und Obstdauerwaren, den Konserven und sonstigen Erzeugnissen, wie Fruchtsäfte, Gelees und Marmeladen. Der Handel mit diesen Erzeugnissen besitzt einen erheblichen Umfang und die gewerbsmäßige Herstellung derselben hat sich im Deutschen Reiche zu blühenden Industrien

[1] Vgl. Materialien zur technischen Begründung des Entwurfes zum Nahrungsmittelgesetze.

entwickelt. Nach der Statistik umfaßte die Konservenfabrikation im Jahre 1907 176 Hauptgewerbebetriebe, in welchem insgesamt 15792 beschäftigte Personen ermittelt wurden.[1]

In Deutschland erfolgt der **Anbau von Gemüse** zumeist durch Gartenkultur, jedoch findet sich auch, besonders in der Nähe größerer Städte, wo erleichterte Absatzbedingungen vorhanden sind, feldmäßig betriebener Gemüsebau. Für die Zwecke der Konservenbereitung werden die Gemüse meist besonders angebaut. So sollen z. B. die Spargelplantagen um Braunschweig, die vorzugsweise der Konservenfabrikation dienen, 4000 Hektar umfassen.

Der Verbrauch an ausländischem Gemüse sowie die Ausfuhr inländischer Erzeugnisse gestaltete sich in den Jahren 1907 und 1908 wie folgt:

	Jahr	Einfuhr		Ausfuhr	
		Tonnen	1000 Mark	Tonnen	1000 Mark
Gemüse, frische:					
Blumenkohl, Küchengewächse usw.	1907	31838	4058	1251	250
	1908	38275	5617	1291	194
Zwiebeln	1907	26367	2241	16177	1375
	1908	51729	6060	8671	1040
Bohnen und Erbsen	1907	9370	2342	1272	318
	1908	10947	3414	1094	219
Rhabarber, Gurken, Salat usw.	1907	68002	12855	3575	822
	1908	67006	11504	3871	968

Bezüglich des Umfanges des **Obstbaues** im Deutschen Reiche ist darauf zu verweisen, daß unter Zugrundelegung der amtlich gezählten Obstbäume der Gesamtwert der vier wichtigsten Obstarten schätzungsweise auf 174,3 Millionen Mark ermittelt wurde, indem angenommen wurde, daß

523320 Tonnen	Äpfel	im Werte von	78,5 Millionen Mark
251160 „	Birnen	„ „ „	30,1 „ „
277744 „	Pflaumen u. Zwetschen	„ „ „	13,9 „ „
172384 „	Kirschen „ „	„ „ „	51,7 „ „

geerntet wurden. Der Ertrag an Aprikosen, Pfirsichen, Nüssen und Beerenobst kann außerdem auf 75 Millionen Mark veranschlagt werden, so daß die gesamte deutsche Obsternte einen Wert von 250 Millionen Mark haben wird.

Hinzu kommt für den Inlandsverbrauch das eingeführte ausländische Obst, welches sich ausschließlich der Südfrüchte im Jahre 1907 nach

[1] einschließlich der Fleischkonservenfabrikation.

Abzug der Ausfuhr auf 98,6 Millionen Mark bewertete. An Südfrüchten wurden 1908 insſamt 193902 Tonnen eingeführt, ſo daß ein Konſum von 3,07 kg auf den Kopf der Bevölkerung zu verzeichnen war.

Im einzelnen geſtaltete ſich die Ein- und Ausfuhr an Obſt und Südfrüchten folgendermaßen:

	Jahr	Einfuhr		Ausfuhr	
		Tonnen	1000 Mark	Tonnen	1000 Mark
Obſt u. Beerenfrüchte:					
Äpfel	1907	187159	21415	1402	491
	1908	180017	18808	2241	269
Birnen	1907	43200	5672	2915	1020
	1908	23570	4088	1370	274
Him-, Johannis-, Preißelbeeren uſw.	1907	14806	4504	3047	914
	1908	19597	5684	2475	742
Weinbeeren, friſche	1907	37672	11961	71	21
	1908	42467	11489	76	19
Haſelnüſſe	1907	8173	9808	32	26
	1908	9783	6359	22	14
Wal-, Paranüſſe uſw.	1907	7517	3728	298	134
	1908	9554	4324	121	48
Ringäpfel, Apfelſchnitte, getrocknete	1907	14083	10685	274	219
	1908	13291	8632	291	174
Zwetſchen, getrocknet	1907	33779	15281		
	1908	38001	13942		
Südfrüchte:					
Apfelſinen, Zitronen, Feigen und Datteln	1907	126783	19651	308	77
	1908	142947	23873	423	106
Korinthen	1907	19075	7611	19	11
	1908	14155	4784	28	17
Mandeln, getrocknete	1907	11125	18870	26	48
	1908	11573	16899	11	18
Roſinen	1907	18175	9089	—	—
	1908	16548	7277	—	—

Aus der Inlandsproduktion und der Mehreinfuhr ergeben ſich diejenigen Mengen, die für den direkten Verbrauch und als Ausgangsmaterial für die Konſerveninduſtrie ſowie die Fruchtſaft- und Marmeladenfabrikation zur Verfügung ſtehen.

Bei der gewerbsmäßigen **Verarbeitung von Gemüſe und Obſt zu Dauerwaren** kommen verſchiedenartige Erhaltungsverfahren in Anwendung. Die hauptſächlichſten Verfahren ſind kurz folgende:[1]

[1] Vgl. Vereinbarungen Heft II, S. 110.

1. Das Eintrocknen und Pressen der Gemüse und Früchte, wobei Preßgemüse, Dörrobst, Trockenpilze usw. erzeugt werden.

2. Die Haltbarmachung durch Sterilisierung nach dem Appertschen, Weckschen und anderen Verfahren. Die Sterilisierung erfolgt bei geeigneten, für jedes Gemüse und jede Frucht verschiedenen Temperaturen und je nach der Art der haltbar zu machenden Waren entweder für sich allein, oder durch Einlegen der betreffenden Gemüse oder Früchte in Wasser, Salz- oder Zuckerlösungen. Das Dunstobst wird durch Erhitzen in luftdicht schließenden Gefäßen ohne Zuckerzusatz hergestellt.

3. Das Erhaltungsverfahren durch Einlegen oder Einmachen mit Salz und Essig. Das letztgenannte Verfahren erfolgt vielfach unter gleichzeitigem Zusatz scharfer Gewürze. Unter diese Gruppe der Dauerwaren fallen auch diejenigen Gemüse, welche wie Kohl, Bohnen usw. mit Kochsalz eingestampft werden und alsdann eine gewisse Gärung (Milchsäuregärung) durchmachen. Von diesen einer Gärung unterworfenen Erzeugnissen wird besonders das Sauerkraut im Großbetriebe gewonnen.

4. Für die Früchte kommt außerdem als Erhaltungsverfahren das Überziehen oder Tränken derselben mit Zucker, das sogenannte Kandieren in Betracht.

Die Zusammensetzung dieser Dauerwaren entspricht im allgemeinen der der Gemüse und Früchte im natürlichen Zustande; bei Anwendung von Einmachflüssigkeiten gehen stets leicht lösliche Stoffe aus den Dauerwaren in die Flüssigkeit über und umgekehrt.

Nach einem dieser mehr oder weniger abgeänderten Verfahren werden durch die heimische Konservenindustrie die verschiedenartigen Gemüse- und Fruchtdauerwaren in großen Mengen hergestellt. Bezüglich eines Teiles des Bedarfes, insbesondere hinsichtlich des Dörrobstes sind wir auf das Ausland angewiesen.[1]

Besondere Beachtung muß bei der Herstellung der Konserven die sorgsame Sterilisation der durch Reinigen, Zerkleinern, Abkochen usw. vorbehandelten und alsdann in Gläsern oder Büchsen verpackten Erzeugnisse sowie die Auswahl der Verpackungsgefäße finden. Nur bei genügend langem und hohem Erhitzen und vollkommenem Verschluß ist die Abtötung und Fernhaltung der schädlichen Mikroorganismen und somit die Haltbarkeit der Fabrikate gewährleistet.

Unter **Fruchtsäften** versteht man die aus frischen oder vergorenen Früchten durch Pressen gewonnenen reinen und unverdünnten Säfte bestimmter Früchte. Durch Kochen von Fruchtsäften mit Rohr- oder

---

[1] Einfuhr an getrocknetem und ohne Zucker eingekochtem Obst nach Deutschland 1902 = 608377 dz im Werte von 24,7 Millionen Mark; 1903 = 636028 dz, wovon 55 % aus den Vereinigten Staaten (Dörrobst) stammten.

Rübenzucker erhält man die **Fruchtsirupe**. Bei stärkerem Einkochen des Saftes frischer Früchte mit Zucker werden die in der Kälte erstarrenden **Fruchtgelees** erhalten.

Bei Fruchtsirupen beträgt der Zuckerzusatz meist etwa 65 Prozent. Die Fruchtgelees zeigen bei geringerem Wassergehalte eine durch Pektinstoffe bewirkte gallertartige Konsistenz.

Durch Aufguß von Wasser auf die Preßrückstände der Fruchtsaftbereitung gelingt es, diesen Rückständen die noch eingeschlossenen Reste des natürlichen Fruchtsaftes in mit Wasser verdünntem Zustande zu entziehen. Dieses Produkt hat man als „Nachpresse" bezeichnet. Bei Verwendung von Nachpresse zur gewerbsmäßigen Herstellung von Fruchtsirupen ist zur Verhütung einer Täuschung eine einwandfreie Deklaration dieses anormalen Zusatzes erforderlich.

Vielfach überläßt man bei der Fruchtsaftbereitung die Früchte (Himbeeren, Kirschen usw.) vor dem Pressen einer alkoholischen Gärung, wodurch die Pektinstoffe, welche oft eine Nachtrübung der aus frischen Früchten gewonnenen Säfte verursachen, umgewandelt werden. Der aus vergorenen Früchten gewonnene Fruchtsaft eignet sich infolgedessen besser zur Herstellung haltbarer Erzeugnisse.

Der durch Pressen aus frischen Früchten erhaltene Saft[1] stellt eine in diesen vorhanden gewesene Lösung von Fruchtbestandteilen dar, von denen die wesentlichsten sind: Zucker, meist in Form von Glukose und Fruktose, sehr oft neben Saccharose; Pflanzensäuren, Äpfelsäure, Weinsteinsäure, Zitronensäure; in geringer Menge oft Salizylsäure, Borsäure, Benzoesäure, ferner Blausäure im Safte vieler Steinobstarten; aromatische Schmeck- und Riechstoffe mannigfacher Art; Pektinstoffe; Eiweißstoffe; mineralische Stoffe. Außerdem sind in Fruchtsäften mehr oder minder erhebliche Mengen sogenannter Extraktivstoffe vorhanden. Die frisch gepreßten Säfte unterscheiden sich von den gegorenen, abgesehen von dem höheren Gehalt an unvergorenem Zucker lediglich im Verhältnis der durch die Alkoholbildung bedingten Verdünnung. Ein Verlust an Mineralstoffen tritt nicht ein; auch bleibt der Gehalt an Äpfelsäure und Phosphorsäure unbeeinflußt.[2]

Aus dem zerkleinerten Fruchtfleische und dem Safte frischer Früchte werden unter Zusatz von Rohr- oder Rübenzucker die **Marmeladen** hergestellt. Breiig-stückige Zubereitungen aus frischen Früchten und Zucker pflegt man auch als Konfitüren oder Jams zu bezeichnen. Die Marmeladen werden entweder aus einer einzelnen Fruchtart, oder auch

---

[1] Vgl. Deutsches Nahrungsmittelbuch 1909 S. 289.
[2] Vgl. A. Beythien, Ztschr. f. Unters. d. Nahrungsm. 1903, S. 1109.

als gemischte Fruchtmarmeladen hergestellt. Die Bezeichnung der Ware muß stets ihrer Herkunft entsprechen.

Für die **Beaufsichtigung des Verkehrs** mit Gemüse- und Obstdauerwaren, Konserven, Fruchtsäften, Gelees und Marmeladen kommen neben den allgemeinen Bestimmungen des Nahrungsmittelgesetzes das Gesetz betr. die Verwendung gesundheitsschädlicher Farben bei der Herstellung von Nahrungs- und Genußmitteln,[1] das Süßstoffgesetz[2] und bezüglich der Herstellungs- und Aufbewahrungsgefäße das Gesetz betr. den Verkehr mit blei- und zinkhaltigen Gegenständen[3] in Betracht.

Bei den genannten Erzeugnissen ist als Grundlage für die Beurteilung die normale Beschaffenheit anzusehen. Abweichungen von dieser Beschaffenheit sind im Handel und Verkehr in einwandfreier Weise kenntlich zu machen.

Alle Konserven, in welchen sich Fäulniserscheinungen bemerkbar machen, sind unbedingt zu verwerfen, da nach dem Genusse verdorbener Konserven häufig Vergiftungserscheinungen beobachtet worden sind. Diese schädlichen Eigenschaften sind dadurch bedingt, daß bei den Gärungs- und Fäulnisvorgängen von Gemüsekonserven sich giftige Zersetzungsprodukte, (Ptomaine und Toxine) bilden können. Mitunter erfolgt die von einem unangenehmen Geruch begleitete Gärung unter Gasentwicklung, die sich äußerlich durch die Auftreibung der Büchsenböden (Bombage) zu erkennen gibt. Diese Zersetzung ist auf die Entwicklung von Mikroorganismen, die bei der voraufgegangenen ungenügenden Sterilisation nicht abgetötet worden sind, zurückzuführen.

Mitunter werden Gemüsekonserven zur Erhaltung der ursprünglichen grünen Farbe durch Zusatz von Kupfersalzen oder durch Kochen in kupfernen Kesseln grün gefärbt. Sofern es sich hierbei um ursprünglich tadellose Gemüse handelt und nur ganz geringe Spuren Kupfer in die fertigen Erzeugnisse gelangen, ist infolge der veränderten Anschauungen über die Giftigkeit des Kupfers in neuerer Zeit in Ausübung der Kontrolle von einer Beanstandung abgesehen worden. Ein bestimmter, als Höchstgrenze anzusehender Gehalt der Gemüsekonserven an Kupfer ist z. B. im Großherzogtum Baden durch den Erlaß vom 31. Dezember 1906 festgelegt worden, nach welchem eine Beanstandung der gegrünten Gemüse unterbleiben kann, wenn der Gehalt an Kupfer 30 mg in 1 kg Gemüse nicht übersteigt.[4]

Bezüglich der Verwendung chemischer Konservierungsmittel bei der Herstellung von Gemüse- und Obstdauerwaren ist darauf hin-

---

[1] Vgl. Anhang. [2] Vgl. S. 102. [3] Vgl. Anhang.

[4] Bezüglich der an die verwendeten Konservenbüchsen zu stellenden Anforderungen vgl. S. 40.

zuweisen, daß die Kgl. preußische wissenschaftliche Deputation für das Medizinalwesen sich wiederholt gegen die Verwendung von Salizylsäure als Konservierungsmittel für diese Erzeugnisse ausgesprochen hat.

Da seit einigen Jahren das aus dem Auslande eingeführte Dörrobst schweflige Säure enthält, so haben mit Rücksicht auf die Interessen des inländischen Handels einige Bundesregierungen die mit der Nahrungsmittelkontrolle betrauten Organe angewiesen, Dörrobst mit einem Gehalte an schwefliger Säure bis zu dem Höchstbetrage von 0,125 Prozent nicht zu beanstanden. Bei der Beurteilung des geschwefelten Dörrobstes ist nicht außer Acht zu lassen, daß mit dem Schwefeln eine Täuschungsabsicht verbunden sein kann, da das Schwefeln die Farbe der Früchte sehr günstig beeinflußt und dadurch der Ware der Anschein einer besseren Beschaffenheit erteilt werden kann.[1]

Die Beurteilung der Verwendung von Benzoesäure und Ameisensäure bei der Herstellung von Dauerwaren hat eine einheitliche Regelung bislang nicht erfahren, was zum Teil darauf zurückzuführen sein dürfte, daß die Versuche über die Wirkung dieser Stoffe auf den menschlichen Organismus noch nicht zu einem endgültigen Abschlusse gelangt sind. Bei der Herstellung von Wein und weinähnlichen Getränken ist die Verwendung von Ameisensäure und Benzoesäure durch das neue Weingesetz verboten.

Seitens der Lebensmittelkontrolle wird beim Handel mit Obsterzeugnissen besonders darauf geachtet, daß zur Vermeidung einer Täuschung des kaufenden Publikums etwaige fremde Zusätze in deutlicher Weise deklariert und nicht durch ganz unterlassene oder ungenaue Bezeichnung verdeckt werden. Auch die Vertreter der Obstkonservenindustrie waren zur Ausschaltung unlauteren Wettbewerbes bemüht. In neuerer Zeit sind zwischen der Freien Vereinigung Deutscher Nahrungsmittelchemiker und den Vertretern der in Betracht kommenden Industriezweige Verhandlungen gepflogen worden, welche im Jahre 1909 zu einer Beschlußfassung über die an Obsterzeugnisse zu stellenden Anforderungen und die zweckmäßige Deklaration fremder Zusätze geführt haben. Diese im Folgenden wiedergegebenen Beschlüsse verdienen um so größere Beachtung, als die Innehaltung derselben die zeitweise im Handel mit einzelnen Obsterzeugnissen beobachteten Mißstände beseitigen dürften.

Leitsätze für die Beurteilung von Obsterzeugnissen.

1. Als Grundlage für die Beurteilung eines Nahrungsmittels gilt die normale Beschaffenheit. Abweichungen von dieser Beschaffenheit werden

[1] Vgl. Das Deutsche Reich in gesundheitl. Beziehung, a. a. O. S. 189.

als zulässig erachtet, sofern sie richtig deklariert und die Zusätze nicht gesundheitsschädlich oder wertlos sind.

2. Seitens des Vereins Deutscher Fruchtsaftpresser wurde die Frage des Zusatzes von Konservierungsmitteln angeregt. Die Versammlung beschließt, diese Frage aus der Beratung auszuschließen.

3. Die beim Einkochen eines Obsterzeugnisses entweichenden und wiedergewonnenen Stoffe dürfen demselben Produkte wieder zugesetzt werden, ohne daß Deklaration nötig ist.

4. Breiige oder breiig-stückige Fruchtzubereitungen, welche als Konfitüren oder Jams bezeichnet werden, sind wie Marmeladen zu beurteilen. Marmeladen sind Zubereitungen aus frischen Früchten und Zucker.

5. Als Zusätze zu Obsterzeugnissen sind unzulässig: unter Zusatz von Wasser ausgelaugte oder der Destillation unterworfen gewesene Preßrückstände sowie Preßrückstände ausgelaugter Früchte. Zulässig sind jedoch Preßrückstände von Saueräpfeln, die mit nicht mehr als 50 Prozent Wasser gekocht worden sind.

6. Bei der Herstellung von Marmeladen, die nach einer bestimmten Fruchtart benannt sind, müssen mindestens 45 Prozent der Frucht, die den Namen der Marmelade trägt, als Einwage genommen werden. Auf Marmeladen aus bitteren Orangen und Zitronen findet diese Bestimmung keine Anwendung.

Bei der Herstellung gemischter Marmeladen sind mindestens 45 Prozent Gesamtfruchtmasse zu verwenden. In diesen 45 Prozent sind die 25 Prozent Äpfelmark, die mit Deklaration zugesetzt werden dürfen und die 8 Prozent Äpfelsaft einbegriffen.

7. Zusatz von Stärkesirup muß deklariert werden. Bei Obsterzeugnissen mit mehr als 25 Prozent Stärkesirup im fertigen Produkt ist die Deklaration „mit mehr als 25 Prozent Stärkesirup" anzuwenden.

8. Die Deklaration „mit mehr als 25 Prozent Stärkesirup" deckt Stärkesirupgehalte bis zu 50 Prozent.

Die analytische Fehlergrenze der zur Bestimmung des Stärkesirups vorgeschriebenen Methode von Juckenack wird zu 10 Prozent des gefundenen Wertes festgesetzt, so daß ein Befund von 27,5 statt 25 und 55 statt 50 Prozent noch keinen Grund zur Beanstandung bildet.

9. Als Geliermittel darf Äpfelsaft oder ein anderer geeigneter Saft bis zu einem Gehalte von 8 Prozent ohne Deklaration verwendet werden.

Außerdem darf das vollwertige Mark einer anderen Fruchtart hinzugesetzt werden. Ein solcher Zusatz ist zu kennzeichnen „mit Zusatz von Äpfelmark" oder ähnlich. Diese Deklaration deckt einen Zusatz bis zu 25 Prozent der angewandten Gesamtfruchtmasse.

10. Zusätze von Agar, Gelatine und ähnlichen Geliermitteln sind zu kennzeichnen. Zu Marmeladen mit dem Namen einer bestimmten Fruchtart dürfen diese Geliermittel nicht verwendet werden.

11. Preß- und Obstrückstände, also auch teilweise entsaftete Beeren, dürfen nicht für Marmeladen mit dem Namen einer bestimmten Fruchtart verwendet werden.

12. Gemischte Marmeladen, bei deren Herstellung Preßrückstände Verwendung gefunden haben, sind zu kennzeichnen als „Gemischte Marmelade mit Zusatz von Obst- oder Preßrückständen". Diese Deklaration deckt einen Zusatz bis zu 25 Prozent der angewandten Gesamtfruchtmasse.

13. Marmeladenähnliche Zubereitungen, die mit mehr Obstrückständen hergestellt sind, als 25 Prozent der angewandten Gesamtfruchtmasse

entspricht, oder welche von Stärkesirup und anderen fremden Bestandteilen mehr als 50 Prozent enthalten, müssen als Kunstmarmelade bezeichnet werden.

14. Bei ganzen Kompottfrüchten ist ein Zusatz von Weinsäure und Zitronensäure ohne Kennzeichnung zulässig. Eingesottene Preißelbeeren sind hiervon ausgenommen.

15. Der Verband Deutscher Geleefabrikanten regt an, im fertigen Apfelkraut einen Gehalt von Rohr- oder Rübenzucker in Mengen von höchstens 20 Prozent ohne Kennzeichnung zuzulassen, soweit ein solcher Zusatz erforderlich ist.

16. Für reine Fruchtsirupe ist ein geringer Zusatz von Weinsäure ohne Kennzeichnung zulässig.

17. Bei Fruchtsirupen soll durch die Deklaration „mit Stärkesirup" ein Gehalt von solchem bis zu 10 Prozent gedeckt werden.

18. Bei der Deklaration eines Farbzusatzes ist das Wort „gefärbt" zu verwenden. Das Wort „gefärbt" genügt unter allen Umständen.

19. Über die Art der Deklaration wird folgendes vereinbart: Alle Deklarationen müssen auf der Seite angebracht sein, auf welcher der Inhalt des Gefäßes verzeichnet ist. Die Deklarationen können auf der Hauptetikette oder auf einer besonderen Etikette angebracht sein; letztere muß sich jedoch alsdann über oder unter der Hauptetikette befinden. Falls nur eine Etikette gewählt wird, muß sich die Deklaration unmittelbar über oder unter der Warenbezeichnung in gleichlaufender Schrift befinden.

Auf Gefäßen bis zu 16 cm Höhe sollen die kleinen Buchstaben der Deklaration 3 mm und auf Gefäßen von über 16 cm Höhe 5 mm groß sein. Bei Kunstmarmelade, Kunstgelee usw. darf kein Wort der Etikette größer sein als das Wort: Kunst.

Für die Deklaration muß eine leicht lesbare dunkle Schrift auf weißem Grunde genommen werden. Wenn normale Bestandteile auf den Etiketten besonders hervorgehoben werden, darf dies nicht in einer Schrift geschehen, die größer ist, als die der Deklaration.

XIII. Gewürze.

Gewürze sind aromatische pflanzliche Stoffe, welche zum Würzen der Nahrung dienen; als charakteristische, wirksame Bestandteile kommen bei ihnen vorwiegend ätherische Öle, aromatische Körper und Harze, beim Safran auch Farbstoff in Betracht.[1]

Den Gewürzen sind bei der menschlichen Nahrung besondere verdauungsbefördernde Eigenschaften zuzuschreiben. Während einzelne Gewürze durch scharfe oder bittere Stoffe fördernd auf die Absonderung der Verdauungssäfte wirken, zeichnen sich andere durch wohlriechende, leicht flüchtige Öle aus, die den Speisen einen angenehmen und zusagenden, würzigen Geruch und Geschmack verleihen.

[1] Vgl. C. A. Neufeld, Der Nahrungsmittelchemiker usw. 1907. S. 296.

Von den **die Gewürze liefernden Pflanzen** werden nur vereinzelte in Deutschland angebaut, die meisten Gewürze liefern uns südliche, meist tropische Gegenden. Die **Einfuhr** an ausländischen Gewürzen bezifferte sich

1907 auf 10817 Tonnen
1908 „ 12849 „

entsprechend einem Konsum von 0,17 bzw. 0,20 kg auf den Kopf der Bevölkerung. Von der Gesamteinfuhr entfielen 5837 bzw. 6862 Tonnen im Werte von 5,7 und 5,4 Millionen Mark auf die Einfuhr von Pfeffer.

Als Pflanzenteile, von welchen die Gewürze stammen, kommen Samen, Früchte, Blüten und Blütenteile, Blätter und Kräuter sowie Rinden und Wurzeln in Betracht. Als Gewürze werden verwendet von Samen: Senf- und Muskatnüsse sowie der Samenmantel der letzteren die sogenannte Muskatblüte, von Früchten, Vanille, Kardamomen, Pfeffer, spanischer Pfeffer, Kümmel, Fenchel, Anis, Koriander, von Blüten und Blütenteilen Nelken, Safran, Kapern, von Blättern und Kräutern Lorberblätter, Majoran, Petersilie usw., von Rinden Zimt, von Wurzeln Ingwer, Zitwer usw.

Bei der **Beaufsichtigung des Verkehrs** mit Gewürzen und der Prüfung der Gewürze auf Verfälschungen muß berücksichtigt werden,[1] daß es sich entweder um absichtliche Verfälschungen durch Zusätze von fremden Bestandteilen oder um die Frage handeln kann, ob die Gewürze teilweise oder vollständig ihrer wirksamen Bestandteile beraubt sind. Im Handelsverkehr sind vorwiegend die gemahlenen Gewürze Gegenstand der Untersuchung; für diese kommt in erster Linie die mikroskopische Prüfung in Betracht, die chemische Untersuchung dient meistens zur Ergänzung. — Verfälschungen von Gewürzen, welche eine Zeitlang in großer Mannigfaltigkeit beobachtet wurden, bestehen in Zusätzen minderwertiger oder wertloser Abfälle oder Erzeugnisse verschiedener Industriezweige wie des Mahlprozesses und der Ölgewinnung, anderseits in Beimengungen von Mineralstoffen, von Sand oder Schmutzteilen, welche letztere von der Gewinnung und Verarbeitung herrühren und deren vollkommene Beseitigung oft sehr schwierig ist.

Die Anforderungen, welche die Organe der Lebensmittelkontrolle an die Gewürze bezüglich des Sandgehaltes stellen, tragen diesem Umstande Rechnung. Die nachstehende Übersicht ist unter Zugrundelegung der Beschlüsse der Freien Vereinigung Deutscher Nahrungsmittelchemiker gefertigt[2]:

[1] Vgl. Vereinbarungen Heft II, S. 53.
[2] Vgl. E. Späth, Ztschr. f. Unters. d. Nahrungsm. 1905, II. S. 16.

Auf lufttrockene Gewürze berechnete zulässige Höchstgehalte.

	Mineralstoffe %	Sandgehalt (In 10proz. Salzsäure unlösliche Asche) %
Anis	10,0	2,5
Fenchel	10,0	2,5
Gewürznelken	8,0	1,0
Ingwer	8,0	3,0
Kardamomen, ganze	14,0	4,0
„ -Samen	10,0	4,0
Koriander	7,0	2,0
Kümmel	8,0	2,0
Majoran, geschnitten	12,0	2,5
„ gerebelt oder Blatt-Majoran	16,0	3,5
Muskatblüte (Macis)	3,0	0,5
Muskatnuß	3,5	0,5
Paprika	6,5	1,0
Pfeffer, schwarzer	7,0	2,0
„ weißer	4,0	1,0
Piment (Nelkenpfeffer)	6,0	0,5
Safran	8,0	0,5
Senfmehl, schwarzes und gelbes	4,5	0,5
Vanille	5,0	—
Zimt	5,0	2,0
Zimtbruch	7,0	3,5

Alkaloidhaltige Genußmittel.

Unter den vom Pflanzenreiche gelieferten, für die Ernährung der Menschen wichtigen Genußmitteln nehmen die alkaloidhaltigen Genußmittel, zu welchen besonders Kaffee, Tee und Kakao zu rechnen sind, insofern eine Sonderstellung ein, als ihre Wirkung nicht in einem direkten Einfluß auf die Geruchs- und Geschmacksnerven beruht.

Die wirksamen Bestandteile dieser Genußmittel, die Alkaloide, wirken vielmehr nach von Pettenkofer erst nach ihrem Übertritt in das Blut auf das Zentralnervensystem und auf besondere Nerven des Körpers ein. Eine wohltuende Wirkung üben die alkaloidhaltigen Genußmittel auf den Organismus auch insofern aus, als sie eine schnellere Blutzirkulation und somit ein schnelleres Verdrängen der in den tätigen Körperorganen sich ansammelnden Zersetzungsstoffe verursachen, weshalb der Mensch diese anregende Stoffe besonders nach körperlichen Anstrengungen zu genießen pflegt.

XIV. Kaffee.[1]

Unter Kaffee als Handelsware versteht man die fast gänzlich von der inneren Samenhaut befreiten Samen gewisser Arten der Kaffeepflanze, namentlich von Coffea arabica L. und Coffea liberica Bull.

Der arabische Kaffeebaum ist heimisch im inneren Afrika, von Süd-Abessinien bis zum Viktoria-Nyansa; kultiviert wird er in den Tropen beider Hemisphären. Die Heimat des Liberiakaffees ist nicht auf die Republik Liberia beschränkt, sondern die Pflanze ist über ganz Oberguinea und Gabun bis Angola verbreitet. Angebaut wird der Liberiakaffee in zahlreichen Tropengegenden.

Coffea arabica ist ein schlankes Bäumchen, dessen Zweige niemals eine beträchtliche Stärke erreichen und wagerecht oder leicht abwärts geneigt wachsen. Beim Kappen der Krone nimmt die Pflanze bald ein strauchartiges Aussehen an. Der Kaffeebaum erreicht eine Höhe von 5—6 m, selten 8—9 m. Seine immergrünen Blätter haben mit denjenigen des Lorbeerbaumes Ähnlichkeit; die Kaffeeblüten gleichen den Blüten des Jasmins in Form und Duft. Coffea liberica ist im Aussehen dem arabischen Kaffeebaum sehr ähnlich. Coffea liberica wächst als immergrüner Strauch oder 6—12 m hoher Baum.

Der Kaffee blüht in vielen Gegenden 2—3mal im Jahre, die Blütezeit währt jedoch jedesmal nur wenige Tage. Die länglich-eiförmige Frucht nimmt bei der Reife eine dunkel-karmoisinrote Färbung an. In das Fleisch der Frucht eingebettet liegen zwei plankonvexe, mit den beiden Flachseiten einander zugekehrte Samen, die Kaffeebohnen des Handels. Gewöhnlich sind die Früchte zweisamig und stets sind wenigstens die Anlagen für zwei Samen vorhanden. Jedoch schlägt bei sämtlichen Spielarten des arabischen Kaffees, namentlich an den Enden der Zweige und bei der Kultur auf trockenem Boden häufig die eine Anlage fehl und es wird nur ein Same ausgebildet der dann infolge freierer Entwicklung nicht einseitig flach, sondern beiderseits gerundet ist. Solche Samen nennt man Perlbohnen. Sie werden bei der Erntebereitung meist von den anderen Samen getrennt und gesondert als Perlkaffee gehandelt. Die Hauptmasse der Kaffeebohnen besteht aus dem Nährgewebe oder Endosperm, einer harten hornigen Masse, welches den sehr kleinen Keim einschließt. Die Bohnen des liberischen Kaffeebaumes sind etwas größer als die des arabischen Kaffees; ihre Wertschätzung ist indessen geringer.

Erntebereitung. Die im Mai bis August oder Dezember geernteten Kaffeebeeren werden nach verschiedenen Verfahren von den Frucht- und Samenhüllen befreit. Hierbei wird das trockene, das nasse oder das Wäsche-Verfahren angewandt. Nach dem vorwiegend in Arabien und Ostindien üblichem trockenen Verfahren werden die vorgetrockneten Früchte durch Quetschen zwischen Walzen von Frucht- und Samenhüllen getrennt; darauf werden die Samen getrocknet und von der anhaftenden inneren Samenhaut befreit.

[1] Zum Teil in Anlehnung an die im Kaiserlichen Gesundheitsamte bearbeitete Denkschrift „Der Kaffee", Berlin 1903, verfaßt.

Das westindische oder nasse Verfahren besteht darin, daß man die Kaffeefrüchte entweder einen Tag gären läßt, dann trocknet und durch Zerquetschen sowie Schwingen von den Frucht- und Schalenresten befreit, oder daß man das frische Fruchtfleisch so schnell wie möglich entfernt, die noch mit der Pergamentschale versehenen Samen der Gärung unterwirft, wäscht, trocknet und darauf in Schälmaschinen die Pergamentschale beseitigt.

Die Verbreitung der Kaffeekultur in den einzelnen Anbaugebieten läßt sich durch einige kurze Angaben über den Umfang der **Produktion** erläutern.

Die Gesamtmenge des gewonnenen Kaffees betrug in den letzten Jahren 670—725 Millionen kg. An dieser Weltproduktion waren beteiligt:

Brasilien	mit	435—510	Millionen kg
Zentralamerika und Antillen	„	186—198	„ „
Asien	„	67— 70	„ „
Afrika	„	13— 16	„ „

Im Deutschen Reiche ist der **Konsum** an Kaffee ein erheblicher. Die Einfuhr an rohem Kaffee bezifferte sich z. B. im Jahre:

1906	auf	186529	Tonnen	im	Werte	von	170,0	Millionen	Mark
1907	„	189625	„	„	„	„	162,3	„	„
1908	„	192791	„	„	„	„	163,4	„	„

Der Jahresverbrauch an rohem Kaffee auf den Kopf der Bevölkerung wurde im deutschen Zollgebiet in den Jahren 1906 und 1907 auf je 3,02 kg, im Jahre 1908 auf 3,03 kg ermittelt.

Die gewerbsmäßige Herrichtung des eingeführten Rohkaffees für den Konsum erfolgte 1907 in 687 Hauptgewerbebetrieben. In diesen Kaffeebrennereien waren insgesamt 5789 Personen beschäftigt. Kaffeesurrogate wurden hergestellt in 214 Hauptbetrieben mit zusammen 4861 Arbeitern.

Die verschiedenen Sorten Rohkaffee bezeichnet man nach ihren Ursprungsländern.

Vor ihrer Benutzung zur Herstellung eines als Genußmittel dienenden Getränkes müssen die Kaffeebohnen einem **Röstverfahren** unterworfen werden, wobei sie sowohl äußerlich, als auch in ihrer chemischen Zusammensetzung erheblich verändert werden.

Die Ausführung des Röstens kleinerer Mengen Kaffee für den Hausbedarf geschieht in bekannter Weise. In den Kaffeeröstereien wird der Kaffee in Schnellröstern, die mittelst maschineller Vorrichtungen in Drehung versetzt werden, bei einer Temperatur von 200—220° geröstet. Bei den modernen Röstapparaten werden die Heizgase oder heiße Luft durch das in der Trommel befindliche Röstgut hindurch gesaugt, wodurch eine schnelle Röstung und möglichst völlige Entfernung der hierbei entstehenden brenzlichen Stoffe von unangenehmem Geruch und Geschmack erzielt wird. Die Röstarbeit selbst bedarf sorgfältiger Überwachung, da der Kaffee zur besten Entwicklung des Aromas weder zu schwach noch zu stark geröstet sein darf.

Haltbarmachung. Die das Aroma des gebrannten Kaffees bedingenden Stoffe sind leicht zersetzlich. Frisch gebrannter Kaffee, der ein angenehmes Aroma besitzt, kann schon nach kurzer Zeit bedeutende Einbuße erleiden. Man bemüht sich diesen Verlust durch verschiedene Zusätze, die vor, während oder nach dem Rösten erfolgen, möglichst einzuschränken. In allen Fällen werden hierbei die Kaffeebohnen mit einer dünnen Umhüllung umgeben, um dadurch die Poren der Bohnen zu verschließen. Man bedient sich zu diesem Zwecke hauptsächlich des Zuckers sowie des Schellacks und ähnlicher Stoffe. Das Verfahren wird Kandieren oder Glasieren des Kaffees genannt.

Als Glasierungsmittel kommt dem Zucker große Bedeutung zu. Schon v. Liebig schlug vor, Kaffee hellbraun zu rösten und in heißem Zustande unter Umrühren mit gepulvertem Zucker zu überstreuen. Der Zucker schmilzt und überzieht den Kaffee mit einer dünnen, glänzenden Schicht. Eine Karamelisierung des Zuckers findet hierbei nur in geringem Maße statt.

Zurzeit verfährt man beim Kandieren des Kaffees mit Zucker folgendermaßen. Man röstet den Kaffee nicht ganz zu Ende, fügt alsdann 8—10 Prozent Zucker hinzu und röstet weiter. Hierbei findet eine starke Zersetzung des zugeführten Zuckers statt; etwa $^2/_3$ desselben entweichen als flüchtige Erzeugnisse mit den Röstgasen, während der Rest in Karamel oder gebrannten Zucker verwandelt wird und die Kaffeebohnen mit einer glänzenden schwarzen Schicht überzieht. Das Erzeugnis dieses Verfahrens wird als karamelisierter Kaffee bezeichnet. Derartig behandelter Kaffee muß zur Vermeidung einer Täuschung des konsumierenden Publikums in einwandfreier Weise als kandierter oder mit Zucker glasierter Kaffee deklariert werden.

Von weiteren Stoffen wird neuerdings besonders Schellack zum Glasieren des Kaffees verwendet. Das Verfahren besteht darin, daß man den Kaffee zu Ende röstet und ihn mit einer bestimmten Menge fast geruch- und geschmacklosen Harzes in eine schwächer erhitzte Glasiertrommel bringt. Das schmelzende Harz überzieht die Kaffeebohnen mit einer dünnen, glänzenden, farblosen Schicht.

Was die bei der Röstung sich abspielenden chemischen Vorgänge anbelangt, so entweicht beim Beginn des Röstens fast nur Wasser, dem ein Teil des im Rohstoffe enthaltenen ätherischen Öles in unverändertem Zustande beigemengt ist. Bei höherer Temperatur beginnt die trockene Destillation der organischen Kaffeebestandteile, erkennbar am Auftreten dicker, weißer Dämpfe, die brenzlich und stark nach Essigsäure riechen. Gleichzeichtig macht sich das eigentliche Kaffeearoma bemerkbar und schließlich entwickelt sich ein dünner blauer Dampf.

Der Kaffee erfährt durch das Rösten eine Farbänderung; er wird um so brauner je stärker er geröstet wird. Die Gewichtsabnahme, der Röstverlust, beträgt 15—25 Prozent. Das Volumen vergrößert sich jedoch um $^1/_3$—$^1/_2$. Dieses Aufquellen der Kaffeebohnen wird hauptsächlich durch das kaffeegerbsaure Koffein-Kalium bewirkt, das beim Erhitzen unter starkem Aufblähen die Zellen der Kaffeebohnen sprengt.

Das Aroma des gebrannten Kaffees wird durch die flüchtigen, beim Rösten aus den organischen Bestandteilen des Kaffees entstehenden Erzeugnisse hervorgerufen. In diesen ist ein flüchtiges Öl enthalten, das als Kaffeeol oder Kaffeeöl bezeichnet wird.

Nach den Ergebnissen zahlreicher Untersuchungen besitzt der rohe und der geröstete Kaffee etwa folgende mittlere chemische **Zusammensetzung:**

	Wasser	Proteinstoffe	Koffein	Fett und Öl	Zucker	Gerbsäure	Stickstofffreie Extraktstoffe	Rohfaser	Asche
	%	%	%	%	%	%	%	%	%
Roher Kaffee	11,50	12,05	1,31	12,50	8,50	6,50	18,35	26,50	4,10
Geröst. Kaffee	1,75	13,95	1,28	14,10	1,25	4,75	32,80	26,65	4,75

Der wichtigste und wirksamste Bestandteil des Kaffees ist das Koffein. Das Koffein verflüchtigt sich zum Teil beim Rösten, zum Teil erleidet es Zersetzungen unter Bildung anderer organischer Stoffe. Die Größe des Koffeinverlustes ist abhängig vom Grade der Röstung und beträgt bei normal geröstetem Kaffee nach den Angaben von Juckenack und Hilger im Mittel etwa 20 Prozent. Trotz dieses Verlustes ist der prozentische Gehalt des gerösteten Kaffees an Koffein fast der gleiche wie im Rohkaffee, da das Wasser und der Zucker beim Rösten fast vollständig verschwinden und andere Bestandteile gleichfalls starke Abnahme erleiden.

Der sogenannte koffeinfreie Kaffee des Handels ist in Wirklichkeit nur ein koffeinarmes Produkt, da der Koffeingehalt nur teilweise entzogen ist.

Verfälschungen von Kaffee können durch Wasserzusatz, durch künstliche Färbung und durch Zusatz fremdartiger Stoffe erfolgen. Am meisten der Verfälschung ausgesetzt ist der gemahlene Kaffee.

Rohem Kaffee kann durch Behandlung mit Wasser oder Wasserdampf der Schein der besseren Beschaffenheit und gleichzeitig ein höheres Gewicht verliehen werden, da die Bohnen stark aufquellen und zudem das Gewicht durch das aufgenommen Wasser erhöht wird. Bei gebranntem Kaffee kann dieselbe Fälschung durch Behandeln mit Boraxlösung erfolgen, durch welches Verfahren das Gewicht des Kaffees bis zu 12 Prozent erhöht werden kann. Der Nachweis dieser Verfälschungen wird bei der Untersuchung durch Bestimmung des Wasser- und des Mineralstoffgehaltes der Kaffeebohnen erbracht.

Auch künstliche Färbungen dienen dazu, die Qualität der Handelsware zu erhöhen. Künstliche Färbung ist sowohl bei rohem als auch bei gebranntem Kaffee beobachtet worden. Die künstliche Färbung des rohen Kaffees wird entweder vorgenommen, um die Schäden eines minderwertigen, havarierten oder sonstwie unansehnlich gewordenen Kaffees zu verdecken, oder sie hat den Zweck, eine bessere Kaffeesorte vorzutäuschen. Bei geröstetem Kaffee kann durch künstliche Färbung eine ungleichmäßige Beschaffenheit des Kaffees verdeckt werden, wie sie bei Beimischung unreifer, nach dem Rösten sehr hellfarbiger Bohnen vorkommen kann.

Zur Gewichtsvermehrung des Kaffees dienen außer Wasser noch verschiedene Zusätze, von welchen z. B. die mißbräuchliche Verwendung der an sich unter Deklaration zulässigen Glasierungsverfahren mit Zucker usw. in Frage kommt. Besonders der gemahlene Kaffee wird häufig durch Beimischung fremdartiger Stoffe verfälscht. Von solchen Stoffen würden der sog. Kaffeesatz und die Kaffeeersatzstoffe, wie gebrannte Gerste und gebranntes Malz und etwaige mineralische Stoffe zu nennen sein.

Auch die **Nachahmung** von Kaffeebohnen ist versucht worden. So kamen zeitweise künstliche Kaffeebohnen in den Handel, die Nachbildungen von rohen oder gebrannten Bohnen darstellten und mit Hilfe besonderer Maschinen hergestellt wurden. In Ausübung des § 6 des Nahrungsmittelgesetzes erfolgte daher am 1. Februar 1891 der Erlaß einer Kaiserlichen Verordnung, welche das Herstellen, Verkaufen und Feilhalten von Maschinen, welche zur Herstellung künstlicher Kaffeebohnen bestimmt sind, verbot.

Weiterhin haben gespaltene und geröstete Erdnüsse (Nußbohnenkaffee) zur Nachahmung von Kaffee gedient, da dieses Produkt in der äußeren Form eine gewisse Ähnlichkeit mit Kaffee zeigt und in Mischungen bei oberflächlicher Betrachtung nicht wahrgenommen wird.

Die vielfach angewandten **Kaffeeersatzstoffe** bestehen aus gerösteten pflanzlichen Stoffen, die teils für sich allein, teils mit echtem Kaffee gemischt, Verwendung finden.

Als Rohstoffe sind für Kaffeeersatzstoffe[1] alle kohlenhydrat-, gerbstoff- und ölhaltigen pflanzlichen Stoffe zulässig, sofern sie nicht gesundheitsschädlich oder verdorben sind.

Als solche Ersatzstoffe kommen zurzeit in den Handel: Zubereitungen aus gebranntem Zucker oder aus zuckerhaltigen Wurzeln und Rüben (Zichorien, Zuckerrüben, Löwenzahn), ferner Zubereitungen aus zuckerreichen oder mehlhaltigen Früchten (Feigen, Datteln; Roggen, Gerste, Malz, Leguminosen, Eicheln) und endlich Zubereitungen aus fettreichen Rohstoffen (Erdnuß, Dattelkerne usw.). Häufig bestehen die Kaffeeersatzstoffe auch aus Mischungen verschiedener der genannten Rohstoffe.

XV. Tee.

Der Tee besteht aus den getrockneten Blattknospen und Blättern des Teestrauches (Tea chinensis), der in China, Japan, Java, Ceylon, Ostindien usw. in seinen verschiedenen Spielarten angebaut wird. Während auf Java, Ceylon und in Indien die groß- und dünnblättrige Abart (Th. ch. var. assamica Sims.) kultiviert wird, wird in China und Japan besonders die klein- und dickblättrige Varietät (Th. ch. var. microphylla Tichernirow) angebaut.

Der Teestrauch, der ursprünglich nur in China kultiviert wurde, ist jetzt über ganz Ost- und Südasien verbreitet. Bei der Kultur wird der Teestrauch 1—2½ m hoch; er treibt 3—4 mal im Jahre immergrüne Blätter, die zu verschiedenen Zeiten eingesammelt werden. Die Teesträucher werden bei der Kultur nur aus Samen gezogen und liefern von ihrem dritten Jahre ab Blätter, die als Tee verwendet werden können; nach sieben Jahren wird der Ertrag der Sträucher geringer und die weitere Kultur wenig lohnend.

Die verschiedenen **Handelssorten** des Tees werden durch das Alter der Blätter, ihre Herkunft und die Art ihrer Zubereitung bedingt. Im allgemeinen hängt die Güte der Teesorten von dem Alter der verwendeten Blätter ab. Die Blattknospen mit dem ersten Blatt gelten als die feinste Sorte (Pecco); vereinzelte Blattknospen mit dem ersten bis dritten Blatt liefern die mittlere Qualität, während die geringsten Sorten aus dem zweiten bis vierten Blatt bestehen und Knospen darin kaum mehr vorkommen.

Im Handel unterscheidet man je nach der **Erntebereitung** grünen und schwarzen Tee.

Zur Bereitung des grünen Tees werden die frischen Blätter in flachen Schüsseln unter künstlicher Erwärmung geschüttelt und gerieben

[1] Vereinbarungen Heft 3 S. 45.

und schließlich an der Sonne getrocknet. Hierbei verlieren die Blätter ihre Feuchtigkeit und rollen sich zusammen, ihre grüne Farbe bleibt erhalten.

Zur Gewinnung von schwarzem Tee läßt man die Blätter vor dem Rösten und Rollen erst welken und eine kurze, leichte Gärung durchmachen, wobei eine beträchtliche Abnahme des Gerbstoffes und Dunkelfärbung der Blätter stattfindet. Der Tee wird alsdann an der Sonne oder durch künstliche Erwärmung getrocknet.

Die Ausbeute bei der Teebereitung beträgt bei Anwendung von 100 Teilen frischen Blättern etwa 18—20 Teile Tee. Der farbige Tee wird in manchen Produktionsländern für den Export mit wohlriechenden Blüten aromatisiert.

Der **Konsum** an Tee bleibt im Deutschen Reiche hinter dem Verbrauch an Kaffee weit zurück. In der Zeit von 1890—1905 wurde im deutschen Zollgebiet alljährlich auf den Kopf der Bevölkerung 0,05 kg, in den Jahren 1906—1908 jährlich 0,06 kg Tee verbraucht. Der höchste Teeverbrauch findet in Australien, Großbritannien sowie Kanada statt, wo er sich z. B. Ende der achtziger Jahre auf 3,35, 2,24 und 1,76 kg für den Kopf und das Jahr belief.

Der nach Deutschland eingeführte Tee stammt zum größten Teile aus China; insgesamt wurden in das Zollgebiet eingeführt:

1906 . .	3902	Tonnen	im	Werte	von	6,5	Millionen	Mark
1907 . .	3936	„	„	„	„	7,3	„	„
1008 . .	4004	„	„	„	„	7,0	„	„

Die in der chemischen **Zusammensetzung** der Teeblätter beobachteten Schwankungen sind zum Teil durch das verschiedene Alter der Blätter bedingt. Während der Gehalt an Tein oder Koffein und Proteinstoffen mit dem voranschreitenden Wachstum abnimmt, erhöht sich gleichzeitig der Gehalt an Tannin und Rohfaser. Der prozentische Mineralstoffgehalt wird beim Wachstum nicht verändert, wohl jedoch macht sich eine Verschiedenheit in der chemischen Zusammensetzung der Asche bemerkbar. Die in der Zusammensetzung der Teeblätter vorkommenden Schwankungen zeigt folgende Zusammenstellung von Analysenergebnissen:[1]

Wasser	4,0—16,0 %
Stickstoff	2,5— 6,0 „
Koffein (Tein)	0,9— 4,5 „
Ätherisches Öl	0,5— 1,0 „
Fett, Chlorophyll, Wachs	1,3—15,5 „
Gummi, Dextrin . . .	0,5—10,0 „

[1] Vereinbarungen Heft 3 S. 49.

Gerbstoff	. . . . .	8,0—26,0 %
Rohfaser	. . . . .	9,9—15,7 „
Asche	. . . .	3,8— 8,4 „
Wasserlösliche Bestandteile		24,0—40,0 „

Der Tee ist bei seinem hohen Preise vielfach **Verfälschungen** ausgesetzt, die nicht nur in Europa, sondern häufig schon in den Ursprungsländern erfolgen. Eine häufige Verfälschung, die besonders in Rußland und England in größerem Umfange ausgeübt werden soll, besteht in dem Zusatz von gebrauchten und wieder getrockneten Teeblättern, die alsdann manchmal zum Ausgleich des verloren gegangenen dunklen Aussehens künstlich gefärbt werden. Für den Nachweis dieser Verfälschung liefert die chemische Untersuchung wichtige Anhaltspunkte da im allgemeinen grüner Tee mindestens 29 Prozent, schwarzer Tee mindestens 24 Prozent in heißem destilliertem Wasser lösliche Bestandteile (Extraktstoffe) enthalten soll.

Durch künstliche Färbung kann geringwertigem Tee der Schein der besseren und wertvolleren Beschaffenheit verliehen werden; die künstliche Färbung ist daher als Verfälschung zu erachten. Auf dem Transport beschädigter, havarierter Tee gilt als verdorben, während in dem Zusatz fremder Pflanzenblätter, abgesehen von vereinzeltem Vorkommen, jeweilig eine Verfälschung zu erblicken sein wird.

Bei der Untersuchung und Beurteilung des Tees leistet neben der chemischen Prüfung die botanisch-mikroskopische Untersuchung schätzenswerte Dienste, da die anatomische Struktur der Teeblätter charakteristische Merkmale gegenüber etwa beigemischten fremden Pflanzenblättern besitzt.

XVI. Kakao und Schokolade.

Das Ausgangsmaterial für die Herstellung des Kakaos und der Kakaowaren gewinnt man von dem in Zentralamerika und im nördlichen Südamerika heimischen, aber auch in vielen anderen Tropengebieten kultivierten Kakaobaum. Der Kakaobaum (Theobroma Cacao L.) liefert gurkenähnliche Früchte, in denen die Samenkerne, die sogenannten Kakaobohnen eingebettet sind.

Die Kakaokultur hat im Laufe der Jahre eine immer größere Ausdehnung angenommen, so daß die **Welternte** an Kakaobohnen in neuester Zeit sich alljährlich auf 145—150000 Tonnen beläuft. Da der Ertrag eines einzelnen Kakaobaumes im Jahre nur 1—2 kg Kakaobohnen beträgt, so läßt sich aus den Erträgen der einzelnen Ernteländer leicht ein Rückschluß auf den Umfang der Kultur ziehen.

Die Zahlen über die gesamte Welternte an Kakao sowie den Ertrag der wichtigsten Anbauländer sind in der folgenden Übersicht zusammengestellt. Die Kakaoernte in den Deutschen Kolonien betrug im Jahre 1903 erst 918000 kg, 1907 war sie bereits auf 1966000 kg gestiegen, so daß ein erfreuliches Aufblühen der Kakaokultur zu verzeichnen ist.

Ernteländer	1907	1906	1905
	Tonnen = 1000 kg		
Welternte	**148 268**	**148 618**	**144 813**
Brasilien	24 528	25 135	21 090
San Thomé	24 194	24 619	25 669
Ecuador	19 617	23 427	21 128
Trinidad	18 611	12 983	22 018
Venezuela	13 471	12 865	12 701
Britisch-Westafrika	10 475	9 739	5 620
Domin.-Republik	10 151	14 313	12 604
Ceylon	4 700	2 310	3 225
Grenada	4 612	4 931	5 797
Deutsche Kolonien	1 966	1 368	1 454
Französische Kolonien	1 387	1 262	1 179

Nach Deutschland werden große Mengen roher Kakaobohnen importiert. Die Einfuhr bezifferte sich:

1906 auf 35 682 Tonnen im Werte von 41,2 Millionen Mark
1907 „ 34 515 „ „ „ „ 62,2 „ „
1908 „ 34 325 „ „ „ „ 45,5 „ „

Der **Verbrauch** an Kakao ist im Deutschen Reiche so bedeutend, daß Deutschland bezüglich des Kakaoverbrauches nur von den Vereinigten Staaten, welche 1907 37527 Tonnen einführten, übertroffen wird. In Frankreich, England und Holland wurden in der gleichen Zeit 23180, 20110 und 12219 Tonnen Kakao verbraucht.

Die Verarbeitung der nach Deutschland eingeführten Kakaobohnen erfolgte nach der Gewerbezählung von 1907 in 186 Kakao- und Schokoladenfabriken, in welchen insgesamt 17909 gewerbtätige Personen gezählt wurden.

Der Konsum an Kakao ist im Deutschen Reiche in den letzten Jahrzehnten stetig gestiegen. Auf Kakao in Bohnen bezogen, betrug der Verbrauch in den Jahren 1886—1890 erst 0,1 kg auf den Kopf der Bevölkerung, während er seit 1906 sich auf mehr als 0,5 kg pro Kopf und Jahr beläuft.

Für die gesetzliche **Regelung des Verkehrs** mit Kakao und Schokolade, welche wie diejenige der übrigen Lebensmittel auf Grund des Nahrungsmittelgesetzes erfolgt, hat, soweit die Ausfuhr von Kakaowaren in Frage kommt, das Reichsgesetz, betr. die Vergütung des Kakaozolls bei der Ausfuhr von Kakaowaren vom 22. April 1892 Bedeutung. In den Ausführungsbestimmungen zu diesem Gesetz werden bezüglich der Reinheit der Kakaomasse und des Kakaopulvers, sowie bezüglich des Zusatzes von Alkalien usw. bestimmte Anforderungen gestellt. Durch diese Bestimmungen ist eine wertvolle Gewähr für die einwandfreie Beschaffenheit der zur Ausfuhr gelangenden Kakaowaren geschaffen worden.

Bei der **Erntebereitung** werden die Samen des Kakaobaumes, die sogenannten Kakaobohnen, welche in den gurkenähnlichen Früchten zu 25 und mehr Stück eingebettet liegen, vom Fruchtfleisch befreit und entweder direkt an der Sonne getrocknet, oder zuvor in Haufen aufeinander geschichtet einer Gärung unterworfen und dann getrocknet. Durch dieses „Rotten" verlieren die Bohnen ihre herbe Eigenschaft und nehmen einen milden und aromatischen Geschmack an. Vielfach werden die Bohnen beim Rotten auch einige Tage hindurch in die Erde vergraben. Der nur an der Sonne getrocknete Kakao besitzt einen etwas herben und bitteren Geschmack. Die in frischem Zustande weißen Kakaobohnen nehmen durch Einwirkung eines diastatischen Fermentes beim Trocknen eine rötlich braune, durch Kakaorot bedingte Färbung an. Das Kakaorot der Bohnen ist auf das Aroma und den Geschmack von erheblichem Einfluß. Die Kakaosamen zeichnen sich durch einen außerordentlich hohen Fettgehalt aus, der bis zu 52 Prozent steigt. Sie enthalten ferner eine besondere Stärkeart, die Kakaostärke sowie das Alkaloid Theobromin.

Die **Verarbeitung** der Kakaobohnen besteht in dem Reinigen, Sieben und Auslesen der Bohnen, wobei sie von Staub und Fremdkörpern befreit werden, und dem darauffolgenden Rösten. Die gerösteten Bohnen werden durch Brechen und Putzen von den Keimen und Schalen befreit und unter Erwärmen zu einer gleichförmigen Masse, der sogenannten Kakaomasse vermahlen. Das Rösten der Kakaobohnen wird zumeist in mit überhitzten Wasserdämpfen geheizten Trommeln bei etwa 130° vorgenommen; das Vermahlen der enthülsten Bohnen geschieht in erwärmten Mahlgängen und zwischen geheizten Walzen bei 60—70°. Die Kakaobohnen werden für den Konsum entweder zu Kakaopulver verarbeitet oder zur Herstellung von Schokolade benutzt.

Bei der Herstellung der **Kakaopulver**, die man im Handel auch als entölter Kakao und als löslicher oder aufgeschlossener Kakao bezeichnet, wird ein wesentlicher Unterschied durch die Art der Röstung und den Grad der Entfettung erzielt. Die Entfettung geschieht durch Auspressen der zerkleinerten Kakaomasse in erwärmtem Zustande. Da die Entfettung hierbei verschieden weit getrieben wird, so zeigen die Kakaopulver des Handels verschieden hohe Fettgehalte. Um eine „Aufschließung" der unlöslichen Kakaobestandteile herbeizuführen, erfährt die Kakaomasse eine verschiedenartige Behandlung. Zu diesem Zwecke wird die Kakaomasse in der Regel einer Behandlung unter Zusatz von Alkalien, Karbonaten von Alkalien bzw. alkalischen Erden, Ammoniak oder deren Salzen unterworfen oder einem starken Dampfdruck ausgesetzt.

Kakaopulver kommt nur ausnahmsweise unverändert in den Handel.[1] Fast alle Kakaofabriken verreiben die Masse unter Zugabe von Natrium- oder Kaliumkarbonat (holländisches Verfahren) oder verwenden Ammoniumkarbonat oder ein Gemenge dieser verschiedenen Alkalien oder endlich Magnesiumkarbonat. Hierdurch wird eine Änderung der mechanischen Struktur des Kakaos bewirkt. Nach dem Übergießen des Kakaopulvers mit kochendem Wasser setzen sich die unlöslichen Bestandteile nicht so schnell zu Boden, als ohne Behandlung mit Alkalien. Diese veränderte Eigenschaft wird oft als „Löslichkeit" bezeichnet; richtiger jedoch wäre die Bezeichnung „aufgeschlossener Kakao". Einzelne Fabriken setzen die Kakaomasse einem hohen Dampfdrucke aus und bewirken hierdurch nicht nur eine bessere Löslichkeit in dem soeben erwähnten Sinne, sondern es werden die Nährstoffe tatsächlich zum Teil in eine lösliche Form übergeführt.

Die Herstellung der **Schokolade** erfolgt durch Mischung von Kakaomasse mit Rohr- oder Rübenzucker und entsprechendem Zusatz von Gewürzen, von welchen Vanille, Vanillin, Zimt, Nelken usw. in Gebrauch sind. Manchen Schokoladen wird außerdem Kakaobutter, das durch Abpressen aus der Kakaomasse gewonnene Fett, zugesetzt.

Bei der Schokoladenfabrikation wird die Kakaomasse auf erwärmten Melangeuren (Kollergängen) mit entsprechenden Mengen gepulverten Zuckers gemischt. Die in Walzmaschinen fein verteilte und durchgemengte Masse wird mit Gewürzen versetzt und warm in Blechformen gefüllt, in welchen die Schokolade auf Rütteltischen vollkommen gleichmäßig ausgebreitet und geebnet wird. Die geformte Schokolade läßt man in Kühlräumen schnell erkalten, weil rasches Abkühlen der Ware ein gefälliges Aussehen und die vom Verbraucher gewünschte Beschaffenheit verleiht.

[1] Vgl. Beckurts, Ztschr. f. Unters. d. Nahrungsm. 1906. Bd. 12, S. 80.

Die wichtigsten **chemischen Bestandteile** der Kakaobohnen sind neben Stärke, Eiweißkörpern, Gerbstoff und Mineralbestandteilen das Kakaofett sowie das Kakaorot und die Alkaloide Theobromin und Koffein. Das Kakaorot und die Alkaloide finden sich in den frischen Kakaobohnen nicht fertig gebildet vor, sondern ein in den frischen Samen enthaltenes Glykosid wird beim Rotten und Rösten der Bohnen unter Mitwirkung eines Fermentes in Glykose, Kakaorot und ein Gemenge der beiden Alkaloide gespalten.

Kakaobohnen und Kakaomasse haben nach Weigmann folgende mittlere Zusammensetzung:

Kakaobohnen	Wasser	Stickstoffsubstanz	Theobromin	Fett	Stärke	Stickstofffreie Extraktstoffe	Rohfaser	Asche
	%	%	%	%	%	%	%	%
Rohe, ungeschälte	7,93	14,19	1,49	45,57	5,85	17,07	4,78	4,61
Geröstet. geschälte	5,58	14,13	1,55	50,09	8,77	13,91	3,93	3,59
Verknetete Masse	4,16	13,97	1,56	53,03	9,02	12,79	3,40	3,63

Bei der **Beurteilung** von Kakao und Kakaowaren ist zu berücksichtigen, daß nicht unveränderte Naturerzeugnisse, sondern Produkte vorliegen, zu deren Herstellung eine mehr oder weniger umfangreiche technische Bearbeitung notwendig ist. Daher war es nicht immer leicht, berechtigte Handelsgebräuche von Handelsmißbräuchen zu unterscheiden. Wesentlich zur Klärung dieser Verhältnisse haben die im Mai 1909 von der Freien Vereinigung Deutscher Nahrungsmittelchemiker auf Grund eingehender Beratungen mit Vertretern des Verbandes Deutscher Schokoladenfabrikanten aufgestellten Leitsätze für die Beurteilung von Kakao und Kakaowaren beigetragen. Neben den Begriffsbestimmungen der einzelnen Produkte enthalten diese Leitsätze eine Reihe von Grenzzahlen über den höchst zulässigen Gehalt bzw. die Mindestanforderungen an die Kakaoerzeugnisse, weshalb sie unten im Wortlaut wiedergegeben sind.

Von **Verfälschungen** sind bei Kakao und Kakaowaren gewichtsvermehrende Beimengungen fremder, minderwertiger Stoffe, künstliche Färbung, übermäßiger Fettentzug und Zusatz sogenannter Fettsparer wie Tragant, Gelatine und Dextrin beobachtet worden. Die zur Gewichtsvermehrung zugesetzten Substanzen können entweder aus pflanzlichen Stoffen wie Stärke und Getreidemehl, oder seltener aus mineralischen Substanzen bestehen. Auch kommt ein Ersatz des Kakaofettes durch billigere Fette pflanzlichen oder tierischen Ursprungs und endlich ein Zusatz der beim Reinigen der Kakaobohnen sich ergebenden Abfälle in Form feinvermahlener Kakaoschalen oder Kakaokeime in Frage. In allen diesen Zusätzen ist eine Fälschung der Kakaoerzeugnisse zu erblicken.

Leitsätze für die Beurteilung von Kakao und Kakaowaren.[1]

1. Kakaomasse ist das Produkt, welches lediglich durch Mahlen und Formen der gerösteten und enthülsten Kakaobohnen gewonnen wird.

Kakaomasse darf keinerlei fremde Beimengungen enthalten. Kakaoschalen dürfen nur in Spuren vorhanden sein. Die beim Reinigen der Kakaobohnen sich ergebenden Abfälle dürfen weder der Kakaomasse zugefügt, noch für sich auf Kakaomasse verarbeitet werden.

Kakaomasse hinterläßt 2,5—5 Prozent Asche und enthält 52—58 Prozent Fett.

Aufgeschlossene Kakaomasse ist eine mit Alkalien, Karbonaten von Alkalien bzw. alkalischen Erden, Ammoniak oder deren Salzen bzw. mit Dampfdruck behandelte Kakaomasse.

2. Kakaopulver, entölter Kakao, löslicher Kakao, aufgeschlossener Kakao sind gleichbedeutende Bezeichnungen für eine in Pulverform gebrachte Kakaomasse bzw. in Pulverform gebrachte, geröstete enthülste Kakaobohnen, nachdem diese durch Auspressen in der Wärme von dem ursprünglichen Gehalte an Fett teilweise befreit und in der Regel einer Behandlung mit Alkalien, Karbonaten von Alkalien bzw. alkalischen Erden, Ammoniak oder deren Salze bzw. einem starken Dampfdruck ausgesetzt sind.

Unter 20 Prozent Fett enthaltende Kakaopulver, sowie gewürzte (aromatisierte oder parfümierte) Kakaopulver müssen entsprechend gekennzeichnet sein.

Kakaopulver usw. darf keine fremden Beimengungen enthalten. Kakaoschalen dürfen nur in Spuren vorhanden sein. Die beim Reinigen der Kakaobohnen sich ergebenden Abfälle dürfen weder dem Kakaopulver zugefügt, noch für sich auf Kakaopulver verarbeitet werden.

Der Zusatz von Alkalien oder alkalischen Erden darf 3 Prozent des Rohmaterials nicht übersteigen.

Nur gepulverter Kakao und mit Ammoniak und dessen Salzen behandeltes, bzw. starkem Dampfdruck ausgesetztes Kakaopulver hinterläßt auf Kakaomasse mit einem Gehalt von 55 Prozent Fett umgerechnet, 3—5 Prozent Asche. Mit Alkalien und mit alkalischen Erden aufgeschlossene Kakaopulver dürfen, auf Kakaomasse mit 55 Prozent Fett umgerechnet, nicht mehr als 8 Prozent Asche hinterlassen.

Der Gehalt an Wasser darf 9 Prozent nicht übersteigen.

3. Schokolade ist eine Mischung von Kakaomasse mit Rüben- oder Rohrzucker neben einem entsprechenden Zusatze von Gewürzen (Vanille, Vanillin, Zimt, Nelken u. dgl.). Manche Schokoladen enthalten außerdem einen Zusatz von Kakaobutter.

Der Gehalt an Zucker in Schokolade darf nicht mehr als 68 Prozent betragen.

---

[1] Ztschr. f. Unters. d. Nahrungsm. 1909, II, S. 177.

Zusätze von Stoffen zu diätetischen und medizinischen Zwecken zu Schokolade sind zulässig, doch darf dann die Summe dieses Zusatzes und des Zuckers nicht mehr als 68 Prozent ausmachen.

Außer dem Zusatze von Gewürzen dürfen der Schokolade andere pflanzliche Zusätze nicht gemacht werden. Auch darf Schokolade kein fremdes Fett und keine fremden Mineralbestandteile enthalten. Kakaoschalen dürfen nur in Spuren vorhanden sein. Die beim Reinigen der Kakaobohnen sich ergebenden Abfälle dürfen weder der Schokolade zugesetzt, noch für sich auf Schokolade verarbeitet werden.

Schokoladen, welche Mehl, Mandeln, Wal- oder Haselnüsse, sowie Milchstoffe enthalten, müssen mit einer, diesen Zusatz anzeigenden, deutlich erkennbaren Bezeichnung versehen sein, doch darf auch dann die Summe dieses Zusatzes und des Zuckers nicht mehr als 68 Prozent betragen.

Der Gehalt an Asche darf 2,5 Prozent nicht übersteigen.

4. Couvertüre oder Überzugsmasse muß den an Schokolade gestellten Anforderungen genügen, auch wenn die damit überzogenen Waren Bezeichnungen tragen in denen die Worte Kakao oder Schokolade nicht vorkommen, jedoch dürfen diesen ohne Kennzeichnung Zusätze von Nüssen, Mandeln und Milchstoffen bis zu 5 Prozent gemacht werden.

5. Schokoladenpulver darf nicht mehr als 68 Prozent Zucker enthalten.

6. Kakaobutter ist das aus enthülsten Kakaobohnen oder aus Kakaomasse gewonnene Fett.

XVII. Wein.

Wein ist das durch alkoholische Gärung aus dem Safte der frischen Weintrauben hergestellte und der Kellerbehandlung unterworfene Getränk. Die Kellerbehandlung umfaßt die nach Gewinnung der Trauben auf die Herstellung, Erhaltung und Zurichtung des Weines bis zur Abgabe an den Verbraucher gerichtete Tätigkeit.[1]

Der **Weinbau** besitzt im Deutschen Reiche, obwohl er nur den 450. Teil von dessen Gesamtfläche einnimmt und sehr nahe an die nördliche Grenze der Vegetation der Rebe heranreicht, doch eine große wirtschaftliche Bedeutung. Diese Bedeutung wird am besten ersichtlich, wenn man den Wert der Produktion mit demjenigen der sonstigen Weinbauländer Europas vergleicht. Obwohl der deutsche Weinbau bezüglich seiner Anbaufläche unter diesen Anbauländern erst an 10. Stelle steht, rückt er vermöge der hervorragenden Qualität der Weine einzelner Gegenden in guten Jahren hinsichtlich seines Produktionswertes an die 4. Stelle. Über die Anbauflächen, den Ertrag und den Produktionswert der

[1] Vgl. § 1 und § 4 des Weingesetzes.

hauptsächlichsten Anbauländer gibt folgende Zusammenstellung[1] Aufschluß:

	Weinbaufläche rund ha	Ertrag in hl rund Millionen	Wert in Mark rund Millionen
Italien	3 430 000	30,7	614,0
Frankreich	1 761 000	30,5	490,0
Spanien	1 605 000	29,0	493,0
Ungarn	365 000	5,0	120,0
Österreich	210 000	3,7	46,5
Portugal	200 000	1,0	20,0
Rußland	186 000	10,0	?
Rumänien	137 000	2,5	19,0
Griechenland	125 000	2,0	36,8
Deutsches Reich	119 000	2,6	125,0

Die gesamte europäische Weinproduktion wurde zu 121,6 Millionen hl, der gesamte Weinertrag der anderen Erdteile zusammen zu 6,8 Millionen hl ermittelt, so daß die Weinerzeugung Europas fast 18mal so groß ist, als die Produktion der übrigen Weltteile.

Im Deutschen Reiche gestaltete sich der **Weinertrag** in den letzten Jahren wie folgt:

	Ernteertrag hl Weinmost	Wert des Mostes Millionen Mark
Im Jahre 1905	3 855 178	109,2
„ „ 1906	1 635 727	70,2
„ „ 1907	2 491 894	114,6
„ „ 1908	3 135 953	126,8
Hiervon 1908:		
Preußen	355 153	17,0
Bayern	655 763	26,0
Württemberg	244 326	13,4
Baden	446 030	19,1
Hessen	301 887	13,1
Elsaß-Lothringen	1 127 043	38,0
Übriges Deutschland	5 751	0,2

Der Handel mit Wein (einschl. Spirituosen) wurde in Deutschland im Jahre 1907 in 10659 Hauptgewerbebetrieben mit insgesamt 36225 gewerbtätigen Personen ausgeübt. Der in- und ausländische Handel mit Wein bezifferte sich in den Jahren 1907/1908 folgendermaßen:

---

[1] Vgl. H. W. Dahlen, Weinbau und Weinhandel. Katalog der Weltausstellung St. Louis 1904 S. 308.

	Jahr	Einfuhr		Ausfuhr	
		Tonnen	1000 Mark	Tonnen	1000 Mark
Wein in Fässern außer Verschnittweine u. Weine zur Kognakbereitung	1907	87 140	39 963	12 128	9 460
	1908	97 283	42 568	10 344	8 337
Wein, stiller, in Flaschen .	1907	842	1 365	9 687	12 996
	1908	788	1 286	8 845	12 191
Weintrauben, gemostet (Weinmaische)	1907	40 140	7 990	23	14
	1908	35 665	6 384	—	—
		1/1 Flaschen		1/1 Flaschen	
Schaumweine	1907	1 512 920	6 044	1 152 766	2 886
	1908	1 377 056	6 873	1 077 744	2 713

Der mittlere jährliche Weinverbrauch beträgt in Deutschland auf den Kopf der Bevölkerung 5,7 Liter, während in Ländern mit hoher Weinerzeugung auch der Konsum höher ist. So wurde der Konsum in Spanien auf 115, in Italien auf 95,2, in Frankreich auf 94,4, in der Schweiz auf 60,7 und in Österreich-Ungarn auf 22,1 Liter ermittelt; in England jedoch beträgt der Verbrauch nur 1,7 Liter auf den Kopf und das Jahr.

Die **Beaufsichtigung des Verkehrs mit Wein**, welche im Deutschen Reiche ursprünglich nach den allgemeinen Bestimmungen des Strafgesetzbuches und späterhin außerdem nach den Vorschriften des Nahrungsmittelgesetzes erfolgte, wurde in Anbetracht der beobachteten Mißstände, durch den Erlaß besonderer gesetzlichen Bestimmungen geregelt. Das erste deutsche Weingesetz vom 20. April 1892 ist im Laufe der Zeit durch das Reichsgesetz vom 24. Mai 1901 und dieses wiederum durch die seit dem 1. September 1909 in Kraft befindlichen Bestimmungen des Weingesetzes vom 7. April 1909 ersetzt worden. Das letztgenannte Gesetz regelt nicht nur die Herstellung und den Verkehr mit Wein, sondern zieht auch einige verwandte Gebiete mit in den Kreis seiner Vorschriften. Dem nachfolgenden Wortlaute des Weingesetzes sowie der Ausführungsbestimmungen dieses Gesetzes ist zur Orientierung eine kurze Übersicht über den Inhalt der einzelnen Paragraphen vorausgeschickt.[1]

Es enthalten:

§§ 1—4 Vorschriften über die Herstellung von Wein;

§§ 5—8 Vorschriften über die Bezeichnung von Wein;

§ 9 das Verbot der Nachmachung von Wein;

§ 10 Vorschriften über die Herstellung und Bezeichnung von weinähnlichen Getränken;

[1] Vgl. Zöller, Das Weingesetz. München u. Berlin 1909. S. 9.

§ 11 Vorschriften über Haustrunk;

§ 12 Vorschriften über Traubenmost und Traubenmaische;

§§ 13 und 14 ein Verkehrs- und Einfuhrverbot für gesetzwidrige Getränke;

§§ 15 und 16 Vorschriften über die Herstellung von weinhaltigen Getränken, Schaumwein und Kognak;

§ 17 Vorschriften über die Bezeichnung von Schaumwein;

§ 18 Vorschriften über die Bezeichnung von Kognak;

§ 19 Vorschriften über die Buchführung;

§ 20 Vorschriften über die Kennzeichnung anderer Getränke in Weinkellern;

§§ 21 - 24 Kontrollvorschriften;

§ 25 Vollzugsvorschriften;

§§ 26 31 Strafvorschriften;

§§ 32—34 Einführungs- und Übergangsvorschriften.

Weingesetz.

Vom 7. April 1909.

§ 1. Wein ist das durch alkoholische Gärung aus dem Safte der frischen Weintraube hergestellte Getränk.

§ 2. Es ist gestattet, Wein aus Erzeugnissen verschiedener Herkunft oder Jahre herzustellen (Verschnitt). Dessertwein (Süd-, Süßwein) darf jedoch zum Verschneiden von weißem Weine anderer Art nicht verwendet werden.

§ 3. Dem aus inländischen Trauben gewonnenen Traubenmost oder Weine, bei Herstellung von Rotwein auch der vollen Traubenmaische, darf Zucker, auch in reinem Wasser gelöst, zugesetzt werden, um einem natürlichen Mangel an Zucker bzw. Alkohol oder einem Übermaß an Säure insoweit abzuhelfen, als es der Beschaffenheit des aus Trauben gleicher Art und Herkunft in guten Jahrgängen ohne Zusatz gewonnenen Erzeugnisses entspricht. Der Zusatz an Zuckerwasser darf jedoch in keinem Falle mehr als ein Fünftel der gesamten Flüssigkeit betragen.

Die Zuckerung darf nur in der Zeit vom Beginne der Weinlese bis zum 31. Dezember des Jahres vorgenommen werden; sie darf in der Zeit vom 1. Oktober bis 31. Dezember bei ungezuckerten Weinen früherer Jahrgänge nachgeholt werden.

Die Zuckerung darf nur innerhalb der am Weinbau beteiligten Gebiete des Deutschen Reiches vorgenommen werden.

Die Absicht, Traubenmaische, Most oder Wein zu zuckern, ist der zuständigen Behörde anzuzeigen.

Auf die Herstellung von Wein zur Schaumweinbereitung in den Schaumweinfabriken finden die Vorschriften der Abs. 2, 3 keine Anwendung.

In allen Fällen darf zur Weinbereitung nur technisch reiner, nicht färbender Rüben-, Rohr-, Invert- oder Stärkezucker verwendet werden.

§ 4. Unbeschadet der Vorschriften des § 3 dürfen Stoffe irgendwelcher Art dem Weine bei der Kellerbehandlung nur insoweit zugesetzt werden, als diese es erfordert. Der Bundesrat ist ermächtigt, zu bestimmen, welche Stoffe verwendet werden dürfen, und Vorschriften über die Verwendung zu erlassen.

Die Kellerbehandlung umfaßt die nach Gewinnung der Trauben auf die Herstellung, Erhaltung und Zurichtung des Weines bis zur Abgabe an den Verbraucher gerichtete Tätigkeit.

Versuche, die mit Genehmigung der zuständigen Behörde angestellt werden, unterliegen diesen Beschränkungen nicht.

§ 5. Es ist verboten, gezuckerten Wein unter einer Bezeichnung feilzuhalten oder zu verkaufen, die auf Reinheit des Weines oder auf besondere Sorgfalt bei der Gewinnung der Trauben deutet; auch ist es verboten, in der Benennung anzugeben oder anzudeuten, daß der Wein Wachstum eines bestimmten Weinbergbesitzers sei.

Wer Wein gewerbsmäßig in Verkehr bringt, ist verpflichtet, dem Abnehmer auf Verlangen vor der Übergabe mitzuteilen, ob der Wein gezuckert ist, und sich beim Erwerbe von Wein die zur Erteilung dieser Auskunft erforderliche Kenntnis zu sichern.

§ 6. Im gewerbsmäßigen Verkehre mit Wein dürfen geographische Bezeichnungen nur zur Kennzeichnung der Herkunft verwendet werden.

Die Vorschriften des § 16 Abs. 2 des Gesetzes zum Schutze der Warenbezeichnungen vom 12. Mai 1894 (Reichs-Gesetzbl. S. 441) und des § 1 Abs. 3 des Gesetzes zur Bekämpfung des unlauteren Wettbewerbes vom 27. Mai 1896 (Reichs-Gesetzbl. S. 145) finden auf die Benennung von Wein keine Anwendung. Gestattet bleibt jedoch, die Namen einzelner Gemarkungen oder Weinbergslagen, die mehr als einer Gemarkung angehören, zu benutzen, um gleichartige oder gleichwertige Erzeugnisse benachbarter oder nahegelegener Gemarkungen oder Lagen zu bezeichnen.

§ 7. Ein Verschnitt aus Erzeugnissen verschiedener Herkunft darf nur dann nach einem der Anteile allein benannt werden, wenn dieser in der Gesamtmenge überwiegt und die Art bestimmt; dabei findet die Vorschrift des § 6 Abs. 2 Satz 2 Anwendung. Die Angabe einer Weinbergslage ist jedoch, von dem Falle des § 6 Abs. 2 Satz 2 abgesehen, nur dann zulässig, wenn der aus der betreffenden Lage stammende Anteil nicht gezuckert ist.

Es ist verboten, in der Benennung anzugeben oder anzudeuten, daß der Wein Wachstum eines bestimmten Weinbergbesitzers sei.

Die Beschränkungen der Bezeichnung treffen nicht den Verschnitt durch Vermischung von Trauben oder Traubenmost mit Trauben oder Traubenmost gleichen Wertes derselben oder einer benachbarten Gemarkung und den Ersatz der Abgänge, die sich aus der Pflege des im Fasse lagernden Weines ergeben.

§ 8. Ein Gemisch von Weißwein und Rotwein darf, wenn es als Rotwein in den Verkehr gebracht wird, nur unter einer die Mischung kennzeichnenden Bezeichnung feilgehalten oder verkauft werden.

§ 9. Es ist verboten, Wein nachzumachen.

§ 10. Unter das Verbot des § 9 fällt nicht die Herstellung von dem Weine ähnlichen Getränken aus Fruchtsäften, Pflanzensäften oder Malzauszügen.

Der Bundesrat ist ermächtigt, die Verwendung bestimmter Stoffe bei der Herstellung solcher Getränke zu beschränken oder zu untersagen.

Die im Abs. 1 bezeichneten Getränke dürfen im Verkehr als Wein nur in solchen Wortverbindungen bezeichnet werden, welche die Stoffe kennzeichnen, aus denen sie hergestellt sind.

§ 11. Auf die Herstellung von Haustrunk aus Traubenmaische, Traubenmost, Rückständen der Weinbereitung oder aus getrockneten Weinbeeren finden die Vorschriften des § 2 Satz 2 und der §§ 3, 9 keine Anwendung.

Die Vorschriften des § 4 finden auf die Herstellung von Haustrunk entsprechende Anwendung.

Wer Wein gewerbsmäßig in Verkehr bringt, ist verpflichtet, der zuständigen Behörde die Herstellung von Haustrunk unter Angabe der herzustellenden Menge und der zur Verarbeitung bestimmten Stoffe anzuzeigen; die Herstellung kann durch Anordnung der zuständigen Behörde beschränkt oder unter besonderer Aufsicht gestellt werden.

Die als Haustrunk hergestellten Getränke dürfen nur im eigenen Haushalte des Herstellers verwendet oder ohne besonderen Entgelt an die in seinem Betriebe beschäftigten Personen zum eigenen Verbrauch abgegeben werden. Bei Auflösung des Haushalts oder Aufgabe des Betriebes kann die zuständige Behörde die Veräußerung des etwa vorhandenen Vorrats von Haustrunk gestatten.

§ 12. Die Vorschriften der §§ 2, 4 bis 9 finden auf Traubenmost, die Vorschriften der §§ 4 bis 9 auf Traubenmaische Anwendung.

§ 13. Getränke, die den Vorschriften der §§ 2, 3, 4, 9, 10 zuwider hergestellt oder behandelt worden sind, ferner Traubenmaische, die einen nach den Bestimmungen des § 3 Abs. 1 oder des § 4 nicht zulässigen Zusatz erhalten hat, dürfen vorbehaltlich der Bestimmungen des § 15, nicht in den Verkehr gebracht werden. Dies gilt auch für ausländische Erzeugnisse, die den Vorschriften des § 3 Abs. 1 und der §§ 4, 9, 10 nicht entsprechen; der Bundesrat ist ermächtigt, hinsichtlich der Vorschriften des § 4 und des 10 Abs. 2 Ausnahmen für Getränke und Traubenmaische zu bewilligen, die den im Ursprungslande geltenden Vorschriften entsprechend hergestellt sind.

§ 14. Die Einfuhr von Getränken, die nach § 13 vom Verkehr ausgeschlossen sind, ferner von Traubenmaische, die einen nach den Bestimmungen des § 3 Abs. 1 oder des § 4 nicht zulässigen Zusatz erhalten hat, ist verboten.

Der Bundesrat erläßt die Vorschriften zur Sicherung der Einhaltung des Verbots, er ist ermächtigt, die Einfuhr von Traubenmaische, Traubenmost oder Wein zu verbieten, die den am Orte der Herstellung geltenden Vorschriften zuwider hergestellt oder behandelt worden sind.

§ 15. Getränke, die nach § 13 vom Verkehr ausgeschlossen sind, dürfen zur Herstellung von weinhaltigen Getränken, Schaumwein oder Kognak nicht verwendet werden. Zu anderen Zwecken darf die Verwendung nur mit Genehmigung der zuständigen Behörde erfolgen.

§ 16. Der Bundesrat ist ermächtigt, die Verwendung bestimmter Stoffe bei der Herstellung von weinhaltigen Getränken, Schaumwein oder Kognak zu beschränken oder zu untersagen sowie bezüglich der Herstellung von Schaumwein und Kognak zu bestimmen, welche Stoffe hierbei Verwendung finden dürfen, und Vorschriften über die Verwendung zu erlassen.

§ 17. Schaumwein, der gewerbsmäßig verkauft oder feilgehalten wird, muß eine Bezeichnung tragen, die das Land erkennbar macht, wo er auf Flaschen gefüllt worden ist; bei Schaumwein, dessen Kohlensäuregehalt ganz oder teilweise auf einem Zusatze fertiger Kohlensäure beruht, muß die Bezeichnung die Herstellungsart ersehen lassen. Dem Schaumwein ähnliche Getränke müssen eine Bezeichnung tragen, welche erkennen läßt, welche dem Wein ähnliche Getränke zu ihrer Herstellung verwendet worden sind. Die näheren Vorschriften trifft der Bundesrat.

Die vom Bundesrate vorgeschriebenen Bezeichnungen sind auch in die Preislisten und Weinkarten sowie in die sonstigen im geschäftlichen Verkehr üblichen Angebote mit aufzunehmen.

§ 18. Trinkbranntwein, dessen Alkohol nicht ausschließlich aus Wein gewonnen ist, darf im geschäftlichen Verkehre nicht als Kognak bezeichnet werden.

Trinkbranntwein, der neben Kognak Alkohol anderer Art enthält, darf als Kognakverschnitt bezeichnet werden, wenn mindestens $^1/_{10}$ des Alkohols aus Wein gewonnen ist.

Kognak und Kognakverschnitte müssen in 100 Raumteilen mindestens 38 Raumteile Alkohol enthalten.

Trinkbranntwein, der in Flaschen oder ähnlichen Gefäßen unter der Bezeichnung Kognak gewerbsmäßig verkauft oder feilgehalten wird, muß zugleich eine Bezeichnung tragen, welche das Land erkennbar macht, wo er für den Verbrauch fertiggestellt worden ist. Die näheren Vorschriften trifft der Bundesrat.

Die vom Bundesrate vorgeschriebenen Bezeichnungen sind auch in die Preislisten und Weinkarten sowie in die sonstigen im geschäftlichen Verkehr üblichen Angebote mit aufzunehmen.

§ 19. Wer Trauben zur Weinbereitung, Traubenmaische, Traubenmost oder Wein gewerbsmäßig in Verkehr bringt oder gewerbsmäßig Wein zu Getränken weiter verarbeitet, ist verpflichtet, Bücher zu führen, aus denen zu ersehen ist:

1. welche Weinbergsflächen er abgeerntet hat, welche Mengen von Traubenmaische, Traubenmost oder Wein er aus eigenem Gewächse gewonnen oder von anderen bezogen und welche Mengen er an andere abgegeben oder welche Geschäfte über solche Stoffe er vermittelt hat;
2. welche Mengen von Zucker oder von anderen für die Kellerbehandlung des Weines (§ 4) oder zur Herstellung von Haustrunk (§ 11) bestimmten Stoffen er bezogen und welchen Gebrauch er von diesen Stoffen zum Zuckern (§ 3) oder zur Herstellung von Haustrunk gemacht hat;
3. welche Mengen der im § 10 bezeichneten dem Weine ähnlichen Getränke er aus eigenem Gewächse gewonnen oder von anderen bezogen und welche Mengen er an andere abgegeben oder welche Geschäfte über solche Stoffe er vermittelt hat.

Die Zeit des Geschäftsabschlusses, die Namen der Lieferanten und, soweit es sich um Abgabe im Fasse oder in Mengen von mehr als einem Hektoliter im einzelnen Falle handelt, auch der Abnehmer, sind in den Büchern einzutragen.

Die Bücher sind nebst den auf die einzutragenden Geschäfte bezüglichen Geschäftspapieren bis zum Ablaufe von fünf Jahren nach der letzten Eintragung aufzubewahren.

Die näheren Bestimmungen über die Einrichtung und die Führung der Bücher trifft der Bundesrat; er bestimmt, in welcher Weise und innerhalb welcher Frist die bei dem Inkrafttreten dieses Gesetzes vorhandenen Bestände in den Büchern vorzutragen sind.

§ 20. Werden in einem Raume, in dem Wein zum Zwecke des Verkaufs hergestellt oder gelagert wird, in Gefäßen, wie sie zur Herstellung oder Lagerung von Wein verwendet werden, Haustrunk (§ 11) oder andere Getränke als Wein oder Traubenmost verwahrt, so müssen diese Gefäße mit einer deutlichen Bezeichnung des Inhalts an einer in die Augen fallenden Stelle versehen sein.

Bei Flaschenlagerung genügt die Bezeichnung der Stapel.

Personen, die wegen Verfehlungen gegen dieses Gesetz wiederholt oder zu einer Gefängnisstrafe verurteilt worden sind, kann die Verwahrung anderer Stoffe als Wein oder Traubenmost in solchen Räumen durch die zuständige Polizeibehörde untersagt werden.

§ 21. Die Beobachtung der Vorschriften dieses Gesetzes ist durch die mit der Handhabung der Nahrungsmittelpolizei betrauten Behörden und Sachverständigen zu überwachen.

Zur Unterstützung dieser Behörden sind für alle Teile des Reichs Sachverständige im Hauptberufe zu bestellen.

§ 22. Die zuständigen Beamten und Sachverständigen (§ 21) sind befugt, außerhalb der Nachtzeit und, falls Tatsachen vorliegen, welche annehmen lassen, daß zur Nachtzeit gearbeitet wird, auch während dieser Zeit, in Räume, in denen Traubenmost, Wein oder dem Weine ähnliche Getränke hergestellt, verarbeitet, feilgehalten oder verpackt werden, und bei gewerbsmäßigem Betrieb auch in die zugehörigen Lager- und Geschäftsräume, ebenso in die Geschäftsräume von Personen, die gewerbsmäßig Geschäfte über Traubenmaische, Traubenmost, Wein, Schaumwein, weinhaltige, dem Weine ähnliche Getränke oder Kognak vermitteln, einzutreten, daselbst Besichtigungen vorzunehmen, geschäftliche Aufzeichnungen, Frachtbriefe und Bücher einzusehen, auch nach ihrer Auswahl Proben zum Zwecke der Untersuchung zu fordern oder selbst zu entnehmen. Über die Probenahme ist eine Empfangsbescheinigung zu erteilen. Ein Teil der Probe ist amtlich verschlossen oder versiegelt zurückzulassen. Auf Verlangen ist für die entnommene Probe eine angemessene Entschädigung zu leisten.

Die Nachtzeit umfaßt in dem Zeitraume vom 1. April bis 30. September die Stunden von 9 Uhr Abends bis 4 Uhr Morgens und in dem Zeitraume vom 1. Oktober bis 31. März die Stunden von 9 Uhr Abends bis 6 Uhr Morgens.

§ 23. Die Inhaber der in § 22 bezeichneten Räume sowie die von ihnen bestellten Betriebsleiter und Aufsichtspersonen sind verpflichtet, den zuständigen Beamten und Sachverständigen auf Erfordern diese Räume zu bezeichnen, sie bei deren Besichtigung zu begleiten oder durch mit dem Betriebe vertraute Personen begleiten zu lassen und ihnen Auskunft über das Verfahren bei Herstellung der Erzeugnisse, über den Umfang des Betriebs, über die zur Verwendung gelangenden Stoffe, insbesondere auch über deren Menge und Herkunft, zu erteilen sowie die geschäftlichen Aufzeichnungen, Frachtbriefe und Bücher vorzulegen. Personen, die gewerbsmäßig Geschäfte über Traubenmaische, Traubenmost, Wein, Schaumwein, weinhaltige oder dem Weine ähnliche Getränke vermitteln, sind verpflichtet, Auskunft über die von ihnen vermittelten Geschäfte zu erteilen sowie die geschäftlichen Aufzeichnungen und Bücher vorzulegen. Die Erteilung von Auskunft kann jedoch verweigert werden, soweit derjenige, von welchem sie verlangt wird, sich selbst oder einem der im § 51 Nr. 1 bis 3 der Strafprozeßordnung bezeichneten Angehörigen die Gefahr strafgerichtlicher Verfolgung zuziehen würde.

§ 24. Die Sachverständigen sind, vorbehaltlich der Anzeige von Gesetzwidrigkeiten, verpflichtet, über die Einrichtungen und Geschäftsverhältnisse, welche durch die Aufsicht zu ihrer Kenntnis kommen, Verschwiegenheit zu beobachten und sich der Mitteilung und Verwertung der Geschäfts- oder Betriebsgeheimnisse zu enthalten. Sie sind hierauf zu beeidigen.

§ 25. Der Vollzug des Gesetzes liegt den Landesregierungen ob.

Der Bundesrat stellt die zur Sicherung der Einheitlichkeit des Vollzugs erforderlichen Grundsätze, insbesondere für die Bestellung von geeigneten Sachverständigen und die Gewährleistung ihrer Unabhängigkeit fest. Er ist ermächtigt, Vorschriften für die jährliche Feststellung der Traubenernte sowie über Zeitpunkt, Form und Inhalt der nach § 3 Abs. 4 vorgeschriebenen Anzeige zu erlassen.

Die weiter erforderlichen Vorschriften zur Sicherung des Vollzugs werden durch die Landeszentralbehörden oder die von diesen ermächtigten Landesbehörden erlassen.

Die Landeszentralbehörden sind außerdem ermächtigt, im Einvernehmen mit dem Reichskanzler die Grenzen der am Weinbaue beteiligten Gebiete zu bestimmen (§ 3 Abs. 3).

Der Reichskanzler hat die Ausführung des Gesetzes zu überwachen und insbesondere auf Gleichmäßigkeit der Handhabung hinzuwirken.

§ 26. Mit Gefängnis bis zu sechs Monaten und mit Geldstrafe bis zu dreitausend Mark oder mit einer dieser Strafen wird bestraft:

1. wer vorsätzlich den Vorschriften des § 2 Satz 2, des § 3 Abs. 1 bis 3, 5, 6, der §§ 4, 9, des § 11 Abs. 4, der §§ 13, 15 oder den gemäß § 12 für die Herstellung und Behandlung von Traubenmost oder Traubenmaische geltenden Vorschriften oder den auf Grund des § 4 Abs. 1 Satz 2 des § 10 Abs. 2, des § 11 Abs. 2 oder des § 16 vom Bundesrat erlassenen Vorschriften zuwiderhandelt;
2. wer wissentlich unrichtige Eintragungen in die nach § 19 zu führenden Bücher macht oder die nach Maßgabe des § 23 von ihm geforderte Auskunft wissentlich unrichtig erteilt, desgleichen wer vorsätzlich Bücher oder Geschäftspapiere, welche nach § 19 Abs. 3 aufzubewahren sind, vor Ablauf der dort bestimmten Frist vernichtet oder beiseite schafft;
3. wer Stoffe, deren Verwendung bei der Herstellung, Behandlung oder Verarbeitung von Wein, Schaumwein, weinhaltigen oder weinähnlichen Getränken unzulässig ist, zu diesen Zwecken ankündigt, feilhält, verkauft oder an sich bringt, desgleichen wer einen diesen Zwecken dienenden Verkauf solcher Stoffe vermittelt.

Stellt sich nach den Umständen, insbesondere nach dem Umfange der Verfehlungen oder nach der Beschaffenheit der in Betracht kommenden Stoffe, der Fall als ein schwerer dar, so tritt Gefängnisstrafe bis zu zwei Jahren ein, neben der auf Geldstrafe bis zu zwanzigtausend Mark erkannt werden kann.

Auf die im Abs. 2 vorgesehene Strafe ist auch dann zu erkennen, wenn der Täter zur Zeit der Tat bereits wegen einer der im Abs. 1 mit Strafe bedrohten Handlungen bestraft ist. Diese Bestimmung findet Anwendung, auch wenn die frühere Strafe nur teilweise verbüßt oder ganz oder teilweise erlassen ist, bleibt jedoch ausgeschlossen, wenn seit der Verbüßung oder dem Erlasse der letzten Strafe bis zur Begehung der neuen Straftat drei Jahre verflossen sind.

In den Fällen des Abs. 1 Nr. 1 wird auch der Versuch bestraft.

§ 27. Mit Geldstrafe bis zu eintausendfünfhundert Mark oder mit Gefängnis bis zu drei Monaten wird bestraft, wer den Vorschriften des § 24 zuwider Verschwiegenheit nicht beobachtet, oder der Mitteilung oder Verwertung von Geschäfts- oder Betriebsgeheimnissen sich nicht enthält.

Die Verfolgung tritt nur auf Antrag des Unternehmers ein.

§ 28. Mit Geldstrafe bis zu sechshundert Mark oder mit Haft bis zu sechs Wochen wird bestraft. wer vorsätzlich oder fahrlässig

1. den Vorschriften des § 5 Abs. 1, des § 7 Abs. 2, des § 8, des § 10 Abs. 3 oder des § 18 Abs. 1 zuwiderhandelt;
2. den Vorschriften des § 6 oder des § 7 Abs. 1 zuwider bei der Benennung von Wein eine der Herkunft nicht entsprechende geographische Bezeichnung verwendet;
3. Schaumwein oder Kognak gewerbsmäßig verkauft oder feilhält, ohne daß den Vorschriften des § 17 und des § 18 Abs. 4, 5 genügt ist;

4. außer den Fällen des § 26 Nr. 2 den Vorschriften über die nach § 19 zu führenden Bücher zuwiderhandelt.

§ 29. Der im § 28 bestimmten Strafe unterliegt ferner
1. wer vorsätzlich die nach Maßgabe des § 5 Abs. 2 zu erteilende Auskunft nicht oder unrichtig erteilt;
2. wer vorsätzlich die nach § 3 Abs. 4 und nach § 11 Abs. 3 vorgeschriebenen Anzeigen nicht erstattet oder den auf Grund des § 11 Abs. 3 erlassenen Anordnungen zuwiderhandelt;
3. wer vorsätzlich es unterläßt, an Gefäßen oder Flaschenstapeln die nach § 20 Abs. 1, 2 vorgeschriebenen Bezeichnungen anzubringen, oder einem auf Grund des § 20 Abs. 3 ergangenen Verbote zuwiderhandelt;
4. wer vorsätzlich den von den Landeszentralbehörden oder den von diesen ermächtigten Landesbehörden auf Grund des § 25 Abs. 3 erlassenen Vorschriften zuwiderhandelt;
5. wer den Vorschriften der §§ 22, 23 zuwider das Betreten oder die Besichtigung von Räumen, die Begleitung der Beamten oder Sachverständigen bei der Besichtigung der Räume, die Vorlegung oder die Durchsicht von Geschäftsbüchern oder -papieren, die Abgabe oder die Entnahme von Proben verweigert, desgleichen wer die von ihm geforderte Auskunft nicht oder aus Fahrlässigkeit unrichtig erteilt;
6. wer eine der im § 26 Abs. 1 Nr. 1 bezeichneten Handlungen aus Fahrlässigkeit begeht.

§ 30. Mit Geldstrafe bis zu einhundertfünfzig Mark oder mit Haft wird bestraft, wer eine der im § 29 Nr. 1 bis 4 bezeichneten Handlungen aus Fahrlässigkeit begeht.

§ 31. In den Fällen des § 26 Abs. 1 Nr. 1 ist neben der Strafe auf Einziehung der Getränke oder Stoffe zu erkennen, welche den dort bezeichneten Vorschriften zuwider hergestellt, eingeführt oder in den Verkehr gebracht worden sind, ohne Unterschied, ob sie dem Verurteilten gehören oder nicht; auch kann die Vernichtung ausgesprochen werden. In den Fällen des § 28 Nr. 1, 2, 3 und des § 29 Nr. 6 kann auf Einziehung oder Vernichtung erkannt werden.

In den Fällen des § 26 Abs. 1 Nr. 3 ist neben der Strafe auf Einziehung oder Vernichtung der Stoffe zu erkennen, die zum Zwecke der Begehung einer nach den Vorschriften dieses Gesetzes strafbaren Handlung bereit gehalten werden.

Die Vorschriften des Abs. 1, 2 finden auch dann Anwendung, wenn die Strafe gemäß § 73 des Strafgesetzbuchs auf Grund eines anderen Gesetzes zu bestimmen ist.

Ist die Verfolgung oder Verurteilung einer bestimmten Person nicht ausführbar, so kann auf die Einziehung selbständig erkannt werden.

§ 32. Die Vorschriften anderer die Herstellung und den Vertrieb von Wein treffender Gesetze, insbesondere des Gesetzes, betreffend den Verkehr mit Nahrungsmitteln, Genußmitteln und Gebrauchsgegenständen vom 14. Mai 1879 (Reichs-Gesetzbl. S. 145), des Gesetzes zum Schutze der Warenbezeichnungen vom 12. Mai 1894 (Reichs-Gesetzbl. S. 441) und des Gesetzes zur Bekämpfung des unlauteren Wettbewerbes vom 27. Mai 1896 (Reichs-Gesetzbl. S. 145) bleiben unberührt, soweit nicht die Vorschriften dieses Gesetzes entgegenstehen. Die Vorschriften der §§ 16, 17 des Gesetzes vom 14. Mai 1879 finden auch bei Strafverfolgungen auf Grund der Vorschriften dieses Gesetzes Anwendung. Durch die Landesregierungen kann jedoch bestimmt werden, daß die auf Grund dieses Gesetzes auferlegten Geldstrafen in erster Linie zur Deckung der Kosten zu verwenden sind, die durch die Bestellung von Sachverständigen auf Grund des § 21 dieses Gesetzes entstehen. Die Verwendung erfolgt in diesem Falle durch die mit dem Vollzuge des Gesetzes betrauten Landeszentralbehörden, durch welche die etwa verbleibenden Überschüsse auf die nach § 17 des Gesetzes vom 14. Mai 1879 in Betracht kommenden Kassen zu verteilen sind.

§ 33. Der Bundesrat ist ermächtigt, im Großherzogtume Luxemburg gewonnene Erzeugnisse des Weinbaues den inländischen gleichzustellen, falls dort ein diesem Gesetz entsprechendes Weingesetz erlassen wird.

§ 34. Dieses Gesetz tritt am 1. September 1909 in Kraft.

Mit diesem Zeitpunkte tritt das Gesetz, betreffend den Verkehr mit Wein, weinhaltigen und weinähnlichen Getränken, vom 24. Mai 1901 (Reichs-Gesetzbl. S. 175) außer Kraft.

Der Verkehr mit Getränken, die bei der Verkündung dieses Gesetzes nachweislich bereits hergestellt waren, ist jedoch nach den bisherigen Bestimmungen zu beurteilen.

Bundesratsbekanntmachung, betr. Bestimmungen zur Ausführung des Weingesetzes.

Vom 9. Juli 1909.

Auf Grund der §§ 3, 4, 10 bis 14, 17 bis 19 des Weingesetzes vom 7. April 1909 (Reichs-Gesetzbl. S. 393) hat der Bundesrat die nachstehenden Ausführungsbestimmungen beschlossen:

Zu § 3 Abs. 4. Die Absicht, Traubenmaische, Most oder Wein zu zuckern, ist nach Maßgabe der beigefügten Muster schriftlich anzuzeigen; die zuständige Behörde kann die Eintragung in Listen gestatten, die diesen Mustern nachzubilden und an geeigneten Stellen aufzulegen sind.

Für die neue Ernte ist die Anzeige vor Beginn des Zuckerns nach Muster 1 zu erstatten; dabei braucht die Menge der zu zuckernden Erzeugnisse sowie der Zeitpunkt des Zuckerns für die gesamte Ernte vom 1. September des betreffenden Jahres ab nicht angegeben zu werden. Für Wein früherer Jahrgänge ist jeder einzelne Fall des Zuckerns spätestens eine Woche zuvor nach Muster 2 anzuzeigen.

Zu §§ 4, 11, 12. Bei der Kellerbehandlung dürfen unbeschadet der nach § 3 des Gesetzes zulässigen Zuckerung der Traubenmaische, dem Traubenmost oder dem Weine Stoffe irgend welcher Art nur nach Maßgabe der folgenden Bestimmungen zugesetzt werden.

Gestattet ist

A. Allgemein:

1. die Verwendung von frischer, gesunder, flüssiger Weinhefe (Drusen) oder von Reinhefe, um die Gärung einzuleiten oder zu fördern; die Reinhefe darf nur in Traubenmost gezüchtet sein. Der Zusatz der flüssigen Weinhefe darf nicht mehr als zwanzig Raumteile auf eintausend Raumteile der zu vergärenden Flüssigkeit betragen; doch darf diese Hefemenge zuvor in einem Teile des Mostes oder Weines vermehrt werden; dabei darf der Wein mit einer kleinen Menge Zucker versetzt und von Alkohol befreit werden;
2. die Verwendung von frischer, gesunder, flüssiger Weinhefe (Drusen), um Mängel von Farbe oder Geschmack des Weines zu beseitigen. Der Zusatz darf nicht mehr als einhundertundfünfzig Raumteile auf eintausend Raumteile Wein betragen; ein Zusatz von Zucker ist hierbei nicht zulässig;
3. die Entsäuerung mittels reinen, gefällten, kohlensauren Kalkes;

4. das Schwefeln, sofern hierbei nur kleine Mengen von schwefliger Säure oder Schwefelsäure in die Flüssigkeiten gelangen. Gewürzhaltiger Schwefel darf nicht verwendet werden;
5. die Verwendung von reiner gasförmiger oder verdichteter Kohlensäure oder der bei der Gärung von Wein entstehenden Kohlensäure, sofern hierbei nur kleine Mengen des Gases in den Wein gelangen;
6. die Klärung (Schönung) mittels nachgenannter technisch reiner Stoffe:
   a) in Wein gelöster Hausen-, Stör- oder Welsblase,
   b) Gelatine,
   c) Tannin bei gerbstoffarmem Weine bis zur Höchstmenge von 100 g auf 1000 Liter in Verbindung mit den unter a, b genannten Stoffen,
   d) Eiweiß,
   e) Käsestoff (Kaseïn), Milch,
   f) spanischer Erde,
   g) mechanisch wirkender Filterdichtungsstoffe (Asbest, Zellulose und dergleichen);
7. die Verwendung von ausgewaschener Holzkohle und gereinigter Knochenkohle;
8. das Behandeln der Korkstopfen und das Ausspülen der Aufbewahrungsgefäße mit aus Wein gewonnenem Alkohol oder reinem mindestens 90 Raumprozente Alkohol enthaltenen Sprit, wobei jedoch der Alkohol nach der Anwendung wieder tunlichst zu entfernen ist; bei dem Versand in Fässern nach tropischen Gegenden auch der Zusatz von solchem Alkohol bis zu einem Raumteil auf einhundert Raumteile Wein zur Haltbarmachung.

B. Bei ausländischem Dessertwein (Süd-, Süßwein):

9. der Zusatz von kleinen Mengen gebrannten Zuckers (Zuckercouleur):
10. der Zusatz von aus Wein gewonnenem Alkohol oder reinem mindestens 90 Raumprozente Alkohol enthaltenen Sprit bis zu der im Ursprungslande gestatteten Alkoholmenge.

C. Bei der Herstellung von Haustrunk (§ 11 des Gesetzes):

11. die Verwendung von Zitronensäure bei der Verarbeitung von getrockneten Weinbeeren außerhalb solcher Betriebe, aus denen Wein gewerbsmäßig in den Verkehr gebracht wird.

Die Landeszentralbehörde kann die Verwendung von Zitronensäure auch bei der Verarbeitung von Rückständen der Weinbereitung und für Betriebe zulassen, aus denen Wein gewerbsmäßig in den Verkehr gebracht wird.

Zu §§ 10, 16. Die nachbezeichneten Stoffe:
lösliche Aluminiumsalze (Alaun und dergleichen), Ameisensäure, Baryumverbindungen, Benzoësäure, Borsäure, Eisencyanverbindungen (Blutlaugensalze), Farbstoffe mit Ausnahme von kleinen Mengen gebrannten Zuckers (Zuckercouleur), Fluorverbindungen, Formaldehyd und solche Stoffe, die bei ihrer Verwendung Formaldehyd abgeben, Glyzerin, Kermesbeeren, Magnesiumverbindungen, Oxalsäure, Salizylsäure, unreiner (freien Amylalkohol enthaltender) Sprit, unreiner Stärkezucker, Stärkesirup, Strontiumverbindungen, Wismutverbindungen, Zimtsäure, Zinksalze, Salze und Verbindungen der vorbezeichneten Säuren sowie der schwefligen Säure (Sulfite, Metasulfite und dergleichen)

dürfen bei der Herstellung der im § 10 des Gesetzes bezeichneten dem Weine ähnlichen Getränke, von weinhaltigen Getränken, deren Bezeichnung die Verwendung von Wein andeutet, von Schaumwein oder von Kognak nicht verwendet werden.

Zu § 13. Traubenmaische, Traubenmost oder Wein ausländischen Ursprunges, die den Vorschriften des § 4 des Gesetzes nicht entsprechen, werden zum Verkehre zugelassen, wenn sie den für den Verkehr innerhalb des Ursprungslandes geltenden Vorschriften genügen.

Vom Verkehr ausgeschlossen bleiben jedoch:

a) roter Wein, mit Ausnahme von Dessertwein, desgleichen Traubenmost oder Traubenmaische zu rotem Weine, deren Gehalt an Schwefelsäure in einem Liter Flüssigkeit mehr beträgt als 2 g neutralen schwefelsauren Kaliums entspricht;

b) Traubenmaische, Traubenmost oder Weine, die einen Zusatz von Alkalikarbonaten (Pottasche oder dergleichen), von organischen Säuren oder deren Salzen (Weinsäure, Zitronensäure, Weinstein, neutrales weinsaures Kalium oder dergleichen) oder eines der in den Bestimmungen zu § 10 des Gesetzes genannten Stoffe erhalten haben.

Zu § 14.[1] Traubenmaische, Traubenmost oder Wein dürfen nur über bestimmte Zollämter eingeführt werden. Der Bundesrat bezeichnet die Ämter sowie diejenigen Zollstellen, bei welchen die Untersuchung von Traubenmaische, Traubenmost oder Wein stattfinden kann.

Die aus dem Ausland eingehenden Sendungen unterliegen bei der Einfuhr einer amtlichen Untersuchung unter Mitwirkung der Zollbehörden. Die Kosten der Untersuchung einschließlich der Versendung der Proben hat der Verfügungsberechtigte zu tragen.

Die Untersuchung ist staatlichen Fachanstalten oder besonders hierzu verpflichteten geprüften Nahrungsmittelchemikern zu übertragen. Ausnahmsweise kann sie auch anderen Personen übertragen werden, welche genügend Kenntnisse und Erfahrung besitzen.

Das Ergebnis der Untersuchung ist der Zollstelle alsbald schriftlich mitzuteilen. Nur die etwaige Beanstandung ist ausführlich zu begründen.

Soweit die Sendung beanstandet wird, ist sie durch die Zollbehörde von der Einfuhr zurückzuweisen. Dem Verfügungsberechtigten, der unter Angabe des Grundes alsbald zu benachrichtigen ist, steht frei, innerhalb dreier Tage nach Empfang der Nachricht bei der die Zurückweisung verfügenden Zollstelle die Entscheidung einer von der Landesregierung hierfür zu bezeichnenden höheren Verwaltungsbehörde zu beantragen. Diese Behörde entscheidet endgültig.

Von der Untersuchung befreit sind:

a) Sendungen im Einzelrohgewichte von nicht mehr als 5 kg.

b) Wein in Flaschen (Fläschchen), wenn nach den Umständen nicht zu bezweifeln ist, daß er nur als Muster zu dienen bestimmt ist;

c) Wein in Flaschen (Fläschchen), sofern das Gewicht des in einem Packstück enthaltenen Weines einschließlich seiner unmittelbaren Umschließung nicht mehr als 10 kg beträgt. Ist Wein, von dem mehrere Arten gleichzeitig in einer Sendung eingehen, nachweislich nicht zum gewerbsmäßigen Absatze bestimmt, so dürfen auch bei einem höheren Gewichte diejenigen Weinarten von der Untersuchung freigelassen werden, von denen nicht mehr als $2^1/_4$ l eingehen;

d) Mengen von nicht mehr als 10 kg Rohgewicht, die im kleinen Grenzverkehr eingehen;

e) zur Verpflegung von Reisenden, Fuhrleuten oder Schiffern während der Reise mitgeführte Mengen;

---

[1] Nach der Abänderung vom 20. Juli 1910.

f) Erzeugnisse, die als Umzugsgut eingehen und nicht zum gewerbsmäßigen Absatze bestimmt sind;

g) zur unmittelbaren Durchfuhr bestimmte Sendungen.

Die Untersuchung kann unterbleiben, wenn die Einfuhrfähigkeit einer Sendung durch das Zeugnis einer wissenschaftlichen Anstalt des Ursprungslandes nachgewiesen wird, deren Berechtigung zur Ausstellung solcher Zeugnisse durch den Reichskanzler anerkannt ist.

Auch ohne solches Zeugnis kann ausnahmsweise bei hochwertigem Weine in Flaschen von der Untersuchung abgesehen werden, wenn die Einfuhrfähigkeit auf andere Weise glaubhaft gemacht wird.

Im übrigen wird das Verfahren bei der Einfuhr und der Untersuchung durch die Weinzollordnung geregelt.

Zu § 17. Schaumwein und ihm ähnliche Getränke, die gewerbsmäßig verkauft oder feilgehalten werden, sind wie folgt, zu kennzeichnen:

a) Bei Schaumwein muß das Land, in dem der Wein auf Flaschen gefüllt ist, in der Weise kenntlich gemacht werden, daß auf den Flaschen die Bezeichnung

In Deutschland auf Flaschen gefüllt,
In Frankreich auf Flaschen gefüllt,
In Luxemburg auf Flaschen gefüllt,

usw. angebracht wird; ist der Schaumwein in demjenigen Lande, in welchem er auf Flaschen gefüllt wurde, auch fertiggestellt, so kann an Stelle jener Bezeichnung die Bezeichnung

Deutscher (Französischer, Luxemburgischer usw.) Schaumwein
oder
Deutsches (Französisches, Luxemburgisches usw.) Erzeugnis

treten.

b) Bei Schaumwein, dessen Kohlensäuregehalt ganz oder teilweise auf einem Zusatze fertiger Kohlensäure beruht, sind der unter a vorgeschriebenen Bezeichnung die Worte

Mit Zusatz von Kohlensäure

hinzufügen.

c) Bei den dem Schaumwein ähnlichen Getränken sind die zur Herstellung verwendeten, dem Weine ähnlichen Getränke in der Weise kenntlich zu machen, daß auf den Flaschen in Verbindung mit dem Worte Schaumwein eine die benutzte Fruchtart erkennbar machende Bezeichnung, wie Apfel-Schaumwein, Johannisbeer-Schaumwein, angebracht wird.

An Stelle dieser Bezeichnungen können die Worte Frucht-Schaumwein, Obst-Schaumwein, Beeren-Schaumwein treten.

d) Die unter a, b, c vorgeschriebenen Bezeichnungen müssen in schwarzer Farbe auf weißem Grunde, deutlich und nicht verwischbar auf einem bandförmigen Streifen in lateinischer Schrift aufgedruckt sein. Die Schriftzeichen auf dem Streifen müssen bei Flaschen, welche einen Raumgehalt von 425 oder mehr ccm haben, mindestens 0,5 cm hoch und so breit sein, daß im Durchschnitte je 10 Buchstaben eine Fläche von mindesten 3,5 cm Länge einnehmen. Die Inschrift darf, falls sie einen Streifen von mehr als 10 cm Länge beanspruchen würde, auf zwei Zeilen verteilt werden. Die Worte „Mit Zusatz von Kohlensäure" sind stets auf die zweite Zeile zu setzen. Der Streifen, der eine weitere Inschrift nicht tragen darf, ist an einer in die Augen fallenden Stelle der Flasche, und zwar gegebenenfalls zwischen dem den Flaschenkopf bedeckenden Überzug und der die Bezeichnung der Firma und der Weinsorte enthaltenden Inschrift dauerhaft zu befestigen. Wird der Streifen im Zusammenhange mit dieser oder einer anderen Inschrift hergestellt, so ist er gegen diese mindestens durch einen 1 mm breiten Strich deutlich abzugrenzen.

Zu § 18. Kognak, der in Flaschen gewerbsmäßig verkauft oder feilgehalten wird, ist nach dem Lande, in dem er fertiggestellt ist, als

Deutscher, Französischer usw. Kognak (Cognac)

zu bezeichnen.

Hat im Auslande hergestellter Kognak in Deutschland lediglich einen Zusatz von destilliertem Wasser erhalten, um unbeschadet der Vorschrift des § 18 Abs. 3 des Gesetzes den Alkoholgehalt auf die übliche Trinkstärke herabzusetzen, so ist er als

Französischer usw. Kognak (Cognac) in Deutschland fertiggestellt

zu bezeichnen.

Die Bezeichnung muß in schwarzer Farbe auf weißem Grunde deutlich und nicht verwischbar auf einem bandförmigen Streifen in lateinischer Schrift aufgedruckt sein. Die Schriftzeichen müssen bei Flaschen, welche einen Raumgehalt von 350 ccm oder mehr haben, mindestens 0,5 cm hoch und so breit sein, daß im Durchschnitte je 10 Buchstaben eine Fläche von mindestens 3,5 cm Länge einnehmen. Die Inschrift darf, falls sie einen Streifen von mehr als 10 cm Länge beanspruchen würde, auf zwei Zeilen verteilt werden. Der Streifen, der eine weitere Inschrift nicht tragen darf, ist an einer in die Augen fallenden Stelle der Flasche, und zwar gegebenenfalls zwischen dem den Flaschenkopf bedeckenden Überzug und der die Bezeichnung der Firma enthaltenden Inschrift dauerhaft zu befestigen. Wird der Streifen im Zusammenhange mit dieser oder einer anderen Inschrift hergestellt, so ist er gegen diese mindestens durch einen 1 mm breiten Strich deutlich abzugrenzen.

Zu § 19. Wer durch § 19 des Gesetzes verpflichtet ist, Bücher zu führen, hat sich hierbei sowie bei allen mit der Buchführung zusammenhängenden Aufzeichnungen der deutschen Sprache zu bedienen. Die Landeszentralbehörde kann die Verwendung einer anderen Sprache gestatten.

Die Bücher müssen gebunden und Blatt für Blatt oder Seite für Seite mit fortlaufenden Zahlen versehen sein. Die Zahl der Blätter oder Seiten ist vor Beginn des Gebrauchs auf der ersten Seite des Buches anzugeben. Ein Blatt aus dem Buche zu entfernen ist verboten.

An Stellen, die der Regel nach zu beschreiben sind, dürfen keine leeren Zwischenräume gelassen werden. Der ursprüngliche Inhalt einer Eintragung darf nicht mittels Durchstreichens oder auf andere Weise unleserlich gemacht, es darf nichts radiert, auch dürfen solche Veränderungen nicht vorgenommen werden, deren Beschaffenheit es ungewiß läßt, ob sie bei der ursprünglichen Eintragung oder erst später gemacht worden sind.

Die Bücher und Belege sind sorgfältig aufzubewahren und auf Verlangen jederzeit den nach § 21 des Gesetzes zur Kontrolle berechtigten Beamten oder Sachverständigen vorzulegen. Sind die Geschäftsräume von den Kellereien oder sonstigen Lagerräumen getrennt, so sind die Bücher auf Verlangen auch in den zu kontrollierenden Räumen vorzulegen.

Im einzelnen ist den Vorschriften des Gesetzes nach den den Mustern A bis G beigefügten Anweisungen mit folgender Maßgabe zu genügen:

Es haben Buch zu führen:

a) Winzer, die in der Hauptsache eigenes Gewächs in den Verkehr bringen, auch wenn sie nach Erfordernis im Inlande gewonnene Trauben oder Traubenmaische zum Keltern zukaufen, nach Muster A.

Winzer, die im Durchschnitte der Jahre bei einer Ernte mehr als 30000 Liter Traubenmost einlegen, daneben auch nach Muster C oder D, jedoch jedenfalls nach Muster C, wenn sie mehr als 10000 Liter Traubenmost oder Wein einer Ernte zuckern;

b) Schankwirte, die ausschließlich für den eigenen Bedarf oder Ausschank im Inlande gewonnene Trauben keltern, auch wenn sie nicht zu den Winzern gehören, sofern die im Durchschnitte der Jahre hergestellte Menge 3000 Liter nicht übersteigt, nach Muster A;

c) Schankwirte, Lebensmittelhändler, Krämer und sonstige Kleinverkäufer, die Traubenmost oder Wein nur in fertigem Zustande beziehen und unverändert wieder abgeben, nach Muster F;

d) Geschäftsvermittler über die von ihnen vermittelten Geschäfte nach Muster E.

Geschäftsvermittler, die für Rechnung ihrer Auftraggeber Traubenmaische, Traubenmost oder Wein einlegen oder behandeln, haben hierüber in gleicher Weise wie über eigene Geschäfte Buch zu führen;

e) Weinhändler, Winzergenossenschaften oder andere Gesellschaften, auch wenn sie nur die Erzeugnisse ihrer Mitglieder verwerten, endlich alle übrigen zur Buchführung Verpflichteten, soweit nicht die Vorschriften unter a bis d etwas anderes ergeben, nach Muster B und daneben nach Muster C oder D, jedenfalls jedoch nach Muster C, wenn sie Traubenmaische, Traubenmost oder Wein zuckern;

f) alle zur Buchführung Verpflichteten über den Bezug und die Verwendung von Zucker oder anderen für die Kellerbehandlung des Weines oder zur Herstellung von Haustrunk bestimmten Stoffen (§ 19 Abs. 1 Nr. 2 des Gesetzes) nach Muster G.

Die bei dem Inkrafttreten des Gesetzes vorhandenen Bestände sind längstens bis zum 1. Oktober 1909 in den Büchern vorzutragen. Mit Rücksicht auf die Vorschrift des § 34 Abs. 3 des Gesetzes ist bei Getränken, soweit sich dies nicht aus dem Eintrag ohne weiteres ergibt, in der Spalte für Bemerkungen anzugeben, wann sie hergestellt sind.

Den zur Buchführung Verpflichteten ist gestattet, nach Bedarf ihrer Betriebe die Bücher auch zu anderen, in dem Vordrucke der Muster nicht vorgesehenen geschäftlichen Aufzeichnungen zu benutzen und den Vordruck entsprechend zu ergänzen, soweit es unbeschadet der Übersichtlichkeit geschehen kann.

Für Lager unter Zollverschluß ersetzt die von der Zollbehörde angeordnete und überwachte Buchführung, die Buchführung nach Muster B, C, D.

Die Verwendung der Muster A bis G darf außerdem unterbleiben, wenn die vorgeschriebenen Angaben in Bücher anderer Form eingetragen werden, die nach den Grundsätzen ordnungsmäßiger Buchführung geführt werden, doch sind die Muster zu verwenden, wenn die von der Landeszentralbehörde hierfür bestimmte Behörde festgestellt hat, daß die geführten Bücher keine genügende Übersicht gewähren. Die Behörde entscheidet hierüber auf Anrufen des Betriebsinhabers oder des nach § 21 Abs. 2 des Gesetzes zur Kontrolle bestellten Sachverständigen endgültig.

Die **Gewinnung, Herstellung, Erhaltung und Zurichtung des Weines** muß im Deutschen Reiche unter Berücksichtigung der Vorschriften des Weingesetzes erfolgen. Zur Herstellung des Weißweines werden entweder die ganzen Trauben, oder die von den Kämmen abgelösten Beeren zerquetscht oder zermahlen. Aus der erhaltenen Traubenmaische wird der Most mit Hilfe von Hebel-, Spindel-, Schrauben- oder hydraulischen Pressen gekeltert. Mitunter läßt man die zerquetschten Weinbeeren vor dem Abpressen einige Tage stehen, um die in den Häuten der Beeren enthaltenen Bukettstoffe auszuziehen. Aus 100 Gewichtsteilen Beeren erhält man 60—80 Gewichtsteile Most. Bei der Bereitung des Rotweines überläßt man die zerkleinerten Trauben mit den Hülsen und Kernen, mitunter auch mit den Kämmen, der Gärung. Der Farbstoff der blauen Trauben, welcher sich nur in den Beerenhülsen befindet, wird durch den bei dieser Gärung entstehenden Alkohol in Lösung gebracht und geht in den Wein über. Der von blauen Trauben direkt abgepreßte Most würde nach dem Vergären einen weißen Wein liefern. Der sogenannte Schillerwein wird aus einer Mischung von blauen und weißen Trauben hergestellt.

Der abgepreßte Traubenmost wird der Gärung überlassen. Ein Zusatz von Hefe ist hierbei nicht erforderlich, da die alkoholische Gärung schon durch die von den Traubenhülsen in den Most gelangenden Hefepilze hervorgerufen wird. In neuerer Zeit wird jedoch dem Moste zur Einleitung einer raschen alkoholischen Gärung reingezüchtete Weinhefe zugesetzt, wodurch das Auftreten fehlerhafter Gärungserscheinungen und die Entwicklung schädlicher Keime verhindert werden. Durch Zusatz einer zu der Art des betreffenden Mostes passenden Reinzuchthefe des gleichen Weinbaugebietes wird hierbei die Erzielung eines möglichst guten Gärproduktes angestrebt.

Bei der Gärung des Weines unterscheidet man eine Hauptgärung und eine Nachgärung. Die Hauptgärung des Mostes verläuft um so schneller, je höher die Temperatur ist; meist dauert die Hauptgärung 3—14 Tage, bei kalter Lagerung auch länger.

Der Weinmost stellt eine wäßrige Lösung zahlreicher Stoffe dar, von welchen besonders Zuckerarten, organische Säuren, Mineralbestandteile, Extraktstoffe, Eiweißkörper und Bukettstoffe zu nennen sind. Bei der Gärung erfährt diese chemische Zusammensetzung eine tiefgehende Änderung. Durch die Gärung wird infolge Einwirkung der Hefe bzw. der von ihr gebildeten Zymase der Trauben- und Fruchtzucker des Mostes in Alkohol und Kohlensäure gespalten. Der entstandene Alkohol bleibt in der gärenden Flüssigkeit gelöst, während die Kohlensäure, nachdem die Flüssigkeit mit ihr gesättigt ist, entweicht. Bei der Gärung entstehen fernerhin Glyzerin, Bernsteinsäure, geringe Mengen Essigsäure und zahlreiche flüchtige Stoffe. Bei zunehmendem Alkoholgehalt wird aus dem gärenden Moste Weinstein unlöslich abgeschieden, wodurch zum Teil der Säurerückgang des Jungweines bedingt ist. Gleichzeitig tritt jedoch auch infolge Esterbildung und durch die Hefe und andere Lebewesen ein Säurerückgang ein. Bei sauren Mosten kann mit einem Säurerückgang von 4—5 Promille gerechnet werden.

Nach Beendigung der Hauptgärung des Mostes wird die vergorene Flüssigkeit von den abgeschiedenen Stoffen, die aus Hefe, Eiweiß, Pektinstoffen, Weinstein, weinsteinsaurem Kalk usw. bestehen, abgezogen. Der gewonnene Jungwein ist nun noch nicht völlig klar und da er neben mehr oder weniger unvergorenem Zucker noch Hefe enthält, so beginnt bald eine neue Gärung. Bei dieser Nachgärung werden wiederum Hefe und ein Teil der anderen genannten Stoffe abgeschieden, so daß noch ein wiederholter „Abstich" des Weines von dem entstehenden Gärlager erforderlich wird. Nach beendeter Nachgärung läßt man den Wein in Lagerfässern reifen und sich ausbauen, wobei unter dem Einfluß der durch die Poren der Fässer diffundierenden Luft für die Geruchs- und Geschmacksstoffe des Weines wichtige Oxydationserscheinungen und Esterbildungen erfolgen.

Das aus dem Moste durch Gärung gewonnene Erzeugnis muß, um für den Verkauf verwendbar zu werden und den Anforderungen des Verbrauchers bezüglich Aussehen, Mundung und Haltbarkeit zu entsprechen, in der Regel noch der **„Kellerbehandlung"** unterworfen worden. Diese Kellerbehandlung besteht in dem Klären oder Schönen des Weines und dem zur Haltbarmachung desselben erfolgenden Schwefeln der Fässer, dann auch in der Verbesserung des Weines durch Zuckerung, Entsäuerung oder im Verschnitt verschiedenartiger Weine.

Bei der Klärung des Weines dürfen nur die in den Ausführungsbestimmungen zu § 4 des Weingesetzes besonders namhaft gemachten Mittel wie Hausenblase, Gelatine, Tannin in bestimmten Mengen, Eiweiß, Kasein, spanische Erde und Asbest verwendet werden. Durch das Schwefeln der Fässer dürfen nur kleine Mengen der beim Verbrennen des Schwefels entstehenden schwefligen Säure in den Wein gelangen; die Benutzung gewürzhaltigen Schwefels ist verboten.

Auch die auf die Herstellung, Erhaltung und Zurichtung des Weines gerichteten sonstigen Verfahren der Kellerbehandlung haben durch das Weingesetz eine gesetzliche Regelung erfahren. Dies gilt insbesondere von der Verwendung frischer Weinhefe bzw. Reinhefe zur Einleitung der Gärung oder zur Beseitigung von Mängeln des Weines durch Umgärung, ferner von dem Entsäuern des Weines und endlich von der Zuckerung desselben.

Da die Zusammensetzung des Traubenmostes je nach den Witterungsverhältnissen eine sehr schwankende ist und in Deutschland in geringen Jahren infolge ungenügender Reife der Trauben in der Regel neben niedrigem Zuckergehalte ein hoher Säuregehalt beobachtet wird, so ist zur Erzielung eines genießbaren und verkäuflichen Weines oft eine Verbesserung des Mostes erforderlich. Diesem Bedürfnisse hat die Gesetzgebung Rechnung getragen, indem sie gestattet, daß dem aus inländischen Trauben gewonnenen Traubenmost oder Weine Zucker oder Zuckerlösung zugesetzt werden dürfen, „um einem natürlichen Mangel an Zucker bzw. Alkohol oder einem Übermaß an Säure insoweit abzuhelfen, als es der Beschaffenheit der aus Trauben gleicher Art und Herkunft in guten Jahrgängen ohne Zusatz gewonnenen Erzeugnisse entspricht." Zur Vermeidung eines übermäßigen Streckens des Weines darf jedoch hierbei der Zuckerwasserzusatz in keinem Falle mehr als ein Fünftel der gesamten Flüssigkeit, d. i. ein Viertel des in die Mischung gelangenden Mostes oder Naturweines betragen. Bei der Herstellung von Rotwein darf unter den gleichen Voraussetzungen der vollen Traubenmaische Zucker in gleich begrenzter Menge zugesetzt werden. Auch ungezuckerter Wein früherer Jahrgänge darf unter bestimmten Bedingungen gezuckert werden, hingegen ist eine wiederholte Zuckerung ein- und desselben Weines stets unzulässig. Die Zuckerung von Most oder Wein darf zur Erleichterung der Kontrolle nur innerhalb der am Weinbau beteiligten Gebiete und nur zu gewissen Zeiten nach vorhergehender Mitteilung an die zuständige Aufsichtsbehörde erfolgen. Verwendet werden darf bei der Zuckerung nur reiner Rüben-, Rohr-, Invert- oder Stärkezucker und reines, einwandfreies Wasser.

Zu einer etwaigen Entsäuerung des Weines darf ausschließlich reiner gefällter kohlensaurer Kalk benutzt werden. Gestattet ist es weiterhin, Wein durch Verschnitt aus Erzeugnissen verschiedener Herkunft oder Jahrgänge herzustellen (§§ 2, 7 und 8 d. G.)

Die bei der Herstellung des Weines vorkommenden Krankheiten und Fehler sind fast ausschließlich auf die Entwicklung von Mikroorganismen zurückzuführen. Von diesen Fehlern seien das Kahmigwerden, der Essigstich, das Umschlagen oder Brechen des Weines, das Schleimigwerden, das Bitterwerden, fehlerhafter Geschmack usw. genannt. Von einer Schilderung der Behandlung und Beseitigung dieser Weinkrankheiten und Fehler muß an dieser Stelle abgesehen werden.[1]

Die **Süd- und Süßweine**, welche sich meistens von den sonstigen Weiß- und Rotweinen durch einen höheren Alkoholgehalt unterscheiden,

[1] Vgl. hierüber z. B. Babo u. Mach, Weinbau und Kellerwirtschaft.

lassen sich nach ihrem Gehalt an Zucker in trockene oder fast trockene Südweine und die eigentlichen Süßweine unterscheiden. Die trockenen Südweine, deren Zuckergehalt meist 4 g in 100 ccm nicht übersteigt und zu welchen Weine vom Charakter des Sherry, Madeira und Marsala gerechnet werden, sind unter Zusatz von Alkohol hergestellte Erzeugnisse. Die eigentlichen Süßweine besitzen höheren Zuckergehalt.

Nach ihrer verschiedenen Herstellungsweise kann man die Süßweine als konzentrierte, alkoholisierte und gezuckerte Süßweine unterscheiden. — Bei den konzentrierten Süßweinen finden eingedickte Moste oder sogenannte Trockenbeeren (z. B. stocksüße Zibeben) Verwendung, so daß bei der Bereitung eine Anreicherung der im natürlichen Traubensafte vorhandenen nicht vergärbaren Stoffe erfolgt. Der Alkohol- und Zuckergehalt des fertigen Weines entstammt also der Traube. — Zur Bereitung von alkoholisierten Süßweinen (Dessertweinen) werden vor oder kurz nach Beginn der Gärung die Moste durch Zusatz von Alkohol stumm gemacht, so daß diese Weine neben ihrem natürlichen Extraktgehalte den der Traube entstammenden unvergorenen Zucker behalten. — Gezuckerte Süßweine endlich werden durch Zusatz von Zucker zu trockenem Wein oder Most hergestellt. Ein derartiger Süßwein darf im Deutschen Reiche selbst dann nicht als reiner Wein in den Verkehr gebracht werden, wenn der Zuckerzusatz im Ursprungsland gestattet ist und der Wein dort als reiner Wein verkauft werden darf.[1]

Nachmachungen der genannten Süß- und Südweine sind die minderwertigen Kunstprodukte, welche als Fassonweine und künstliche Likörweine aus Gärungserzeugnissen von Feigen, Datteln oder Rosinen unter Zusatz von Glyzerin, Alkohol, Weinsäure, Essenzen usw. bereitet werden.

Die Herstellung von **Schaumwein** erfolgte ursprünglich und zwar zuerst gegen Ende des 17. Jahrhunderts in der Champagne. Von hier aus hat sich die Fabrikation weiter verbreitet und ist in den verschiedenen Weinländern Gegenstand einer ausgedehnten Industrie geworden. Die Herstellung von Schaumwein geschieht entweder nach dem französischen Verfahren durch Vergären von Most oder Jungwein in der Flasche, oder bei geringeren Sorten auch durch Imprägnieren des Weines mit Kohlensäure.

Bei der Flaschengärung wird der durch gelindes Abpressen der Trauben gewonnene Most, der sogenannte Klaretmost, nach dem Ver-

---

[1] Entscheidung des Reichsgerichts vom 6. April 1903.

gären und Klären durch entsprechenden Verschnitt zu einem Weine von bestimmtem Typus hergerichtet. Dieser Jungwein wird mit einer entsprechenden Menge und zwar meist mit 1—2 Prozent aus Kolonialzucker hergestelltem feinstem Kandis und, sofern der Wein selbst keine Hefe mehr enthält, mit etwas Reinzuchthefe versetzt und in fest verschlossenen Flaschen einer zweiten Gärung überlassen. Die Schaumweinflaschen lagern anfangs horizontal; gegen Ende der Gärung wird ihre Lage allmählich unter häufigem Rütteln und Drehen der einzelnen Flaschen so weit geändert, daß die sich absetzende Hefe nach einigen Monaten schließlich auf dem abwärts gerichteten Verschlußkorken ruht und die mit der entstandenen Kohlensäure gesättigte Flüssigkeit sich völlig geklärt hat. Beim darauffolgenden „Degorgieren" wird gleichzeitig mit der herausspritzenden geringen Weinmenge der Hefepfropfen aus der Flasche entfernt. Die verloren gegangene Flüssigkeit wird durch Zusatz einer bestimmten Menge des sogenannten Likörs ersetzt, wodurch dem Schaumwein die gewünschte Süße und sein spezifischer Geschmack verliehen wird. Beim Entkorken, Dosieren und Verschließen der Flaschen werden zur Vermeidung des Kohlensäureverlustes alle Manipulationen mit tunlichster Beschleunigung ausgeführt. Der zugesetzte Likör besteht aus einer Auflösung von Kandis in Wein und Kognak und verschiedenen sonstigen Zusätzen wie Sherry, Madeira, Portwein u. dergl. Durch die allmähliche, unter dem Einfluß der vorhandenen Weinsäure erfolgende Umwandlung des Rohrzuckers in Invertzucker wird die bekannte Qualitätsverbesserung der abgelagerten Schaumweine bedingt. Der Kohlensäuregehalt des fertigen Getränkes richtet sich nach der vor der Vergärung zugesetzten Zuckermenge. Schaumwein grand mousseux enthält z. B. $4^1/_2$—5 Atmosphären Kohlensäuredruck, mousseux 4—$4^1/_2$ und crémant 4 Atmosphären Kohlensäuredruck. Je nach dem Zuckergehalte des bei der Dosierung dem Schaumweine zugesetzten Likörs unterscheidet man zwischen trockenen Schaumweinen, die nur geringen Zuckergehalt (0,05—2,0 g in 100 ccm) und süßen Schaumweinen mit 4,0 bis 17,5 g Zucker in 100 ccm Wein.

Billigere Schaumweine werden in der Weise hergestellt, daß man die fertige Mischung von Wein und Likör in ähnlicher Weise wie bei der Fabrikation von künstlichem Mineralwasser bei 4—6 Atmosphären Kohlensäuredruck auf Flaschen füllt.

Die Deutsche Schaumweinindustrie, welche zum weitaus größten Teile nach dem französischen Verfahren der Flaschengärung arbeitet, hat immer mehr Bedeutung gewonnen. Während sich z. B. die jährliche Gesamtproduktion an Schaumwein in Deutschland im Jahre 1840 auf $^1/_4$ Million, 1850 auf $1^1/_4$ und 1886 auf 6 Millionen Flaschen belief, bezifferte sich in den Jahren 1905—1907 die Gesamtproduktion bereits auf 12,9; 13,3 und 13,7 Millionen Flaschen. Diese Zahlen stellen ungefähr den inländischen Konsum an Schaumwein dar, da nach Deutschland 1907 1,5 und 1908 1,4 Millionen Flaschen eingeführt wurden und in der gleichen Zeit 1,15 bzw. 1,07 Millionen Flaschen zur Ausfuhr gelangten. Außerdem wurden im Inlande 0,32 bzw. 0,31 Millionen Flaschen Obstschaumwein hergestellt.

Nach den Ausführungsbestimmungen zu § 17 des Weingesetzes müssen zur Vermeidung einer Täuschung des konsumierenden Publikums im Handel mit Schaumwein und dem Schaumwein ähnlichen Getränken die einzelnen Flaschen eine Bezeichnung tragen, die das Land erkennen läßt, wo der Wein auf Flaschen gefüllt ist. Bei Schaumwein, dessen Kohlensäuregehalt ganz oder teilweise auf einem Zusatz fertiger Kohlensäure beruht, muß die Bezeichnung diese Herstellungsart erkennen lassen. Obstschaumweine müssen eine die zur Herstellung benutzte Obstart erkennbar machende Deklaration besitzen.

Als weinähnliche Getränke werden durch alkoholische Gärung aus dem Safte frischer, zuckerhaltiger Früchte die **Obst- und Beerenweine** gewonnen. Am verbreitetsten sind Apfel- und Birnenwein, sowie von Beerenweinen Johannisbeer- und Stachelbeerwein. Die Obstweinproduktion ist in Deutschland auf 6 Millionen Hektoliter jährlich geschätzt worden.

In der Regel besitzen die Apfel- und Birnenmoste genügend hohen Zuckergehalt, um trinkbare Weine daraus zu gewinnen. Je nach der Reife und Eigenart des zu verarbeitenden Obstes ist jedoch unter Umständen ein angemessener Zusatz von Wasser und Zucker geboten. Beerenweine werden wegen des hohen Säure- und geringen Zuckergehaltes der natürlichen Säfte meist unter Zusatz von Zuckerwasser hergestellt.

Für die Herstellung des Obstweines sind die Bestimmungen des Weingesetzes (§ 10) maßgebend. Nach diesen Bestimmungen ist insbesondere die Verwendung gewisser Salze und Säuren, von Glyzerin, unreinem Sprit sowie von Farbstoffen verboten; sonstige Zusätze müssen nach dem Nahrungsmittelgesetz beurteilt werden.

Die normalen **Bestandteile des Weines** stammen teilweise aus dem Moste, zum Teil werden sie bei der Gärung und Lagerung gebildet. Besondere Erwähnung verdienen von den chemischen Bestandteilen Alkohole, Zuckerarten, die organischen Säuren wie Weinsäure, Apfelsäure, Milchsäure, Bernsteinsäure und Essigsäure; ferner die Salze organischer Säuren, Glyzerin, Extraktstoffe, Önanthäther, Bukettstoffe, Farbstoff, Gerbstoff und die Mineralbestandteile.

Wie bereits hervorgehoben wurde, wird die Zusammensetzung des

Mostes durch die verschiedensten Umstände wie Rebensorte, Bodenbeschaffenheit, Witterungsverhältnisse usw. beeinflußt. Infolgedessen ist auch die prozentuale **chemische Zusammensetzung** des Weines gewissen Schwankungen unterworfen. Über die mittlere Zusammensetzung der wichtigsten Weine geben die von J. König[1] zusammengestellten Ergebnisse der Untersuchung zahlreicher anerkannt reiner Naturweine aus den Jahren 1890—1900 Aufschluß. Hiernach enthielten die gangbarsten Weine im Mittel:

Weinbaugebiet	100 ccm Wein enthielten Gramm:						
	Alkohol	Extrakt	Gesamtsäure	Weinsäure	Zucker	Glyzerin	Mineralstoffe
Deutsche Weißweine:							
Mosel und Saar . . .	7,36	2,31	0,77	0,34	0,20	0,66	0,16
Rheingau und Maingau .	8,12	2,91	0,77	0,18	0,23	0,85	0,20
Nahe und Glantal . . .	8,20	2,25	0,67	0,19	0,16	0,69	0,17
Rheinhessen	7,42	2,15	0,58	0,19	0,08	0,63	0,22
Pfalz	8,54	2,26	0,64	0,19	0,13	0,71	0,21
Franken	7,01	2,17	0,69	0,21	0,07	0,64	0,19
Württemberg	6,60	1,99	0,66	—	—	0,70	0,24
Baden	6,75	2,00	0,65	0,23	0,09	0,58	0,20
Elsaß	6,44	1,92	0,64	0,23	0,09	0,53	0,22
Lothringen	6,52	2,05	0,79	0,37	0,10	0,55	0,19
Deutsche Rotweine:							
Rheingau und Maingau .	9,26	2,81	0,56	—	0,10	0,63	0,24
Ahrtal	9,47	2,90	0,63	0,18	0,15	0,83	0,24
Württemberg	7,12	2,17	0,66	0,21	—	0,58	0,27
Baden	7,57	2,49	0,59	0,20	0,12	0,71	0,28
Elsaß	7,18	2,41	0,61	0,18	0,12	0,60	0,25
Französischer Rotwein:							
Bordeaux	8,16	2,42	0,58	—	0,23	0,73	0,25

Die Zusammensetzung der Süd- und Süßweine wird durch die Herstellungsart wesentlich beeinflußt. Auf Grund zahlreicher Untersuchungen zeigten echte Weine folgende mittlere Zusammensetzung:

[1] J. König a. a. O. Bd. II, S. 1284, 1307 u. 1310.

Weinsorte:	100 ccm Wein enthielten Gramm:						
	Alkohol	Extrakt	Gesamt-säure	Zucker	Glyzerin	Mineral-stoffe	Phosphor-säure
Tokayer Ausbruch des Handels	9,93	23,76	0,65	19,80	0,69	0,35	0,058
Ruster Ausbruch . .	9,55	26,05	0,44	23,77	—	0,32	0,037
Malvasier, Moskato .	12,73	17,67	0,58	14,09	0,71	0,32	0,051
Marsala	11,59	6,40	0,53	3,25	0,72	0,36	0,028
Sherry	16,09	4,06	0,41	2,40	0,51	0,46	0,028
Malaga	12,60	22,09	0,51	18,32	0,55	0,42	0,044
Portwein	16,18	8,25	0,42	6,04	0,34	0,22	0,035
Madeira	14,43	5,23	0,49	2,95	0,67	0,25	0,052

Für die chemische **Untersuchung** des Weines sind unter dem 25. Juni 1896 amtliche Anweisungen erlassen worden. Nach diesen Methoden sind die in Ausübung der Lebensmittelkontrolle und der Weinzollordnung zu prüfenden Weine zu untersuchen. Die Prüfungen und Bestimmungen haben sich zum Zweck der Beurteilung des Weines auf bestimmte Eigenschaften und Bestandteile desselben zu erstrecken. Die Beurteilung selbst erfolgt im Rahmen des Weingesetzes.

Ausdrücklich verboten ist die **Nachmachung** von Wein, d. i. die vorsätzliche Herstellung eines die Eigenschaften des Weines vortäuschenden Getränkes aus anderen Stoffen als dem Safte frischer Trauben.[1] Nachgemachte Weine sind aber z. B. Trester-, Hefen- und Rosinenweine, deren Herstellung lediglich als Haustrunk gestattet ist (§ 11). Von der Nachahmung zu unterscheiden ist die Herstellung eines Getränkes, das wie Obstwein zwar einen Ersatz für Wein bieten kann und vielleicht auch soll, welches jedoch nicht Traubenwein vortäuschen will.

Der Zusatz unerlaubter Stoffe zu gesetzentsprechendem Weine stellt eine **Verfälschung** des Weines dar. Hierunter fällt auch die Verwendung an sich erlaubter Stoffe in nicht erlaubter Weise oder Menge. Jede Verfälschung von Wein ist eine Zuwiderhandlung gegen die §§ 3 und 4 des Weingesetzes. Gestattet ist bei der Weinbereitung lediglich der Zusatz der in den Ausführungsbestimmungen zu §§ 4, 11 und 12 namentlich aufgeführten Stoffe; alle anderen Zusätze irgendwelcher Art sind verboten. Nicht nur bei der Herstellung von Wein, sondern auch bei der Bereitung von dem Wein ähnlichen und von weinhaltigen Getränken

[1] Vgl. Zöller a. a. O. S. 54 u. 55.

sowie von Schaumwein und Kognak verboten ist die Verwendung der in den Ausführungsbestimmungen zu §§ 10 und 16 besonders namhaft gemachten täuschenden oder gesundheitsschädlichen Stoffe.

Alle seither beobachteten Verfälschungen von Wein, die in Überstreckung desselben, in Zusätzen von Tresterwein, Hefenwein, Rosinenwein oder Fruchtwein sowie in der Verwendung von Chemikalien oder sonstiger nicht zur anerkannten Kellerbehandlung gehörigen Stoffe bestanden, sind demnach durch das Weingesetz als unerlaubt gekennzeichnet worden. Zum Schutze des inländischen Weinbaus werden auch an die ausländischen Weine bestimmte Anforderungen gestellt (Ausführ. zu § 13).

Die für den Konsumenten und den reellen Handel wesentlichsten Vorteile der neuen reichsgesetzlichen Regelung des Verkehrs mit Wein bestehen neben der Zweckbestimmung und Begrenzung der Weinzuckerung in der **vorbeugenden Kontrolle,** welch letztere bezüglich der Inlandsproduktion insbesondere durch eine ausgedehnte Überwachung aller in Frage kommenden gewerblichen Betriebe durch hauptberufliche Weinkontrolleure, sowie bezüglich der ausländischen Weine durch die Bestimmungen der Weinzollordnung durchgeführt wird. Zu einer genauen, der Kontrolle unterliegenden Buchführung über alle Ein- und Ausgänge nach einem bestimmten vorgeschriebenen oder nach behördlich als genügend übersichtlich anerkanntem Schema sind nicht nur alle Winzer, sondern auch Schankwirte, Lebensmittelhändler, Krämer und sonstige Kleinverkäufer, Geschäftsvermittler, Weinhändler, Winzergenossenschaften und sonstige Gesellschaften verpflichtet. Ausländische Weine, Traubenmost und Traubenmaische, die in das Zollinland eingeführt werden, unterliegen regelmäßig durch die Nahrungsmitteluntersuchungsämter einer amtlichen Untersuchung auf ihre Einfuhrfähigkeit. Eine Befreiung von diesem Untersuchungszwange erfolgt zum Schutze der inländischen Produktion sowie des Handels und Konsums nur dann, wenn durch Beifügung eines Prüfungsattestes einer anerkannten ausländischen Untersuchungsstelle eine Gewähr für die einwandfreie Beschaffenheit des einzuführenden Weines geboten ist.

XVIII. Bier.

Bier ist ein aus Hopfen, Malz, Hefe und Wasser durch alkoholische Gärung hergestelltes, kohlensäurereiches Getränk, welches sich noch in einer Nachgärung befindet.

Je nach der Beschaffenheit des Ausgangsmaterials, nach der Art der Herstellung, der Würzekonzentration, der Hopfengabe, dem Vergärungsgrade, der Dauer und der Art der Nachbehandlung und Lagerung wird eine große Anzahl verschiedener Biersorten erhalten.[1]

Das deutsche **Braugewerbe** nimmt nicht nur bezüglich des Umfanges der Produktion, sondern, da infolge der Fortschritte der Chemie und der Gärungstechnik die Brauereiverfahren stetig verbessert und vervollkommnet wurden, auch bezüglich der Qualität der Erzeugnisse eine hervorragende Stellung ein. Nach der Gewerbestatistik vom Jahre 1907 waren im Deutschen Reiche 9383 Brauereibetriebe mit zusammen 111 779 gewerbtätigen Personen, sowie 1285 Mälzereien mit 8353 beschäftigten Personen vorhanden. Mit dem Bierhandel befaßten sich zur gleichen Zeit 16371 Hauptgewerbebetriebe mit insgesamt 33562 beschäftigten Personen. Die **Bierproduktion** bezifferte sich im Deutschen Reiche wie folgt:

	Im Jahre 1906 1000 hl	Im Jahre 1907 1000 hl
Norddeutsches Brausteuergebiet	45 867	46 355
Bayern	18 364	18 641
Württemberg	4 017	3 975
Baden	3 278	3 286
Elsaß-Lothringen	1 381	1 450
Deutsches Zollgebiet	73 159	73 707

Im norddeutschen Brausteuergebiete waren z. B. im Jahre 1907 5251 gewerbliche Brauereien vorhanden, die 797 142 Tonnen Braustoffe (Getreide, Malz, Schrot usw.) verarbeiteten und hieraus 5 897 000 hl obergäriges und 40 458 000 hl untergäriges Bier herstellten. — An Hopfen wurden im Deutschen Reiche im Jahre 1907 241 561 Dz., 1908 263 396 Dz. erzeugt.

Der ausländische **Handel** mit Bier und Braustoffen bewegte sich in den Jahren 1906—1908 folgendermaßen:

		Einfuhr		Ausfuhr	
		Tonnen	1000 Mk.	Tonnen	1000 Mk.
Bier	1906	72 642	8 693	130 173	25 712
	1907	65 579	8 330	125 603	23 940
	1908	68 261	8 125	113 641	21 130
Hopfen	1906	2 208	5 377	12 176	28 821
	1907	3 030	5 405	10 234	18 773
	1908	2 794	3 896	12 407	18 549
Malz	1906	85 023	19 937	10 222	2 575
	1907	86 539	21 635	9 666	2 815
	1908	76 252	19 444	8 113	2 356

[1] Vereinbarungen Heft 3 S. 1.

11*

Eingeführt wird Bier nach Deutschland vorzugsweise aus Österreich-Ungarn; exportiert werden deutsche Erzeugnisse nach allen anderen Kulturländern.

Der inländische **Bierkonsum** ist, wie aus dem Überschusse der Produktion über die Ausfuhr hervorgeht, ein beträchtlicher. Im deutschen Zollgebiete wurden in den Jahren 1906 und 1907 72,8 bzw. 73,5 Millionen Hektoliter, also 118 Liter Bier auf den Kopf und das Jahr konsumiert. In den einzelnen Steuergebieten bezifferte sich dieser Jahresverbrauch für den Kopf der Bevölkerung auf:

	1906	1907
Norddeutsches Brausteuergebiet	98 l	98 l
Bayern	239 „	240 „
Württemberg	173 „	169 „
Baden	161 „	158 „
Elsaß-Lothringen	95 „	98 „
Deutsches Zollgebiet . . .	118 l	118 l

Die **Beaufsichtigung des Verkehrs** mit Bier erfolgt in erster Linie auf Grund des Nahrungsmittelgesetzes.[1] Daneben sind jedoch Sondergesetze ergangen, welche nicht nur die Besteuerung des Bieres in allen Bundesstaaten regeln, sondern auch die Verwendung bestimmter Stoffe von der Bierbereitung ausschließen. Es kommen vornehmlich die in Bayern, Württemberg und Baden geltenden Sonderbestimmungen in Betracht und für das übrige Gebiet des Deutschen Reiches, ausschließlich Elsaß-Lothringen, d. i. für das Gebiet der norddeutschen Brausteuergemeinschaft das vom Reiche erlassene Brausteuergesetz vom 15. Juli 1909.

In Bayern ist die Verwendung von Ersatzstoffen für Malz schon seit dem Anfange des 16. Jahrhunderts verboten. Nach Artikel 7 des bayerischen Gesetzes über den Malzaufschlag vom 16. Mai 1868 in der neuen Fassung vom 8. Dezember 1889 ist es verboten, zur Bereitung von Bier statt Malzes (Dörr- oder Luftmalzes) Stoffe irgendwelcher Art als Zusatz oder Ersatz oder ungemälztes Getreide für sich sowie mit ungemälztem Getreide vermischtes Malz zu verwenden. Zur Erzeugung von Braunbier darf nur aus Gerste bereitetes Malz verwendet werden. In ähnlicher Weise bestimmt Artikel 3 des württembergischen Gesetzes betr. die Biersteuer vom 4. Juli 1900: „Zur Bereitung von Bier dürfen statt Darr- oder Luftmalz und Hopfen Stoffe irgendwelcher Art als Ersatz oder Zusatz nicht verwendet werden. Zur Bereitung von untergärigem Bier darf als Malz nur Gerstenmalz Verwendung finden."

[1] Das Deutsche Reich in gesundheitlicher und demographischer Beziehung. Berlin 1907. S. 184.

Auch nach Artikel 6 des badischen Gesetzes betr. die Biersteuer vom 30. Juni 1896 in der durch das Gesetz vom 2. Juli 1904 abgeänderten Fassung darf zur Bierbereitung außer Hopfen, Hefe und Wasser nur Malz verwendet werden; bei Erzeugung von untergärigem Bier ist die Verwendung von Malz auf Gerstenmalz beschränkt.

Für das Gebiet der norddeutschen Brausteuergemeinschaft ist durch das Brausteuergesetz vom 15. Juli 1909 gleichfalls die Verwendung von Ersatzstoffen im allgemeinen verboten worden. Für die Bereitung von obergärigem Biere hat man jedoch bestimmte Ersatzstoffe zugelassen. Nach § 1 des Gesetzes dürfen zur Bereitung von untergärigem Biere nur Gerstenmalz, Hopfen, Hefe und Wasser verwendet werden. Die Bereitung von obergärigem Biere unterliegt derselben Vorschrift, es ist jedoch hierbei auch die Verwendung von anderem Malze und von technisch reinem Rohr-, Rüben- oder Invertzucker, sowie von Stärkezucker und von Farbmitteln, welche aus Zucker der bezeichneten Art hergestellt sind, zulässig. Aus den Ausführungsbestimmungen zum Brausteuergesetze vom 24. Juli 1909 ist hervorzuheben, daß bei der Bierbereitung die Verwendung nicht nur von Malzersatzstoffen jeder Art — mit der für obergäriges Bier zugelassenen Ausnahme —, sondern auch aller Hopfenersatzmittel sowie aller Zutaten irgendwelcher Art verboten ist. Zur Bereitung von obergärigem Biere darf Malz aus Getreide aller Art, auch aus Buchweizen, nicht aber aus Reis, Mais oder Dari verwendet werden.

Weitere auf die Rohmaterialien sowie die Herstellung bezügliche wichtige Bestimmungen sind aus dem nachstehenden § 1 des Brausteuergesetzes, sowie aus den gleichfalls im Auszug wiedergegebenen Ausführungsbestimmungen des Gesetzes ersichtlich.

Brausteuergesetz.

Vom 15. Juli 1909.

§ 1. Zur Bereitung von untergärigem Bier darf nur Gerstenmalz, Hopfen, Hefe und Wasser verwendet werden. Die Bereitung von obergärigem Biere unterliegt derselben Vorschrift, es ist jedoch hierbei auch die Verwendung von anderem Malze und von technisch reinem Rohr-, Rüben- oder Invertzucker, sowie von Stärkezucker und aus Zucker der bezeichneten Art hergestellten Farbmitteln zulässig.

Für die Bereitung besonderer Biere sowie von Bier, das nachweislich zur Ausfuhr bestimmt ist, können Abweichungen von der Vorschrift im Abs. 1 gestattet werden.

Die Vorschrift im Abs. 1 findet keine Anwendung auf die Haustrunkbereitung.

Unter der Bezeichnung Bier — allein oder in Zusammensetzung — dürfen nur solche Getränke in den Verkehr gebracht werden, die gegoren sind und den Vorschriften der Abs. 1 und 2 entsprechen. Bier, zu dessen Herstellung außer Malz, Hopfen, Hefe und Wasser auch Zucker verwendet worden ist, darf unter der Bezeichnung Malzbier oder unter einer sonstigen Bezeichnung, die das Wort Malz enthält, nur in den Verkehr gebracht werden, wenn die Verwendung von Zucker in einer dem Verbraucher erkennbaren Weise kundgemacht wird und die verwendete Malzmenge nicht unter die festgesetzte Grenze herabgeht. Das Nähere bestimmt der Bundesrat.

Der Zusatz von Wasser zum Biere durch Brauer, Bierhändler oder Wirte nach Abschluß des Brauverfahrens außerhalb der Brauereien ist untersagt.

§§ 2–64.

Brausteuer-Ausführungsbestimmungen.

Vom 24. Juli 1909.

Zu § 1 Abs. 1 des Gesetzes.

§ 1. Die Ausdrücke „Bereitung von Bier" und „Bierbereitung" im Brausteuergesetze sind im weitesten Sinne zu verstehen. Sie umfassen alle Teile der Herstellung und Behandlung des Bieres in der Brauerei selbst wie außerhalb dieser — beim Bierverleger, Wirt und dergleichen — bis zur Abgabe des Bieres an den Verbraucher.

§ 2. 1. Bei der Bereitung von Bier ist nicht nur die Verwendung von Malzersatzstoffen aller Art — mit der für obergärige Biere im § 1 Abs. 1 des Gesetzes zugelassenen Ausnahme —, sondern auch aller Hopfenersatzstoffe sowie aller Zutaten irgendwelcher Art, auch wenn sie nicht unter den Begriff der Malz- oder Hopfenersatzstoffe gebracht werden können, verboten. Ausgenommen von diesem Verbot ist nach § 3 Abs. 3 des Gesetzes die Verwendung von aus Malz, Hopfen, Hefe und Wasser hergestelltem Farbebiere. Untergärigem Biere darf nur Farbebier zugesetzt werden, das unter Verwendung von Gerstenmalz hergestellt ist.

2. Die Verwendung von Bierklärmitteln, die rein mechanisch wirken und vollständig oder doch nahezu vollständig wieder ausscheiden, wie Holzspäne, frisch ausgeglühte Holzkohle, ungelöste oder nur in Wasser oder Weinsteinsäure gelöste Hausenblase, verstößt nicht gegen das Verbot der Verwendung von Ersatz- und Zusatzstoffen bei der Bierbereitung. Dagegen ist die Verwendung von Bierklärmitteln, die nur unvollständig wieder ausgeschieden werden, wie Gelatine, Wahls Brewers Isinglaß (eine Art künstlicher Hausenblase, die größtenteils aus Gelatine besteht), isländisches Moos, Caragaheen (irländisches Moos, ein Gemenge von Seealgen) usw., bei der Bierbereitung nicht zulässig:

3. Die Verwendung von Kohlensäure beim Abziehen des Bieres sowie beim Bierausschank ist gestattet.

4. Die zulässigen Braustoffe müssen in der Beschaffenheit verwendet werden, in der ihnen die im Gesetze gewählte Bezeichnung zukommt.

5. Hinsichtlich der Zulässigkeit der Verwendung macht es keinen Unterschied, ob das Malz in ganzen Körnern — mit Hülsen oder ganz oder teilweise enthülst (§ 13, 2) — zerkleinert, trocken oder angefeuchtet, ungedarrt, gedarrt oder geröstet zur Bierbereitung verwendet wird. Die Verwendung von Malzschrot, aus dem die Hülsen ganz oder teilweise entfernt sind, sowie von Malzmehl ist, soweit nicht von der Direktivbehörde Ausnahmen zugelassen werden, nur unter der Bedingung statthaft, daß das Entfernen der Hülsen oder die Vermahlung zu Mehl in der Brauerei selbst erfolgt.

6. Die obersten Landesfinanzbehörden sind befugt, auch die Verwendung von Malzextrakt und sonstigen Malzauszügen, deren Versteuerung nachweislich erfolgt ist (§ 4 des Gesetzes), bei der Bierbereitung zu gestatten.

7. Zur Bereitung von obergärigem Biere darf Malz aus Getreide aller Art auch aus Buchweizen, nicht aber aus Reis, Mais oder Dari verwendet werden.

8. Als technisch rein gilt Zucker von solcher Reinheit, wie sie in dem bei der Herstellung von Zucker gebräuchlichen Verfahren erreicht wird. Invertzucker ist das aus Rohr- oder Rübenzucker durch Spaltung mit Säuren gewonnene Gemenge von Traubenzucker und Fruchtzucker. Als Stärkezucker gilt derjenige Zucker, der durch Einwirkung von Säure auf Stärke gebildet wird. Es ist zulässig, den Zucker auch in der Form von wässerigen Lösungen zu verwenden.

9. Als Wasser im Sinne des § 1 Abs. 1 des Gesetzes ist alles in der Natur vorkommende Wasser anzusehen. Eine Vorbehandlung des Brauwassers durch Entziehen des Eisengehalts, Entkeimen, Filtrieren, Kochen, Destillieren ist allgemein gestattet. Eine Vorbehandlung des Brauwassers durch Beifügung von Mineralsalzen (z. B. kohlensaurem oder schwefelsaurem Kalke) kann von der Direktivbehörde bei nachgewiesenem Bedürfnis insoweit gestattet werden, als dadurch das Wasser keine andere Zusammensetzung erhält als sie für Brauzwecke geeignete Naturwässer besitzen. Die Beifügung der Mineralsalze muß vor Beginn des Brauens geschehen. Ein Zusatz von Säuren zum Brauwasser ist verboten.

10. Unter sichernden Bedingungen darf das Hauptamt die Verwendung von in der Brauerei selbst gewonnenen Rückständen der Bierbereitung (Glattwasser, Hopfenbrühe, abgefangene Kohlensäure und dergleichen) gestatten. Die Verwendung von Rückständen, die bei der Bereitung obergärigen Bieres verbleiben, zu dem anderes Malz als Gerstenmalz oder Zucker verwendet wurden, ist bei der Bereitung untergärigen Bieres nicht zulässig.

§ 3. 1. Als obergärig gelten die mit obergäriger, Auftrieb gebender Hefe hergestellten, als untergärig die mit untergäriger, ausschließlich zu Boden gehender Hefe bereiteten Biere. Der Alkoholgehalt der Biere ist für die Unterscheidung ohne Belang. Eine Anleitung für die Unterscheidung ober- und untergäriger Biere enthält die Anlage A.

2. Die Verwendung von Zucker ist nur bei der Bereitung von solchem Biere zulässig, dessen Würze mit reiner obergäriger Hefe, also weder mit untergäriger Hefe noch mit einer aus obergäriger und untergäriger Hefe zusammengesetzten Mischhefe angestellt worden ist. Das Hauptamt kann jedoch im Bedürfnisfalle die Zuckerverwendung auch bei der Bereitung solcher Biere widerruflich gestatten, die in der Hauptgärung mit reiner Oberhefe vergoren werden, denen jedoch nachher eine verhältnismäßig geringe Menge untergäriger Hefe oder untergäriger Kräusen (in Gärung befindlicher mit untergäriger Hefe angestellter Würze) zum Zwecke einer besseren Klärung oder zur Erzielung eines festeren Absetzens der Hefe zugesetzt wird. Die Genehmigung ist an folgende Bedingungen zu knüpfen:

a) der Zusatz der untergärigen Kräusen darf 15 vom Hundert der Menge der mit reiner obergäriger Hefe angestellten Würze nicht überschreiten;

b) der Zusatz von untergäriger Hefe oder untergärigen Kräusen darf niemals in den Anstell- oder Gärbottichen erfolgen, sondern, sofern das Bier die Haupt- und Nachgärung in der Brauerei durchmacht, erst in den Gär- und Lagerfässern und auch hier erst, wenn keine Hefe mehr ausgestoßen wird und der auftretende zarte weiße Schaum erkennen läßt, daß die Hauptgärung und der erste Teil der Nachgärung — die sogenannte beschleunigte Nachgärung — beendet ist. Sofern das Bier in der Brauerei nur angegoren wird, darf der Zusatz erst in den Versandgefäßen stattfinden.

Zu § 1 Abs. 2 des Gesetzes.

§ 4. 1. Die nach § 1 Abs. 2 des Gesetzes zulässigen Abweichungen von der Vorschrift im § 1 Abs. 1 des Gesetzes für besondere Biere und für Bier, das nachweislich zur Ausfuhr bestimmt ist, unterliegen der Genehmigung der obersten Landesfinanzbehörde und den von ihr angeordneten Bedingungen.

2. Zur erstmaligen Zulassung von Abweichungen für jede Art der besonderen Biere bedarf die oberste Landesfinanzbehörde der Zustimmung des Reichskanzlers.

Zu § 1 Abs. 4 des Gesetzes.

§ 5. Ein Getränk, bei dem die Gärung (Alkoholerzeugung) durch Erhitzen (Pasteurisieren) unterbrochen worden ist, ist als gegoren im Sinne des Gesetzes anzusehen.

§ 6. 1. Unter der Bezeichnung „Malzbier" oder einer sonstigen Bezeichnung, die das Wort Malz enthält, darf ein Bier, das unter Mitverwendung von Zucker hergestellt worden ist, nur dann in den Verkehr gebracht werden, wenn neben dem Zucker noch mindestens 15 kg Malz zur Bereitung von 1 hl Bier verwendet worden sind.

2. Die Verwendung von Zucker bei der Herstellung von Malzbier ist in den auf den Gefäßen (Fässern, Flaschen) anzubringenden Etiketten sowie auf den von der Brauerei herausgegebenen Plakaten und sonstigen Anpreisungen des Malzbieres in deutlich lesbarer Schrift an augenfälliger Stelle anzugeben.

Zu § 2 des Gesetzes.

§ 7. Sogenanntes Spitzmalz, das ist angekeimtes Getreide, bei dem die Keimung so zeitig unterbrochen worden ist, daß die gebildete Diastase ohne Hinzunahme anderen Malzes zur Verzuckerung der Maische nicht ausreicht, ist nicht als Malz im Sinne des Gesetzes anzusehen.

Zu § 3 des Gesetzes.

§ 8. 1. Als bierähnlich im Sinne des § 3 des Gesetzes sind diejenigen Getränke anzusehen, welche unter Verwendung oder Mitverwendung von Malz oder Malzauszügen oder durch Vergärung von Zucker hergestellt sind und als Ersatz für Bier in den Handel gebracht oder genossen zu werden pflegen. Die Verwendung anderer Malzersatzstoffe als Zucker ist bei der Herstellung dieser Getränke verboten. Die Verwendung von Erzeugnissen der Malzdestillation gilt nicht als Malzverwendung in obigem Sinne.

2. Malz und Zucker, die zur Bereitung der bierähnlichen Getränke unmittelbar oder mittelbar (z. B. in Gestalt von Malzauszügen) verwendet werden, unterliegen der Brausteuer.

3. Die Anstalten, in denen die Bereitung bierähnlicher Getränke stattfindet, sind als Brauereien anzusehen.

§ 9. Das Verbot des § 3 Abs. 2 des Gesetzes bezieht sich auf solche Zubereitungen, die nach ihrer Bezeichnung, Gebrauchsanweisung oder Anpreisung usw. zur Herstellung der in § 8, 1 genannten bierähnlichen Getränke oder von Bier bestimmt sind. Die Lösung einer der in § 1 Abs. 1 des Gesetzes bezeichneten Zuckerarten in Wasser gilt nicht als Zubereitung, wohl aber ein Gemisch von Lösungen verschiedener Zuckerarten, oder von Zuckerlösungen mit Farbmitteln, Malzauszügen, Bier oder anderen Stoffen, ebenso Malzauszüge oder Bier allein.

§ 10. 1. Für das zur Bereitung von Farbebier verwendete Malz ist die Brausteuer zu entrichten.

2. Die Bestimmungen über die Herstellung und Verwendung von Farbebier sind in der Anlage B enthalten.

3. Farbebiere, die außerhalb des Geltungsgebiets des Brausteuergesetzes hergestellt sind, dürfen nicht verwendet werden.

§§ 11—100.

Bei der **Bierbereitung** kommen neben dem Brauwasser als Rohstoffe Gerste, Hopfen und Hefe in Betracht. Der Brauereivorgang selbst zerfällt in die Malzbereitung, den eigentlichen Brauprozeß und die Gärung.

Die Malzbereitung bezweckt die Erzeugung der Diastase, welche die Fähigkeit besitzt, die Stärkesubstanz der Gerste in ein gärfähiges Produkt, in eine Zuckerart, überzuführen. Alle Getreidearten liefern beim Keimen Diastase; am besten eignet sich jedoch zur Malzbereitung die Gerste. Zur Herstellung des Bieres wird besonders gezüchtete Braugerste, wie z. B. die Hannagerste und die Imperialgerste verwendet. Von großer Bedeutung für die Bewertung der Braugerste sind Stärkegehalt, Reinheit, Korngröße und Spelzenbeschaffenheit sowie vor allem große Keimfähigkeit.

Die gereinigte Gerste wird in Bottichen mit Wasser, welches zeitweise erneuert wird, eingeweicht. Nachdem die Körner „quellreif" geworden sind, werden sie auf der Malztenne in feuchtem Zustande der Keimung überlassen. Beim Keimen erhitzen sich die Körner und müssen zur Erhaltung einer niederen Temperatur in flachen Haufen aufbewahrt und häufig umgeschaufelt werden. In den modernen Mälzereien wird die gleichmäßige Verteilung der Gerste und der regelmäßige Zutritt eines mit Feuchtigkeit gesättigten Luftstromes von gleichbleibender Temperatur zu dem in Kästen oder Trommeln befindlichen Keimgute automatisch geregelt, so daß unabhängig von den der Tennenmälzerei schädlichen Temperaturschwankungen während des ganzen Jahres gutes Malz erzeugt werden kann.

Durch die Keimung entsteht das Grünmalz, bei welchem sowohl der Wurzel- als auch der Blattkeim zur Entwicklung gelangt sind. Das Grünmalz wird entweder an einem luftigen, trockenen Orte getrocknet (Luftmalz), oder direkt bei allmählich steigender Temperatur in stark erwärmten Räumen zu Darrmalz verarbeitet. Beim Darren werden Aromastoffe gebildet, und je höhere Wärmegrade (bis zu 100°) angewandt werden, um so dunkler gefärbtes Darrmalz wird erhalten. Zur Bereitung sehr dunkler Biere wird ein Teil des verwendeten Malzes bei 170—200° geröstet und in Farbmalz verwandelt. Das gedarrte Malz wird von den anhaftenden Keimlingen, die dem Biere einen unangenehmen Geschmack verleihen würden, befreit und sodann geschroten.

Beim eigentlichen Brauen wird durch Behandlung des geschrotenen Malzes mit warmem Wasser (Maischen) die Würze hergestellt, welche nach dem Abmaischen mit Hopfen gekocht, auf die Gärtemperatur abgekühlt und in großen Bottichen der Gärung überlassen wird.

Bei Herstellung der Würze ist in Deutschland und Österreich das Koch- oder Dekoktionsverfahren in Gebrauch. Hierbei wird das Malz, um ein Zusammenballen und eine Zerstörung der Diastase zu verhüten, im Maischbottich mit wenig kaltem Wasser angerührt und allmählich durch Zugabe siedenden Wassers auf etwa 35° erwärmt. Wiederholt wird ein Teil der Maische, den man je nach dem Gehalt an festen Bestandteilen als Dickmaische oder Lautermaische bezeichnet, abgelassen, gekocht und in den Maischbottich zurückgegeben. Infolgedessen wird die Temperatur des gesamten Maischgutes allmählich bis auf 75° gesteigert. Höhere Temperaturen müssen vermieden werden, da sonst die Diastase unwirksam wird.[1]

In England, Frankreich und Belgien wird die Würze meist nach dem Aufguß- oder Infusionsverfahren gewonnen. Hierbei wird entweder der Malzschrot mit warmem Wasser übergossen und das Maischgut auf 75° erhitzt, oder das Malz wird in 75—85° warmes Wasser eingetragen.

Nachdem die Würze $^1/_2$ bis 1 Stunde lang auf 75° erhitzt und die Überführung der Stärke in lösliche Form und die Bildung von vergärbarem Zucker und von Dextrin in genügender Weise erfolgt ist, wird die Würze von dem Rückstande, den Trebern, getrennt und mit Hopfen in der Braupfanne gekocht. Beim Kochen verleihen die Bitterstoffe, ätherischen Öle, Gerbstoffe und Harze des Hopfens der Würze den charakteristischen Geschmack; Eiweißstoffe gelangen zur Ausscheidung. Die Kochdauer ist je nach dem angewandten Maischverfahren und der Konzentration, welche die Würze erhalten soll, verschieden. Bei Würzen, die nach dem Dekoktionsverfahren gewonnen wurden, dauert das Kochen meist $1^1/_2$ bis 2 Stunden, bei stark verdünnten Würzen etwas länger. Die fertige Würze muß zur Herstellung der untergärigen Biere rasch auf 5—6°, zur Bereitung obergärigen Bieres auf 15—20° abgekühlt werden. Diese Abkühlung geschieht in offenen oder geschlossenen Kühlapparaten, in Kühlschiffen oder Berieselungskühlern.

[1] Die Ausführung des bayerischen Dickmaischeverfahrens gestaltet sich z. B. kurz folgendermaßen: Der Guß beträgt ungefähr 220 l für 1 hl Malz. Hiervon dienen 120 l Wasser zum Einmaischen, während 100 l in der Pfanne zum Kochen gebracht werden. Das Maischen wird nun weiter so ausgeführt, daß meist dreimal ein Anteil der ganzen Maische zum Kochen erhitzt und dann wieder zum Rest der Maische zurückgegeben wird, so daß in drei Abschnitten die Abmaischtemperatur von 70 bis 75° erreicht wird. Man kocht zwei Dickmaischen und eine Lautermaische. Die Gesamtmaische bleibt bei der Abmaischtemperatur $^1/_2$ bis 1 Stunde stehen. Die ganze Dauer des Maischprozesses beträgt etwa 5 Stunden. Vgl. Lintner, Grundriß der Bierbrauerei. Berlin 1904. S. 84.

Die Gärung der Würze wird bei der Herstellung untergärigen Bieres durch Zusatz untergäriger Bierhefe bei niederer Temperatur eingeleitet. Die Hefe bleibt, da die Kohlensäureentwicklung allmählich einsetzt, am Boden der Bottiche liegen. Als Anstellhefe wird reingezüchtete untergärige Bierhefe verwendet, um die Entwicklung fremder Hefearten und so Krankheiten oder fehlerhafte Beschaffenheit des Bieres zu verhüten. Die Gärung zerfällt in eine Hauptgärung, die etwa 8—10 Tage dauert, und eine Nachgärung. Nach beendeter Hauptgärung wird das Jungbier in Lagerfässer abgefüllt, in welchen die Nachgärung, die längere Zeit in Anspruch nimmt, vor sich geht. Das geklärte Bier wird in Versandfässer abgezogen, welche fest verspundet werden, damit bei der fortschreitenden Nachgärung eine völlige Sättigung mit Kohlensäure erfolgt.

Obergäriges Bier wird durch Zusatz von Oberhefe bei 10 bis 15° in Gärung versetzt. Die Hauptgärung verläuft sehr stürmisch und die Hefezellen werden durch die aufsteigende Kohlensäure mit nach oben gerissen. Die Hauptgärung ist bereits nach 2—5 Tagen vollendet, worauf das obergärige Bier ebenfalls einer Nachgärung unterworfen wird.

Die große Zahl der im Handel vorkommenden Biersorten und die verschiedene **Zusammensetzung** der erzeugten Biere wird durch die Beschaffenheit der Rohstoffe, die Mälzungs- und Dörrverfahren, das Sudverfahren, die Konzentration der Stammwürze sowie die Größe der Hopfengabe, durch das Gärverfahren und den Vergärungsgrad sowie auch durch die Kellerbehandlung des Bieres bedingt.

Man unterscheidet[1] je nach der Art des bei höherer oder niederer Temperatur abgedarrten Malzes helle und dunkle Biere, nach dem Gärverfahren obergärige und untergärige Biere, nach der Höhe der Stammwürze stark und schwach eingebraute Biere, nach der Höhe des Vergärungsgrades hoch und niedrig vergorene Biere, sowie weiterhin extraktreiche oder vollmundige und endlich alkoholreiche und extraktarme Biere.

In chemischer Beziehung enthält das Bier sehr zahlreiche verschiedenartige **Bestandteile**, von welchen als Stickstoffsubstanzen Eiweiß, Albumosen und Peptone, als stickstoffreie Extraktstoffe bzw. Kohlenhydrate, Glukose, Maltose, Isomaltose, Gummistoffe, Pektine und karamelartige Substanzen, als Säuren, Milchsäure, Essigsäure, Bernsteinsäure und Ameisensäure und die Mineralbestandteile erwähnt seien. Außerdem enthält das Bier aus der Maltose entstandenen Alkohol und Kohlensäure.

Die mittlere Zusammensetzung der gebräuchlichsten Biersorten ist nach König folgende:

[1] Vereinbarungen Heft 3 S. 1.

Biersorte	Wasser %	Kohlensäure %	Alkohol Gew.-%	Extrakt %	Stickstoffsubstanz %	Maltose (Zucker) %	Gummi und Dextrin %	Säure = Milchsäure %	Glyzerin %	Mineralstoffe %	Phosphorsäure %
1. Leichtes Schankbier	91,11	0,197	3,36	5,34	0,74	1,15	3,11	0,156	0.120	0,204	0.055
2. Schweres Lagerbier	90,62	0,207	3,69	5,49	0,52	1,08	3,17	0,178	0,181	0,207	0,067
3. Exportbier . . .	89,00	0,207	4,29	6,50	0,66	1,45	3,57	0,174	0,170	0,239	0,078
4. Bock-, Doppelbier	86,80	0,221	4,64	8,34	0,73	2,77	4,09	0,181	0,176	0,276	0,095
5. Weißbier . . .	91,62	0,299	2,79	5,29	0,54	1,56	2,43	0,353	0,012	0,142	0,036
6. Obergäriges Bier	93,26	0,161	2,86	3,72	0,37	0,82	1,65	0,433	—	0,160	0,050
7. Porter	86,49	0,383	5,16	7,97	0,63	2,06	3,08	0,325	—	0.380	0,086
8. Ale	88,54	0,201	5,27	5,99	0,61	1,07	1,81	0,284	—	0.320	0,089
9. Malzextraktbier .	83,87	0,20	3,74	11,74	0,86	5,85	3,93	0,275	0,291	0,292	0,094
10. Mumme .	—	0,12	2,96	55,22	2,47	45,46	5,46	—	—	0 944	0,341

[1] Von den Biersorten sind Nr. 5—8 obergärige, die übrigen untergärige Biere.

Im Verlaufe der Nachgärung kann das Bier **anormale Beschaffenheit** annehmen, sofern neben der Kulturhefe fremde Gärungserreger vorhanden sind. Nach den sich äußernden Wirkungen des Krankheitserregers[1] kann man Geschmacksveränderungen, fremdartigen Geruch oder Dichteveränderungen oder auch Farbänderungen beobachten. Als Ursachen des Auftretens solcher Bierkrankheiten können Unreinlichkeit im Betriebe, verunreinigtes Wasser oder Luft, schlechte und zu lange ausgedehnte Lagerung angesprochen werden. Unterstützt und vorbereitet können Veränderungen des Bieres durch Fabrikationsfehler sowie auch durch den Geschmack ungünstig beeinflussende schlechte Rohstoffe werden. Auch Schalwerden des Bieres kann durch unzweckmäßige Kellerführung, durch hohe Temperatur der Keller oder zu langes, ungeeignetes Lagern hervorgerufen werden.

Als **Verfälschung** ist bei der Bierbereitung nach den Brausteuergesetzen und ihren Ausführungsbestimmungen die Verwendung von Malz- oder Hopfenersatzstoffen anzusehen. Die Anwendung von Klärmitteln ist auf solche Stoffe beschränkt worden, die rein mechanisch wirken und vollständig oder doch nahezu vollständig wieder ausgeschieden werden; verboten ist insbesondere die Verwendung von Gelatine, isländischem Moos, Caragaheen und ähnlichen Stoffen. Als weitere Fälschungsmittel sind Zusätze von Wasser,[2] Alkohol, Glyzerin, künstlichen Süßstoffen, Farbstoffen[3] und Konservierungsmitteln beobachtet worden. Auch die Anwendung chemischer Stoffe zur Neutralisation von sauer gewordenem Biere wurde festgestellt, wodurch dem verdorbenen Getränke der Schein der normalen Beschaffenheit verliehen werden sollte. Dieser Zusatz verstößt ebenfalls gegen das Nahrungsmittelgesetz.[4] Als verdorben werden seitens der Lebensmittelkontrolle Biere, die ekelerregenden Geruch und Geschmack besitzen sowie trübe und sauer gewordene Biere beanstandet. Auch Biere, die infolge Bakteriengehaltes schleierig erscheinen und gleichzeitig Anzeichen von Verdorbensein zeigen, sowie mit Neige- oder Tropfbier versetztes Bier sind zeitweilig Gegenstand der Beanstandung gewesen.[5]

Die Beurteilung erfolgt nach dem Nahrungsmittelgesetz und den einschlägigen Sondergesetzen. Infolge der hohen Entwicklung der Gärungstechnik und der vorbeugenden gesetzlichen Maßnahmen sind Beanstandungen von Bier in Ausübung der Nahrungsmittelkontrolle selten erforderlich, während die Pflege der etwaigen zum Ausschank von Bier

[1] Vgl. Vereinbarungen a. a. O.
[2] Reichsgerichtsentscheidung vom 10. Januar 1893.
[3] Desgl. vom 30. März 1885.
[4] Desgl. vom 30. November 1885.
[5] Desgl. vom 6. März 1896.

benutzten Apparate (Bierdruckapparate), deren ständige Kontrolle meist auf Grund einschlägiger polizeilicher Verordnungen erfolgt, manchmal zu wünschen übrig läßt.

XIX. Branntwein und Liköre.

Die Branntweine sind alkoholreiche Getränke, die aus vergorenen Maischen oder alkoholhaltigen Flüssigkeiten durch Destillation gewonnen werden. Als Ausgangsstoffe zur Branntweinfabrikation kommen zucker- und besonders stärkemehlhaltige Rohstoffe, ferner auch Wein, Obstwein und andere alkoholhaltige Flüssigkeiten in Anwendung.

Im Deutschen Reiche hat die **Branntweinproduktion** einen so erheblichen Umfang angenommen, daß im Betriebsjahre 1907/08 insgesamt 66 745 Brennereien im Reichssteuergebiete gezählt wurden. Da der Branntwein wegen der sittlichen und gesundheitlichen Gefahren, die mit seinem übermäßigen Genusse verbunden sind, für eine hohe Besteuerung vorzugsweise geeignet erschien, so ist er in den meisten Kulturstaaten mit erheblichen Rohstoff- oder Fabrikatabgaben belegt worden. Über denUmfang der Branntweinerzeugung im deutschen Branntweinsteuergebiet gibt die nachstehende statistische Übersicht Aufschluß:

Produktion der Brennereien, die hauptsächlich verarbeiteten:		Betriebsjahr 1906–1907	Betriebsjahr 1907–1908
1. Kartoffeln	a) landwirtsch. Brennereien	2 959 425 hl	3 118 604 hl
	b) gewerbliche „	10 065 „	29 809 „
2. Getreide	a) landwirtsch. „	307 722 „	291 346 „
	b) gewerbliche „	444 949 „	437 182 „
3. andere Stoffe,	gewerbliche „	126 „	95 „
4. Melasse		89 137 „	103 469 „
5. andere nicht mehlige Stoffe		29 782 „	37 806 „
Gesamtproduktion		3 841 207 hl	4 018 311 hl

Was den Verbrauch an Rohstoffen für Brennereizwecke anbelangt, so wurden in den genannten Betriebsjahren verarbeitet:

Verarbeitete Stoffe:	Betriebsjahr 1906—1907	Betriebsjahr 1907—1908
Kartoffeln	2 632 000 t	2 778 000 t
Getreide und sonstige mehlige Stoffe	403 000 „	402 000 „
Melasse, Rüben, Rübensaft . . .	34 000 „	39 000 „
Brauereiabfälle, Hefenbrühe . . .	87 000 hl	87 000 hl
Kernobst und Kernobsttreber . . .	141 000 „	100 000 „
Steinobst	350 000 „	538 000 „
Obst- und Traubenwein	31 000 „	29 000 „
Weinhefe, Weintreber	317 000 „	311 000 „
Sonstige Stoffe	113 000 „	125 000 „

Der erzeugte Branntwein wird zum menschlichen Genusse sowie zu gewerblichen Zwecken verwendet. Für den **Konsum** ist außerdem der aus dem Auslande eingeführte Branntwein[1] verfügbar. Der Branntweinverbrauch gestaltete sich in den Jahren 1906 bis 1908 wie folgt:

Branntweinverbrauch:	Betriebsjahr 1906—1907	Betriebsjahr 1907—1908
I. Gegen Entrichtung der Verbrauchsabgaben oder des Eingangszolles:		
inländischer Branntwein	2 427 900 hl	2 360 400 hl
ausländischer Branntwein	29 500 „	29 200 „
auf den Kopf der Bevölkerung	4,0 l	3,8 l
II. Zu gewerblichen Zwecken:		
insgesamt	1 336 500 „	1 592 300 „
auf den Kopf der Bevölkerung . .	2,2 l	2,5 l

Nach dem Branntweinsteuergesetz vom 19. Juli 1909 unterliegt der im Inlande hergestellte Branntwein einer in die Reichskasse fließenden Verbrauchsabgabe. Von dieser Verbrauchsabgabe befreit ist Branntwein, welcher ausgeführt wird, und solcher, der zu gewerblichen Zwecken oder innerhalb hygienischer oder wissenschaftlicher Anstalten verwendet wird. In den Brennereien wird außerdem eine besondere Betriebsauflage erhoben, die nach den erzeugten Branntweinmengen allmählich ansteigt. Das Branntweinsteuergesetz unterscheidet drei Arten von Brennereien. Erstens die landwirtschaftlichen Brennereien, die ausschließlich Kartoffeln und Getreide verarbeiten und alle Rückstände in der eigenen Wirtschaft verwerten, zweitens die Obstbrennereien, die ausschließlich Obst, Beeren, Wein, Most, Wurzeln oder Rückstände davon verarbeiten und drittens die gewerblichen Brennereien, zu denen alle übrigen einschlägigen Betriebe gehören. Für die **Beaufsichtigung** des Verkehrs mit Branntwein seitens der Lebensmittelkontrolle sind neben den allgemeinen Bestimmungen des Nahrungsmittelgesetzes die folgenden Sonderbestimmungen des Branntweinsteuergesetzes von Bedeutung:

---

[1]

		1907 Tonnen	1907 1000 Mk.	1908 Tonnen	1908 1000 Mk.
1. Weingeist:	Einfuhr	5 267	1 247	12 201	3 333
	Ausfuhr	18 918	5 218	5 627	2 131
2. Arrak, Rum, Kognak, Kirsch usw.					
a) in Fässern:	Einfuhr	3 975	5 397	4 313	6 450
	Ausfuhr	1 083	470	890	347
b) in Flaschen:	Einfuhr	140	380	138	329
	Ausfuhr	18 875	5 063	12 188	3 622

§ 107. Die Verwendung von Branntweinschärfen ist untersagt. Die Bestimmungen, die hierüber vom Bundesrate getroffen werden, sind dem Reichstage mitzuteilen.

Unter der Bezeichnung Kornbranntwein darf nur Branntwein feilgehalten werden, der ausschließlich aus Roggen, Weizen, Buchweizen, Hafer oder Gerste hergestellt ist.

§ 129. Wer den Vorschriften des § 107 oder den vom Bundesrate dazu erlassenen Bestimmungen zuwiderhandelt, wird von der zuständigen Polizeibehörde mit einer Geldstrafe von zehn bis zu zehntausend Mark bestraft.

Die an Kognak bezüglich seiner Herstellung zu stellenden Anforderungen sind durch die §§ 15 und 16 des Weingesetzes vom 7. April 1909[1] festgelegt worden, während die Anforderungen an die Zusammensetzung und Bezeichnung von Kognak durch § 18 desselben Gesetzes und die einschlägigen Ausführungsbestimmungen vom 9. Juli 1909[2] geregelt wurden.

Die **Gewinnung** von Branntwein gestaltet sich am einfachsten aus solchen Flüssigkeiten, die wie Trauben- und Obstwein bereits Alkohol enthalten und demnach nur einer einfachen Destillation unterworfen werden müssen. Zuckerhaltige Stoffe, wie süße Früchte, Melasse u. dergl. müssen vor der Destillation eine alkoholische Gärung, die durch Zusatz von Hefe hervorgerufen wird, durchmachen. Bei stärkemehlhaltigen Ausgangsstoffen wie Kartoffeln und Getreide muß die Stärkesubstanz zunächst in eine gärungsfähige Zuckerart übergeführt und dann durch Hefezusatz vergoren werden.

Zur Herstellung des Kartoffelbranntweines werden die Kartoffeln gereinigt, durch Dämpfen in besonderen Apparaten verkleistert und zerkleinert und so in eine der Einwirkung der Diastase leicht zugängliche Form übergeführt. Am meisten in Benutzung ist der sogenannte Henzedämpfer, in welchem die gereinigten Kartoffeln einige Zeit bei 3 Atmosphären Druck erhitzt und alsdann durch ein Ausblaserohr mit scharfkantigem Ventil abgeblasen und so gleichzeitig zerkleinert werden.

Die Verzuckerung der verkleisterten bzw. gelösten Stärke geschieht nunmehr durch Einwirkung von Diastase, indem durch geeignete Temperaturregulierung für eine möglichst vollständige Umwandlung der Stärke in vergärbare Maltose Sorge getragen wird. Zu diesem Zwecke wird mit Wasser angerührtes Grünmalz in einem Maischbottich allmählich mit der gedämpften Kartoffelmasse vermischt und bei einer von 50 bis 70° ansteigenden Temperatur in $^1/_2$—1 Stunde die Verzuckerung zu Ende geführt. Die verzuckerte Maische wird auf etwa 20° abgekühlt, mit Hefe versetzt und der alkoholischen Gärung überlassen. Zur Vermeidung falscher Gärungen werden in den Brennereien rein gezüchtete

[1] Vgl. S. 141. [2] Vgl. S. 148.

Hefen verwendet und zu hohe Gärtemperaturen vermieden. Nach beendeter Gärung wird der entstandene Alkohol durch Destillation aus der vergorenen Maische abgeschieden. Die hierzu verwendeten Apparate besitzen zum Teil einen solchen Grad der Vollkommenheit, daß aus denselben direkt ein hochprozentiger Alkohol mit geringen Mengen Fuselöl gewonnen werden kann. Andernfalls muß der Rohspiritus zur Erzeugung von Trinkbranntwein noch durch fraktionierte Destillation gereinigt werden. — Etwa 80 % des im Deutschen Reiche erzeugten Branntweins wird aus Kartoffeln bereitet.

Die Verarbeitung der Getreidefrüchte zu Branntwein geschieht bis auf geringe durch die Beschaffenheit der Rohstoffe bedingte Abweichungen im wesentlichen in gleicher Weise, wie diejenige der Kartoffeln. Es ist erforderlich, die Getreidekörner zunächst durch Schroten zu zerkleinern, um das Stärkemehl freizulegen. Die Umwandlung der Stärke in Zucker geschieht alsdann durch Einwirkung von Diastase, indem man 6 Teile zerkleinertes Getreide mit 1 Teil Gerstenmalz und dem erforderlichen Wasser einer Maischtemperatur von 60° aussetzt. Die Überführung der auf diese Weise gebildeten Maltose in Alkohol und die Abscheidung des letzteren erfolgt alsdann durch Destillation in gleicher Weise.

Neben den aus Kartoffeln und Getreidekörnern hergestellten gewöhnlichen Trinkbranntweinen sind die durch besondere Aroma- oder Bukettstoffe ausgezeichneten feineren Branntweine wie die Fruchtbranntweine und die Trester- oder Hefenbranntweine und endlich die eigentlichen Edelbranntweine Kognak, Rum und Arrak zu nennen.

Kognak ist ein ausschließlich aus Traubenwein durch Destillation gewonnener Trinkbranntwein, der mindestens 38 Raumteile Alkohol enthalten muß. Reiner Kognak ist farblos und erhält seine Färbung erst durch Lagern in Fässern aus Eichenholz, indem er einen gelblichen Farbstoff aus dem Holze aufnimmt. Trinkbranntwein, der neben reinem Weindestillat noch Alkohol anderer Art enthält, darf nach den einschlägigen gesetzlichen Bestimmungen nur dann als Kognakverschnitt in den Handel kommen, wenn mindestens $^1/_{10}$ des Alkohols aus verkehrsfähigem Weine gewonnen ist. Für geringerprozentige Verschnitte sind Bezeichnungen wie Kunst- oder Fassonkognak nicht zulässig.

Rum wird aus der Melasse der Rohrzuckerfabrikation in der Weise gewonnen, daß man die mit Wasser verdünnte Melasse des Zuckerrohrsaftes der Gärung überläßt und die vergorene Maische abdestilliert. Die hauptsächlichsten Herstellungsländer von Rum sind Jamaika, Barbados, Cuba, Puerto-Rico, Britisch- und Niederländisch- Guyana sowie Mauritius. Die Verschiedenheit der Qualität des an und für sich farblosen, jedoch durch Faßlagerung gedunkelten oder durch Zusatz von

Karamel im Herstellungslande gefärbten einzelnen Rumsorten wird durch das angewandte Fabrikationsverfahren und die Beschaffenheit der Rohstoffe bedingt. Der Rum gelangt mit hohem Alkoholgehalt zur Ausfuhr; im Herstellungslande wird er vor dem Konsum auf einen Alkoholgehalt von etwa 50 Gewichtsprozent verdünnt. Die Größe der Rumfabrikation ist auf rund 60000 hl pro Jahr geschätzt worden.

Arrak wird aus Reis oder aus dem zuckerhaltigen Safte des Blütenkolbens der Kokospalme hergestellt. Bei der Gewinnung von Arrak aus Reis wird wie z. B. auf Java, welches für die Ausfuhr von Arrak besonders in Betracht kommt, meist dem gemälzten Reis Zuckerrohrmelasse zugesetzt. In Ceylon wird Arrak ausschließlich aus dem Safte der Kokospalme gewonnen. Der Arrak gelangt mit einem Alkoholgehalt von etwa 60 Prozent zur Ausfuhr.

Neben den durch Destillation gewonnenen eigentlichen Branntweinen sind die aus verdünntem Branntwein oder Alkohol unter Zusatz von Pflanzen- oder Fruchtauszügen und ätherischen Ölen und Essenzen mit oder ohne Zuckerzusatz hergestellten süßen oder bitteren **Likröe** zu erwähnen. Von diesen Kunstprodukten kommen zahlreiche Sorten in den Handel, bei deren Herstellung entweder aromatische Pflanzenwurzeln oder Kräuter mit Alkohol auf kaltem Wege ausgezogen und mit mehr oder weniger Zucker versetzt werden, oder es wird der alkoholische Pflanzenauszug vor der Weiterverarbeitung der Destillation unterworfen, wobei die Aromastoffe in das Destillat übergehen. Das Destillat wird auf den gewünschten Alkohol- und Zuckergehalt eingestellt. Besondere Wertschätzung besitzen z. B. Benediktiner, Chartreuse, Curaçaolikör, Allasch, Genever und Absinth.

Bei der Gärung entstehen außer dem eigentlichen Alkohol, der nach seiner **chemischen Zusammensetzung** als Äthylalkohol benannt wird, noch Nebenerzeugnisse der Gärung und Destillation, von welchen die Aldehyde und höheren Alkohole die wesentlichsten sind. Durch das Vorhandensein dieser Nebenprodukte, die man als Fuselöle zu bezeichnen pflegt, wird die Qualität und Eigenart der einzelnen Branntweinsorten bedingt. Ein übermäßiger Gehalt an Fuselöl wird unangenehm empfunden.

Der Gehalt der gewöhnlichen Trinkbranntweine an Fuselöl[1] schwankt, je nachdem zu ihrer Herstellung ganz oder teilweise gereinigter Alkohol oder Rohspiritus oder gar Abgänge der Spiritusrektifikation verwendet wurden, von 0 bis 0,5 Volumprozent. Kognak enthält meist 0,1—0,25, Rum 0—0,15, Arrak 0—0,1, Kirschbranntwein 0,03—0,15, Zwetschenbranntwein 0,1—0,3 und Tresterbranntwein 0,3—0,4 Volumprozent

[1] Vereinbarungen Heft 2 S. 124.

Fuselöl. Die Liköre und Bitterbranntweine werden in der Regel aus reinem, rektifiziertem Kartoffelsprit hergestellt und sind daher meistens frei von Fuselöl.

Die mittlere prozentuale Zusammensetzung der gebräuchlichsten Trinkbranntweine und einiger Liköre gestaltet sich nach den Angaben von König folgendermaßen:

	Alkohol Vol.-%	Fuselöl Vol.-%	Extrakt %	Rohrzucker %
Gewöhnl. deutsche Branntweine	39,4	0,113	—	—
Kirsch	49,9	0,062	0,053	—
Zwetschen	48,6	0,082	0,082	—
Trester	46,7	0,098	0,138	—
Kognak, Französischer	56,1	0,162	0,533	—
Rum	61,1	0,152	0,549	—
Arrak	58,8	—	0,079	0,004
Curaçao	55,0	0	28,60	28,50
Kümmellikör	33,9	0	32,02	31,18
Pfefferminzlikör	34,5	0	48,25	47,31
Chartreuse	43,18	0	36, 11	34,35

Zur Vortäuschung eines höheren Alkoholgehaltes sind dem Branntweine zuweilen scharf oder brennend schmeckende Pflanzenauszüge oder auch Mineralsäuren zugesetzt worden. Der Zusatz von derartigen Branntweinschärfen verstößt nicht nur gegen das Branntweinsteuergesetz, sondern auch gegen das Nahrungsmittelgesetz. Ebenfalls als **Verfälschung** anzusehen ist das Vermischen von Edelbranntwein mit Kartoffelsprit sowie der Zusatz sonstiger fremdartiger Stoffe und auch die Verwendung von denaturiertem Alkohol zur Herstellung von Trinkbranntwein.

Färbung von Likören oder Spirituosen mit schädlichen, gifthaltigen Farbstoffen ist selbstverständlich zu beanstanden. Färbung mit unschädlichen Farbstoffen ist nicht zu beanstanden,[1] wenn lediglich dem koloristischen, weder Wesen noch Wert des Likörs berührenden Geschmacke des Publikums Rechnung getragen wird. Dagegen ist die Färbung zu beanstanden, wenn dadurch schlechter Ware der Schein guter Ware gegeben werden soll, oder wenn die spezielle Bezeichnung des Likörs

[1] Beschluß der Ver. bayer. Vertreter der angewandten Chemie.

eine solche Färbung ausschließt bzw. die Gegenwart ganz bestimmter Pflanzenfarbstoffe voraussetzen läßt.

Bei der Herstellung von Kognak ist die Verwendung der in den Ausführungsbestimmungen zu §§ 10 und 16 des Weingesetzes näher bezeichneten Stoffe verboten. Bei Eierkognak sind an Stelle von Eiern als Verdickungsmittel Eiweiß, Stärke, Dextrin usw. beobachtet worden. Da diese Stoffe minderwertiger als Eigelb sind und einen höheren Eigehalt vortäuschen sollen, so muß die Verwendung derselben zur Herstellung von Eierkognak als eine Verfälschung im Sinne des Nahrungsmittelgesetzes angesehen werden.

XX. Essig.

Essig ist das bekannte, durch Essiggärung aus alkoholischen Flüssigkeiten, oder durch Verdünnen von konzentrierten Essigsäurelösungen gewonnene, saure Würz- und Konservierungsmittel.

Nach der Gewerbezählung befaßten sich im Deutschen Reiche im Jahre 1907 688 Gewerbebetriebe, in welchen insgesamt 2473 Personen beschäftigt wurden, ausschließlich mit der Fabrikation von Essig. Ein sehr großer Teil des zu Genußzwecken und zur Lebensmittelkonservierung verbrauchten Essigs wird durch Verdünnung von Essigessenz hergestellt, die ihrerseits aus dem bei der trockenen Destillation des Holzes erhaltenen Holzessig in chemisch reinem Zustande gewonnen wird. Bezüglich des Umfangs der **Essigsäureproduktion** ist hervorzuheben, daß in Deutschland zur Holzdestillation jährlich 450000 Raummeter Holz verbraucht werden und daß etwa 40 Prozent der hierbei gewonnenen Essigsäure auf Essigessenz verarbeitet wird.

Genaue Angaben über den direkten **Verbrauch** von Essig auf den Kopf der Bevölkerung sind zurzeit nicht möglich. Die vielseitige Verwendung dieses wichtigen Würz- oder Genußmittels bei der menschlichen Ernährung ist bekannt; als Konservierungsmittel findet der Essig nicht nur im Haushalte, sondern auch in der Lebensmittelindustrie ausgedehnte Verwendung. Eine größere Hamburger Fischmarinieranstalt verarbeitete z. B. im Durchschnitt von 5 Jahren alljährlich 32696 kg 80prozentige Essigsäure in Form von 871893 Liter Essig.

Die **Beaufsichtigung des Verkehrs** mit Essig hat insofern eine besondere reichsgesetzliche Regelung erfahren, als einerseits die Herstellung von zu Genußzwecken geeigneter Essigsäure einer Verbrauchsabgabe und demnach einer steuerlichen Überwachung und Gehaltsbestimmung unterliegt und weil andrerseits vorbeugende Maßnahmen getroffen wurden zur Verhütung der vielfachen Gesundheitsschädigungen und Unglücksfälle, die durch den Genuß von Essigessenz beobachtet wurden, insbesondere infolge Verwechslung mit anderen unschädlichen Flüssigkeiten. Für die steuerliche Beaufsichtigung der Essigerzeugung ist die Essigsäureordnung vom 9. Sept. 1909 maßgebend, welche Anweisungen über die Unterscheidung der zu Genußzwecken geeigneten Essigsäure von der zu gewerblichen Zwecken dienenden Essigsäure sowie auch über die Bestimmung des Säuregehaltes der Lösungen enthält.

Die vorbeugenden Maßnahmen im Kleinhandel mit Essigessenz sind durch die nachstehende auf Grund des § 5 des Nahrungsmittelgesetzes erlassene kaiserliche Verordnung erfolgt:

Verordnung, betreffend den Verkehr mit Essigsäure.
Vom 14. Juli 1908.

§ 1. Rohe und gereinigte Essigsäure (auch Essigessenz), die in 100 Gewichtsteilen mehr als 15 Gewichtsteile reine Säure enthält, darf in Mengen unter 2 Liter nur in Flaschen nachstehender Art und Bezeichnung gewerbsmäßig feilgehalten oder verkauft werden:

1. Die Flaschen müssen aus weißem oder halbweißem Glase gefertigt, länglich rund geformt und an einer Breitseite in der Längsrichtung gerippt sein.

2. Die Flaschen müssen mit einem Sicherheitsstopfen versehen sein, der bei wagerechter Haltung der gefüllten Flasche innerhalb einer Minute nicht mehr als 50 ccm des Flascheninhalts ausfließen läßt. Der Sicherheitsstopfen muß derart im Flaschenhalse befestigt sein, daß er ohne Zerbrechen der Flasche nicht entfernt werden kann.

3. An der nicht gerippten Seite der Flasche muß eine Aufschrift vorhanden sein, die in deutlich lesbarer Weise
   a) die Art des Inhaltes einschließlich seiner Stärke an reiner Essigsäure angibt,
   b) die Firma des Fabrikanten des Inhalts bezeichnet,
   c) in besonderer, für die sonstige Aufschrift nicht verwendeter Farbe die Warnung „Vorsicht! Unverdünnt lebensgefährlich", getrennt von der sonstigen Aufschrift enthält,
   d) eine Anweisung für den Gebrauch des Inhalts der Flasche bei der Verwendung zu Speisezwecken erteilt.

Weitere Aufschriften dürfen auf der Flasche nicht vorhanden sein.

§ 2. Die Vorschriften des § 1 finden keine Anwendung auf das Feilhalten und den Verkauf von Essigsäure in Apotheken, soweit es zu Heil- oder wissenschaftlichen Zwecken erfolgt.

§ 3. Das Feilhalten und der Verkauf von Essigsäure der im § 1 bezeichneten Art unter der Bezeichnung „Essig" ist verboten.

§ 4. Diese Verordnung tritt am 1. Januar 1909 in Kraft.

Bei der technischen **Gewinnung** von Essig finden als Ausgangsstoffe entweder verdünnter Alkohol oder Holzessig Verwendung.

Die Oxydation des Alkohols zu Essigsäure wird durch Essigbakterien bewirkt, wobei die Mikroorganismen die Übertragung des Sauerstoffs verursachen. Derartigen Gärungsessig erzeugte man früher, indem zucker- oder alkoholhaltige Flüssigkeiten wie Wein, Bier u. dergl. bei Luftzutritt und geeigneter Temperatur aufbewahrt wurden. Bei zuckerhaltigen Flüssigkeiten trat die Essiggärung erst nach Beendigung der alkoholischen Gärung auf; die Gärungserreger gelangten aus der Luft in die Flüssigkeit. Durch Zusatz von fertigem Essig, der neben Essigsäure bereits Essigpilze (Mycoderma aceti) enthält, wird die Essigbildung beschleunigt.

In neuerer Zeit werden alkoholhaltige Flüssigkeiten im Großbetriebe durchweg nach dem Verfahren der „Schnellessigfabrikation“ verarbeitet. Die hierbei benutzten sogenannten Essigbildner sind 2—5 m hohe und 1—1,5 m breite Fässer mit zwei Siebböden und lose aufsitzendem Deckel. Zwischen den beiden Siebböden des Essigbildners befinden sich Buchenholzspäne, an welchen das aufgegossene 6—10 Prozent Alkohol und 20 Prozent fertigen Essig enthaltende „Essiggut“ langsam herabsickert. Die Holzspäne dienen gleichzeitig als Nährmaterial für den sich entwickelnden Essigpilz, die sogenannte Essigmutter. Dem Essiggute wird die notwendige Sauerstoffmenge durch reichliche Durchlüftung des Essigbildners zugeführt. Die sich unten ansammelnde Flüssigkeit muß zur völligen Oxydation des Alkohols noch mehrmals zurückgegossen und so in Essig umgewandelt werden. In manchen Fabriken läßt man das Essiggut mehrere übereinander angeordnete Essigbildner passieren. Da innerhalb der Fässer für die geeignete Temperatur von 27—35° Sorge getragen wird, so sind alle Bedingungen für eine schnelle Umwandlung des Alkohols in Essigsäure gegeben. Der nach diesem Schnellverfahren gewonnene Essig hat meistens einen Gehalt von 4—6 Prozent. Bei Zusatz von weiteren Mengen Alkohol und nachmaliger Oxydation lassen sich stärkere Essige erhalten. Essig mit über 12 Prozent Essigsäure kann jedoch durch dieses Verfahren nicht gewonnen werden, weil die zu starke Konzentration der alkoholischen und essigsauren Lösung die Essigpilze in ihrer Entwicklung hemmen bzw. abtöten würde.

Bei der trockenen Destillation des Holzes wird neben dem Holzteer eine braungefärbte saure Flüssigkeit, der Holzessig, gewonnen. Dieser Holzessig, der durch Aceton und brenzliche Öle verunreinigt ist, wird nach Zusatz von kohlensaurem Natrium zur Trockne verdampft und zur Zerstörung der beigemengten organischen Verunreinigungen auf 250° erhitzt. Aus dem nunmehr zurückbleibenden essigsauren Natrium wird nach Zusatz von Schwefelsäure die freigewordene Essigsäure durch Destillation abgeschieden. Nach einem weiteren Reinigungsverfahren erhält man chemisch reine Essigsäure, die in wässeriger Lösung, als Essigessenz von meist 80 Prozent Essigsäuregehalt in den Handel gebracht wird.

Nach den zur Herstellung dienenden Stoffen kann man Branntwein- oder Spritessig, Weinessig, Obst- und Obstweinessig, Bieressig, Malzessig, Stärkezuckeressig usw. unterscheiden. Der sogenannte Kräuteressig wird durch Ausziehen würzhafter Kräuter mit Essig hergestellt.

Im Verkehr mit Weinessig wird nach allgemeinem Handelsgebrauch[1] zwischen reinem Weinessig und Weinessig schlechthin unterschieden. Dieser Unterscheidung entsprechen auch die für die einzelnen Waren geforderten Preise. Reiner Weinessig muß einer nur aus Wein bereiteten Essigmaische entstammen und infolgedessen reich an aromatischen Geruchs- und Geschmacksstoffen sein, die aus dem Wein bzw. den bei der Essiggärung und Lagerung aus den Weinbestandteilen gebildeten Umwandlungsprodukten herrühren. Weinessig schlechthin, also ein ohne die Bezeichnungen „rein" oder „echt" in den Verkehr gelangendes Erzeugnis, muß aus einer Essigmaische hergestellt sein, die mindestens 20 Prozent Wein enthalten hat.

Die chemische **Zusammensetzung** der Essigsorten des Handels ist eine schwankende, da der Gehalt an Essigsäure, Extrakt, Mineralstoffen und sonstigen Bestandteilen durch die Zusammensetzung der zur Herstellung benutzten Ausgangsstoffe bedingt ist. Der Essigsäuregehalt ist insbesondere bei Gärungsessig von der verwendeten Alkoholmenge abhängig. Nach König schwankte die Zusammensetzung der nachstehenden Essigsorten innerhalb der bezeichneten Grenzen oder es wurden die folgenden Mittelwerte festgestellt.

	Essigsäure %	Extrakt %	Mineralstoffe %	Phosphorsäure %	Weinstein %
Spritessig .	6,62–12,03	0–0,918	0,031–0,191	—	—
Gew. Haushalt.-Essig	3,50– 5,54	0,09–0,96	0,02 –0,43	—	—
Malzessig .	2,88– 4,76	1,00–4,01	0,14	0,026–0,13	—
Weinessig .	5,57	1,89	0,27	0 053	0,165
Obstessig .	4,49	2,81	0,38	0,028	—

Bei der Untersuchung und Begutachtung des Essigs wird seitens der mit der Lebensmittelkontrolle betrauten Behörden auf **Verfälschungen**

---

[1] Vgl. Deutsches Nahrungsmittelbuch S. 159 und Entscheidung des Reichsgerichts vom 9. Juni 1902.

des Essigs durch übermäßigen Wasserzusatz, Zusatz fremder Säuren oder scharf schmeckender Stoffe, Zugabe von Konservierungsmitteln, auf Beimischung von minderwertigem Essig zu besseren Essigsorten sowie auf übermäßiges Auftreten von Essigälchen (Anguillula oxoophila) und dadurch bedingtes Verdorbensein des Speiseessigs Rücksicht genommen.

Infolge ungeeigneter Aufbewahrung und Behandlung können giftige Metalle in den Essig gelangen, sofern die Aufbewahrungsgefäße, Zapfhähne, Meßgefäße, Trichter usw. Kupfer, Blei oder Zink enthalten. Aus gesundheitlichen Gründen ist auch die Verwendung bleihaltiger Kautschukschläuche zu Essigleitungen durch § 2 Abs. 3 des Reichsgesetzes vom 25. Juni 1887[1] verboten und gemäß § 4 Nr. 3 des gleichen Gesetzes unter Strafe gestellt.

[1] Vgl. S. 189.

Anhang.

1. Übersicht über die durch die Gesetzgebung betroffenen Gebrauchsgegenstände.

Der Kreis der unter das Nahrungsmittelgesetz fallenden Gebrauchsgegenstände beschränkt sich auf Spielwaren, Tapeten, Farben, Eß-, Trink- und Kochgeschirr sowie Petroleum. Die durch das Nahrungsmittelgesetz und die erlassenen Spezialgesetze zurzeit betroffenen Gebrauchsgegenstände sind in der folgenden Übersicht[1] zusammengestellt:

(N. = Nahrungsmittelgesetz vom 14. Mai 1879; B. = Blei- und Zinkgesetz vom 25. Juni 1887; F. = Farbengesetz vom 5. Juli 1887. Die Zahlen bedeuten die Paragraphen.)

Bälle	B. 2	
Bekleidungsgegenstände	F. 7	
Bierleitungen, s. Leitungen.		
Bilderbogen	F. 4	
Bilderbücher	F. 4	
Blätter, künstliche	F. 7	
Blumen, künstliche	F. 7	
Blumentopfgitter	F. 4	
Buch- und Steindruckfarben	F. 5	
Christbäume, künstliche	F. 4	
Decken von Wohn- und Geschäftsräumen	F. 9	
Druckvorrichtungen zum Bierausschank	B. 1	
Eßgeschirre	N. 1	B. 1
Essigleitungen, s. Leitungen.		
Farben, allgemein	N. 1	F. 1
Farbzubereitungen	F. 1	
Fenster von Wohn- und Geschäftsräumen	F. 9	
Flüssigkeitsmaße	B. 1	
Früchte, künstliche	F. 7	
Fruchsaftgefäße, s. Gefäße und Geschirre.		
Fußböden der Wohn- und Geschäftsräume	F. 9	
Gebrauchsgegenstände, häusliche	F. 9	
Gefäße zur Aufbewahrung und Verpackung von Nahrungsmitteln	F. 2	B. 3
Gefäße und Geschirre zur Verfertigung von Getränken und Fruchtsäften	B. 3	
Gespinste und Gewebe	F. 7	

[1] Nach Lebbin u. Baum, Handb. des Nahrungsmittelrechts 1907, I, S. 76.

2. Gesetz betr. die Verwendung gesundheitsschädlicher Farben bei der Herstellung von Nahrungsmitteln, Genußmitteln und Gebrauchsgegenständen.

Vom 5. Juli 1887.

§ 1. Gesundheitsschädliche Farben dürfen zur Herstellung von Nahrungs- und Genußmitteln, welche zum Verkauf bestimmt sind, nicht verwendet werden.

Gesundheitsschädliche Farben im Sinne dieser Bestimmung sind diejenigen Farbstoffe und Farbzubereitungen, welche Antimon, Arsen, Barium, Blei, Kadmium, Chrom, Kupfer, Quecksilber, Uran, Zink, Zinn, Gummigutti, Korallin, Pikrinsäure enthalten.

Der Reichskanzler ist ermächtigt, nähere Vorschriften über das bei der Feststellung des Vorhandenseins von Arsen und Zinn anzuwendende Verfahren zu erlassen.

§ 2. Zur Aufbewahrung oder Verpackung von Nahrungs- und Genußmitteln, welche zum Verkauf bestimmt sind, dürfen Gefäße, Umhüllungen oder Schutzbedeckungen, zu deren Herstellung Farben der im § 1 Abs. 2 bezeichneten Art verwendet sind, nicht benutzt werden.

Auf die Verwendung von
schwefelsaurem Barium (Schwerspat, blanc fixe),
Barytfarblacken, welche von kohlensaurem Barium frei sind,
Chromoxyd, Kupfer, Zinn, Zink und deren Legierungen als Metallfarben,
Zinnober,
Zinnoxyd.
Schwefelzinn als Musivgold,
sowie auf alle in Glasmassen, Glasuren oder Emails eingebrannte Farben und auf den äußeren Anstrich von Gefäßen aus wasserdichten Stoffen findet diese Bestimmung nicht Anwendung.

§ 3. Zur Herstellung von kosmetischen Mitteln (Mittel zur Reinigung, Pflege oder Färbung der Haut, des Haares oder Mundhöhle), welche zum Verkauf bestimmt sind, dürfen die im § 1 Abs. 2 bezeichneten Stoffe nicht verwendet werden.

Auf schwefelsaures Barium (Schwerspat, blanc fixe), Schwefelkadmium, Chromoxyd, Zinnober, Zinkoxyd, Zinnoxyd, Schwefelzink, sowie auf Kupfer, Zinn, Zink und deren Legierungen in Form von Puder findet diese Bestimmung nicht Anwendung.

§ 4. Zur Herstellung von zum Verkauf bestimmten Spielwaren (einschließlich der Bilderbogen, Bilderbücher und Tuschfarben für Kinder), Blumentopfgittern und künstlichen Christbäumen dürfen die im § 1 Abs. 2 bezeichneten Farben nicht verwendet werden.

Auf die im § 2 Abs. 2 bezeichneten Stoffe, sowie auf
Schwefelantimon und Schwefelkadmium als Färbemittel der Gummimasse,
Bleioxyd in Firnis,
Bleiweiß als Bestandteil des sogenannten Wachsgusses, jedoch nur, sofern dasselbe nicht ein Gewichtsteil in 100 Gewichtsteilen der Masse übersteigt,
chromsaures Blei (für sich oder in Verbindung mit schwefelsaurem Blei) als Öl- oder Lackfarbe oder mit Lack- oder Firnisüberzug,
die in Wasser unlöslichen Zinkverbindungen, bei Gummispielwaren jedoch nur, soweit sie als Färbemittel der Gummimasse, als Öl- oder Lackfarben oder mit Lack- oder Firnisüberzug verwendet werden,
alle in Glasuren oder Emails eingebrannten Farben findet diese Bestimmung nicht Anwendung.

Soweit zur Herstellung von Spielwaren die in den §§ 7 und 8 bezeichneten Gegenstände verwendet werden, finden auf letztere lediglich die Vorschriften der §§ 7 und 8 Anwendung.

§ 5. Zur Herstellung von Buch- und Steindruck auf den in den §§ 2, 3 und 4 bezeichneten Gegenständen dürfen nur solche Farben nicht verwendet werden, welche Arsen enthalten.

§ 6. Tuschfarben jeder Art dürfen als frei von gesundheitsschädlichen Stoffen beziehungsweise giftfrei nicht verkauft oder feilgehalten werden, wenn sie den Vorschriften im § 4 Abs. 1 und 2 nicht entsprechen.

§ 7. Zur Herstellung von zum Verkauf bestimmten Tapeten, Möbelstoffen, Teppichen, Stoffen zu Vorhängen oder Bekleidungsgegenständen, Masken, Kerzen, sowie künstlichen Blättern, Blumen und Früchten dürfen Farben, welche Arsen enthalten, nicht verwendet werden.

Auf die Verwendung arsenhaltiger Beizen oder Fixierungsmittel zum Zweck des Färbens oder Bedruckens von Gespinsten oder Geweben findet diese Bestimmung nicht Anwendung. Doch dürfen derartig bearbeitete Gespinste oder Gewebe zur Herstellung der im Abs. 1 bezeichneten Gegenstände nicht verwendet werden, wenn sie das Arsen in wasserlöslicher Form oder in solcher Menge enthalten, daß sich in 100 qcm des fertigen Gegenstandes mehr als 2 mg Arsen vorfinden. Der Reichskanzler ist ermächtigt, nähere Vorschriften über das bei der Feststellung des Arsengehalts anzuwendende Verfahren zu erlassen.

§ 8. Die Vorschriften des § 7 finden auch auf die Herstellung von zum Verkauf bestimmten Schreibmaterialien, Lampen- und Lichtschirmen sowie Lichtmanschetten Anwendung. Die Herstellung der Oblaten unterliegt den Bestimmungen im § 1, jedoch sofern sie nicht zum Genusse bestimmt sind, mit der Maßgabe, daß die Verwendung von schwefelsaurem Barium (Schwerspat, blanc fixe), Chromoxyd und Zinnober gestattet ist.

§ 9. Arsenhaltige Wasser- oder Leimfarben dürfen zur Herstellung des Anstrichs von Fußböden, Decken, Wänden, Türen, Fenstern der Wohn- oder Geschäftsräume, von Roll-, Zug- oder Klappläden oder Vorhängen, von Möbeln und sonstigen häuslichen Gebrauchsgegenständen nicht verwendet werden.

§ 10. Auf die Verwendung von Farben, welche die im § 1 Abs. 2 bezeichneten Stoffe nicht als konstituierende Bestandteile, sondern nur als Verunreinigungen, und zwar höchstens in einer Menge enthalten, welche sich bei den in der Technik gebräuchlichen Darstellungsverfahren nicht vermeiden läßt, finden die Bestimmungen der §§ 2 bis 9 nicht Anwendung.

§ 11. Auf die Färbung von Pelzwaren finden die Vorschriften dieses Gesetzes nicht Anwendung.

§ 12. Mit Geldstrafe bis zu einhundertfünfzig Mark oder mit Haft wird bestraft:

1. wer den Vorschriften der §§ 1 bis 5, 7, 8 und 10 zuwider Nahrungsmittel, Genußmittel oder Gebrauchsgegenstände herstellt, aufbewahrt oder verpackt, oder derartig hergestellte, aufbewahrte oder verpackte Gegenstände gewerbsmäßig verkauft oder feilhält;

2. wer der Vorschrift des § 6 zuwiderhandelt;

3. wer der Vorschrift des § 9 zuwiderhandelt, ingleichen wer Gegenstände, welche dem § 9 zuwider hergestellt sind, gewerbsmäßig verkauft oder feilhält.

§ 13. Neben der im § 12 vorgesehenen Strafe kann auf Einziehung der verbotswidrig hergestellten, aufbewahrten, verpackten, verkauften oder feilgehaltenen Gegenstände erkannt werden, ohne Unterschied, ob sie dem Verurteilten gehören oder nicht. Ist die Verfolgung oder Verurteilung einer bestimmten Person nicht ausführbar, so kann auf die Einziehung selbständig erkannt werden.

§ 14. Die Vorschriften des Gesetzes betreffend den Verkehr mit Nahrungsmitteln, Genußmitteln und Gebrauchsgegenständen vom 14. Mai 1879 (Reichs-Gesetzbl. S. 145) bleiben unberührt. Die Vorschriften in den §§ 16, 17 desselben finden auch bei Zuwiderhandlungen gegen die Vorschriften des gegenwärtigen Gesetzes Anwendung.

§ 15. Dieses Gesetz tritt mit dem 1. Mai 1888 in Kraft; mit demselben Tage tritt die Kaiserliche Verordnung betreffend die Verwendung giftiger Farben vom 1. Mai 1882 (Reichsgesetzbl. S. 55) außer Kraft.

---

3. Gesetz, betr. den Verkehr mit blei- und zinkhaltigen Gegenständen.

Vom 25. Juni 1887.

§ 1. Eß-, Trink- und Kochgeschirr sowie Flüssigkeitsmaße dürfen nicht

1. ganz oder teilweise aus Blei oder einer in 100 Gewichtsteilen mehr als 10 Gewichtsteile Blei enthaltenden Metallegierung hergestellt,

2. an der Innenseite mit einer in 100 Gewichtsteilen mehr als einen Gewichtsteil Blei enthaltenden Metallegierung verzinnt oder mit einer in 100 Gewichtsteilen mehr als 10 Gewichtsteile Blei enthaltenden Metallegierung gelötet,

3. mit Email oder Glasur versehen sein, welche bei halbstündigem Kochen mit einem in 100 Gewichsteilen 4 Gewichtsteile Essigsäure enthaltenden Essig an den letzteren Blei abgeben.

Auf Geschirre und Flüssigkeitsmaße aus bleifreiem Britanniametall findet die Vorschrift in Ziffer 2 betreffs des Lotes nicht Anwendung.

Zur Herstellung von Druckvorrichtungen zum Ausschank von Bier, sowie von Siphons für kohlensäurehaltige Getränke und von Metallteilen für Kindersaugflaschen dürfen nur Metallegierungen verwendet werden, welche in 100 Gewichtsteilen nicht mehr als einen Gewichtsteil Blei enthalten.

§ 2. Zur Herstellung von Mundstücken für Saugflaschen, Saugringen und Warzenhütchen darf blei- oder zinkhaltiger Kautschuk nicht verwendet sein.

Zur Herstellung von Trinkbechern und von Spielwaren, mit Ausnahme der massiven Bälle, darf bleihaltiger Kautschuk nicht verwendet sein.

Zu Leitungen für Bier, Wein oder Essig dürfen bleihaltige Kautschukschläuche nicht verwendet werden.

§ 3. Geschirre und Gefäße zur Verfertigung von Getränken und Fruchtsäften dürfen in denjenigen Teilen, welche bei dem bestimmungsgemäßen oder vorauszusehenden Gebrauche mit dem Inhalt in unmittelbare Berührung kommen, nicht den Vorschriften des § 1 zuwider hergestellt sein.

Konservenbüchsen müssen auf der Innenseite den Bedingungen des § 1 entsprechend hergestellt sein.

Zur Aufbewahrung von Getränken dürfen Gefäße nicht verwendet sein, in welchen sich Rückstände von bleihaltigem Schrote befinden. Zur Packung von Schnupf- und Kautabak, sowie Käse dürfen Metallfolien nicht verwendet sein, welche in 100 Gewichtsteilen mehr als einen Gewichtsteil Blei enthalten.

§ 4. Mit Geldstrafe bis zu einhundertfünfzig Mark oder mit Haft wird bestraft:

1. wer Gegenstände der im § 1, § 2 Abs. 1 und 2, § 3 Abs. 1 und 2 bezeichneten Art den daselbst getroffenen Bestimmungen zuwider gewerbsmäßig herstellt;

2. wer Gegenstände, welche den Bestimmungen im § 1, § 2 Abs. 1 und 2 und § 3 zuwider hergestellt, aufbewahrt oder verpackt sind, gewerbsmäßig verkauft oder feilhält;

3. wer Druckvorrichtungen, welche den Vorschriften im § 1 Abs. 3 nicht entsprechen, zum Ausschank von Bier oder bleihaltige Schläuche zur Leitung von Bier, Wein oder Essig gewerbsmäßig verwendet.

§ 5. Gleiche Strafe trifft denjenigen, welcher zur Verfertigung von Nahrungs- oder Genußmitteln bestimmte Mühlsteine unter Verwendung von Blei oder bleihaltigen Stoffen an der Mahlfläche herstellt oder derartig hergestellte Mühlsteine zur Verfertigung von Nahrungs- oder Genußmitteln verwendet.

§ 6. Neben der in den §§ 4 und 5 vorgesehenen Strafe kann auf Einziehung der Gegenstände, welche den betreffenden Vorschriften zuwider hergestellt, verkauft, feilgehalten oder verwendet sind, sowie der vorschriftswidrig hergestellten Mühlsteine erkannt werden.

Ist die Verfolgung oder Verurteilung einer bestimmten Person nicht ausführbar, so kann auf die Einziehung selbständig erkannt werden.

§ 7. Die Vorschriften des Gesetzes, betr. den Verkehr mit Nahrungsmitteln, Genußmitteln und Gebrauchsgegenständen, vom 14. Mai 1879 (Reichs-Gesetzbl. S. 145) bleiben unberührt. Die Vorschriften in den §§ 16, 17 desselben finden auch bei Zuwiderhandlungen gegen die Vorschriften des gegenwärtigen Gesetzes Anwendung.

§ 8. Dieses Gesetz tritt am 1. Oktober 1888 in Kraft.

---

4. Verordnung über das gewerbsmäßige Verkaufen und Feilhalten von Petroleum.

Vom 24. Februar 1882.

§ 1. Das gewerbsmäßige Verkaufen und Feilhalten von Petroleum, welches, unter einem Barometerstande von 760 mm, schon bei einer Erwärmung auf weniger als 21 Grade des hundertteiligen Thermometers entflammbare Dämpfe entweichen läßt, ist nur in solchen Gefäßen gestattet, welche an in die Augen fallender Stelle auf rotem Grunde in deutlichen Buchstaben die nicht verwischbare Inschrift „Feuergefährlich“ tragen.

Wird derartiges Petroleum gewerbsmäßig zur Abgabe in Mengen von weniger als 50 kg feilgehalten oder in solchen geringeren Mengen verkauft, so muß die Inschrift in gleicher Weise noch die Worte: „Nur mit besonderen Vorsichtsmaßregeln zu Brennzwecken verwendbar“ enthalten.

§ 2. Die Untersuchung des Petroleums auf seine Entflammbarkeit im Sinne des § 1 hat mittels des Abelschen Petroleumprobers unter Beachtung der von dem Reichskanzler wegen Handhabung des Probers zu erlassenden näheren Vorschriften zu erfolgen.

Wird die Untersuchung unter einem anderen Barometerstande als 760 mm vorgenommen, so ist derjenige Wärmegrad maßgebend, welcher nach einer vom Reichskanzler zu veröffentlichenden Umrechnungstabelle unter dem jeweiligen Barometerstande dem im § 1 bezeichneten Wärmegrade entspricht.

§ 3. Diese Verordnung findet auf das Verkaufen und Feilhalten von Petroleum in den Apotheken zu Heilzwecken nicht Anwendung.

§ 4. Als Petroleum im Sinne dieser Verordnung gelten das Rohpetroleum und dessen Destillationsprodukte.

§ 5. Diese Verordnung tritt mit dem 1. Januar 1883 in Kraft.

Sachregister.